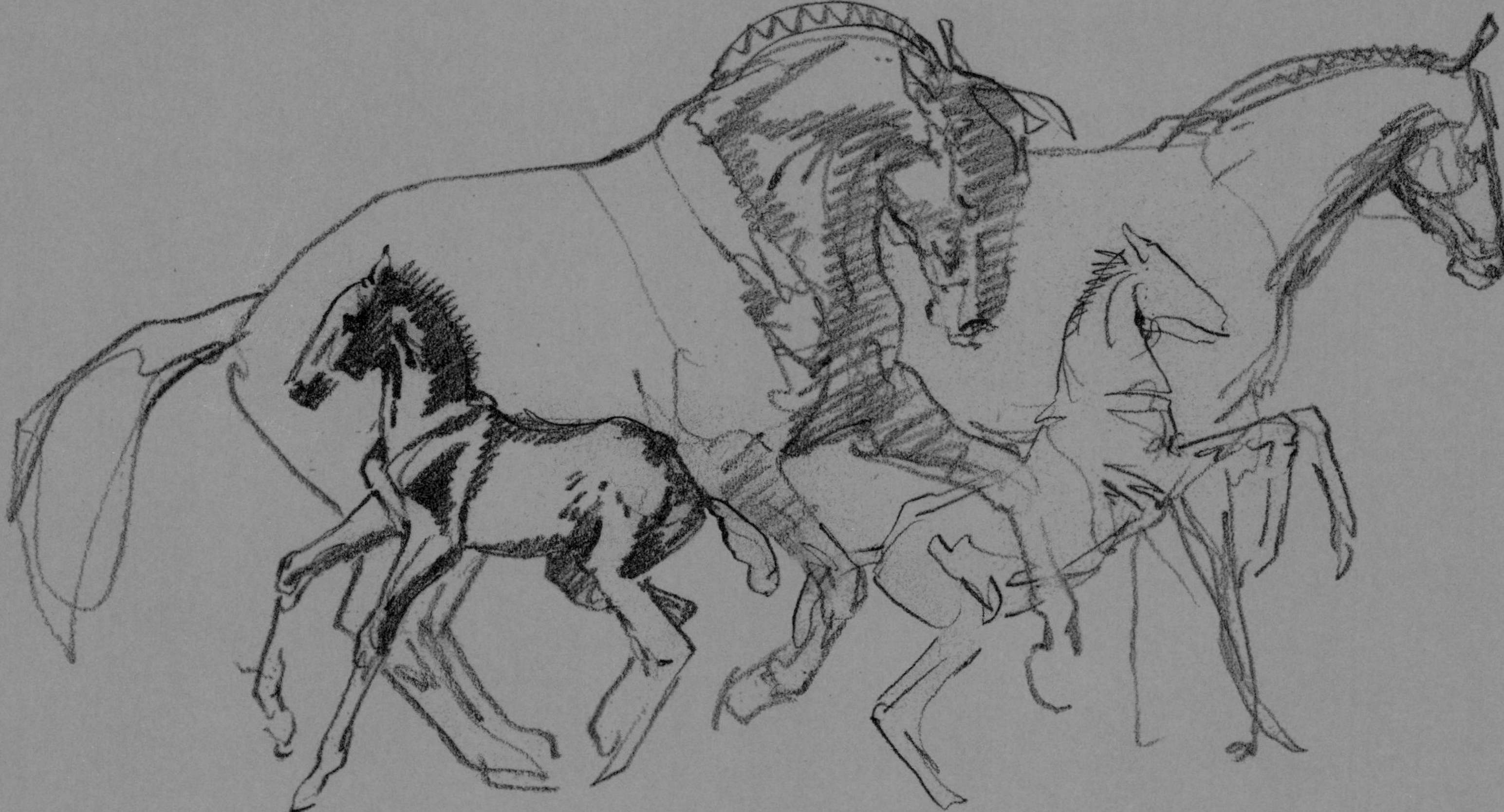

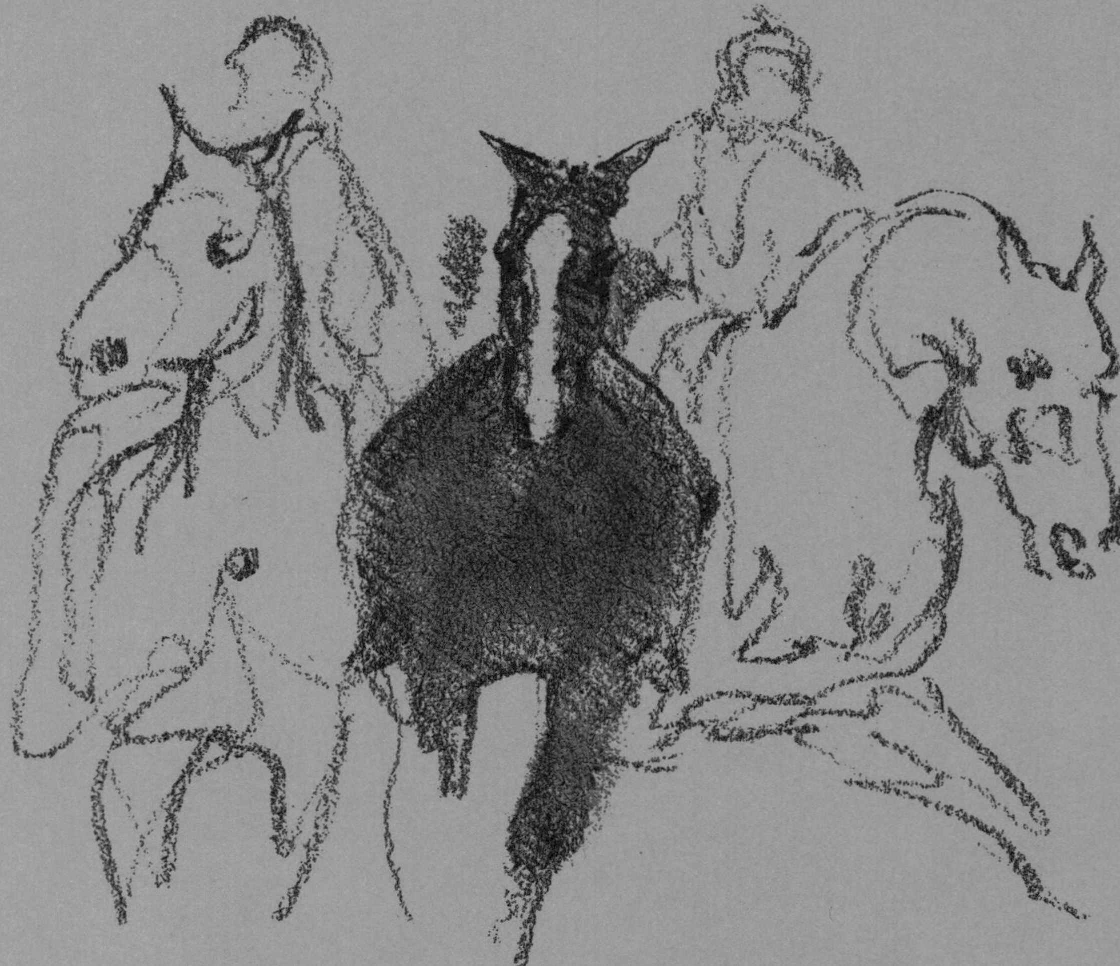

Après avoir passé trente ans à photographier des femmes, des hommes et leurs chevaux, dix ans à monter moi-même régulièrement, je pensais ne pas être tout à fait ignorant dans ce domaine. Mais un jour de printemps à la Cense, durant une séance à pied avec un cheval, quelque chose s'est passé. Il m'a semblé en comprendre plus sur les chevaux qu'au cours de toutes ces années.

C'était un moment anodin en apparence, nous deux dans un rond de longe, des gestes simples et des regards. Le cheval, vif, serein, attentif, semblait se demander ce que j'attendais de lui. J'avançais, il me suivait, je reculais, lui aussi, comme si un fil invisible nous liait. J'exerçais une légère pression contre son corps, il y réagissait. Puis, au bout d'un moment, j'ai ouvert les bras et il est venu s'y lover.

C'est cela qui se joue à la Cense chaque jour, créer du dialogue entre des humains et des chevaux. Mon ami Manu, directeur du haras, me dit que le cheval n'est plus à notre service, on cherche désormais à entrer en relation avec lui. Il s'agit d'écoute et d'amour, deux choses fondamentales pour faire face aux défis de l'époque.

J'aimerais que tout le monde ressente la force de ce lien dans son corps, comme je l'ai ressentie ce jour-là aux côtés d'un cheval.

Il m'aura fallu attendre d'avoir soixante-dix-huit ans pour vivre ce moment. Les chevaux ont le pouvoir de nous changer. Voilà le message que porte la Cense et que ce livre, j'espère, vous transmettra.

Yann Arthus-Bertrand

À leurs côtés
J'ai douté
J'ai chuté
J'ai pleuré
À leurs côtés
J'ai rêvé
J'ai vibré
J'ai vagabondé
À leurs côtés
J'ai écouté
L'animal en moi.

DEVENIR CHEVAL

PHOTOGRAPHIES Yann Arthus-Bertrand

TEXTES Clara Arnaud

DESSINS Émilie Haillot
d'après les principes de *La Méthode la Cense*

DIRECTION D'OUVRAGE William Kriegel et Manuel Godin

ACTES SUD la cense

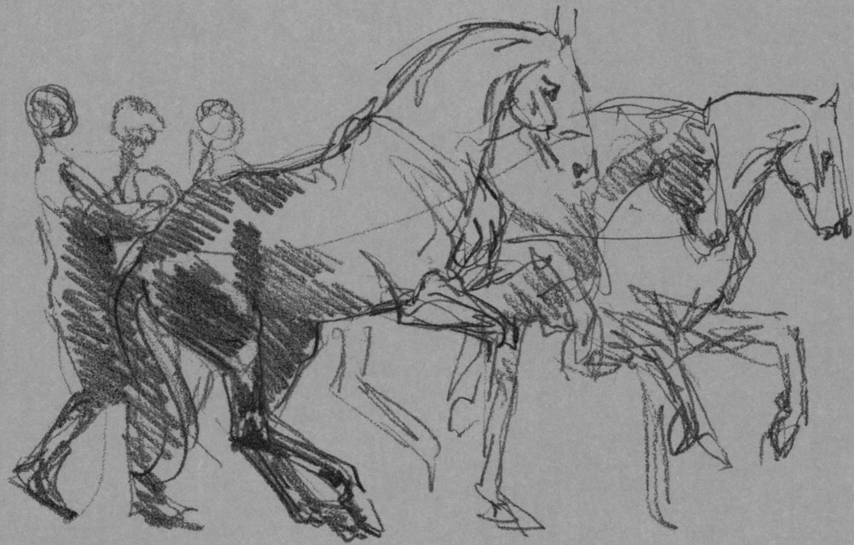

Ce livre, c'est l'histoire d'une rencontre. Ou plutôt de multiples rencontres, autour du cheval. Autour des chevaux. L'objet en lui-même, d'abord, est le fruit d'une rencontre entre des formes artistiques : photographies, dessins, textes se succèdent et se répondent. Une rencontre entre des regards et des sensibilités différents aussi, réunis dans un même objet. Et puis surtout, ce sont toutes les rencontres que narre ce livre, celles de femmes, d'hommes, de chevaux, qui, à travers le monde, font vie commune ou partagent un bout de chemin ensemble. À chaque fois, la même histoire – celle d'un apprivoisement réciproque – et, à chaque fois, pourtant, quelque chose de singulier qui se tisse.

C'est ce que Yann Arthus-Bertrand a cherché à saisir, depuis plus de trente ans, dans un travail somme, toujours en chantier. Le projet de photographier des chevaux et leurs humains, posant devant une bâche ocre, remonte aux années 1990. Il est l'un des premiers à traiter les animaux (il photographiera aussi vaches, moutons et autres bêtes de ferme) à l'égal de sujets humains, et compose ainsi, au fil de milliers de clichés, ce que Jean-Louis Gouraud appellera un atlas amoureux des chevaux. Derrière l'élégance des poses, ces instants suspendus par la magie photographique, ce sont des morceaux de vie que l'on peut imaginer, aux quatre coins du monde. Et ce qui frappe, c'est qu'indifféremment à leur origine, à leur race, à la discipline ou à l'emploi qui les lient à l'humain, ces chevaux témoignent tous de la même chose : la puissance de la relation homme-animal.

C'est ainsi d'ailleurs que la Cense accompagne cavaliers, éleveurs, amateurs, propriétaires de chevaux, quels que soient leur discipline d'appartenance, leur milieu, dans un parcours de vie et une relation. Une aventure, pourrait-on aussi dire. Celle de la patiente acquisition d'un langage et d'un savoir-être communs, qu'ils soient mis au service d'une vie de promenade ou de compétition de haut niveau. Celle d'une relation harmonieuse, exigeante, faite de patience, de joies et de renoncements, d'épiphanies et de remises en cause.

Fondé en 1995, le haras de la Cense, institution pionnière de l'équitation éthologique dédiée à transmettre le respect du cheval, devient ensuite un fonds de dotation. Celui-ci acquiert le fonds de photographies de chevaux de Yann Arthus-Bertrand, convaincu que l'art a une mission de transmission de valeurs, mais aussi d'une vision : celle de William Kriegel, qui décida dans les années 1990 de faire advenir un lieu – à la lisière de la forêt de Rambouillet – dédié à améliorer la relation homme-cheval. Un lieu qui deviendrait en trois décennies l'instigateur d'une véritable révolution douce, essaimant dans tout le monde équestre, au-delà de la France. Car trente ans après la création de la Cense, il n'est plus de milieu cavalier qui ne se pose pas la question du bien-être du cheval. Et malgré les défis qui subsistent pour donner aux chevaux des conditions de vie dignes de leur nature, les acquis sont majeurs.

Le rêve de William Kriegel devenu réalité, la Cense jouit aujourd'hui d'une réputation mondiale, celle d'une institution de référence, porteuse d'une pédagogie reconnue au service de celles et ceux qui veulent vivre plus harmonieusement avec les chevaux. Une grammaire de gestes, en quelque sorte. Car il s'agit bien de donner des clés pour communiquer mieux par le corps. Ce corps confronté aux éléments, aux résistances, aux affects et aux peurs. Sommé d'être vigilant, précis, délicat, comme celui de Manuel Godin, directeur technique du haras de la Cense qui, depuis 2014, orchestre avec humilité et finesse la vie du lieu et de ses habitants humains et équins. Et se fait passeur d'un savoir-faire exceptionnel, répétant jour après jour les mêmes gestes délicats, prodiguant des conseils avec la fulgurance et la parcimonie d'un maître d'arts martiaux. Le parallèle n'est pas fortuit. On parle bien de l'acquisition rigoureuse de gestes, d'une capacité à lire et décrypter les mouvements de l'autre, le cheval – y compris ceux infinitésimaux qui animent son visage.

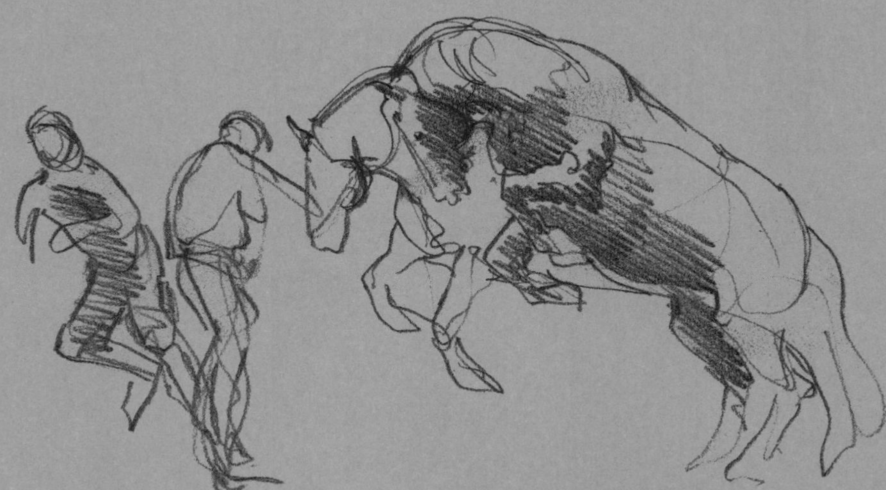

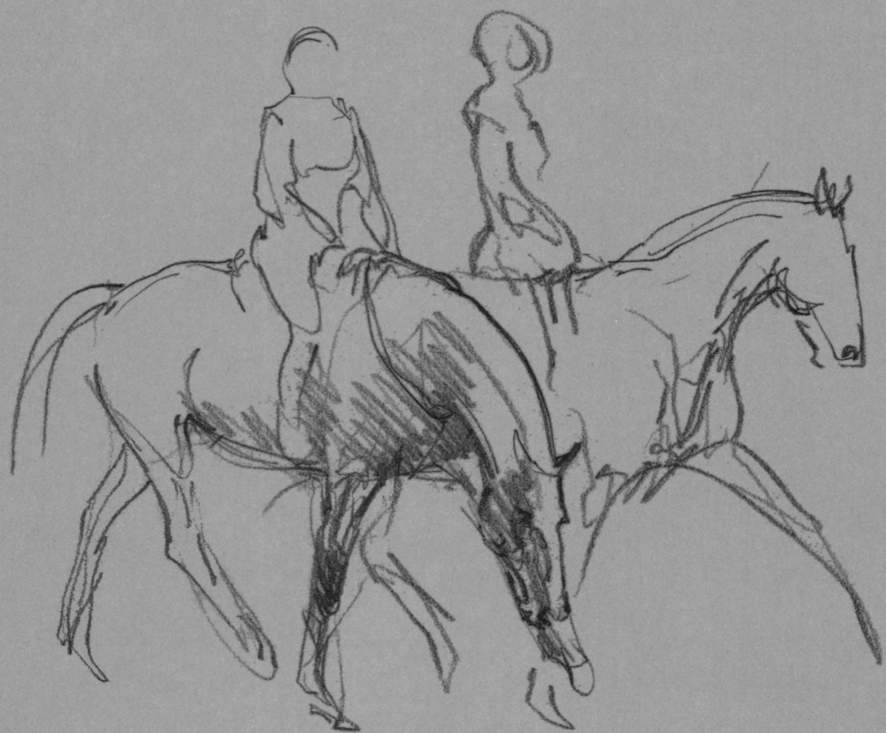

Un savoir-faire, des gestes que traduisent les dessins d'Émilie Haillot qui illustrent ce livre, ponctués de préceptes issus de *La Méthode la Cense*. On lit dans ces esquisses la technique, mais aussi la grâce du ballet qui se joue entre deux êtres dissemblables cherchant à se comprendre. Dans ces dessins qui semblent capter sur le vif des instants d'échange, la précision du trait, la justesse des postures, l'impression du mouvement n'oblitèrent pas la poésie.

Car comment, sans poésie, transmettre la puissance de la relation homme-cheval aux vingt millions de Français, à ces centaines de millions d'autres sur Terre, qui disent l'aimer sans vraiment le connaître ? Comment franchir la barrière du monde des cavaliers, essaimer plus loin, convaincre le plus grand nombre que vivre avec les chevaux peut nous rendre meilleurs, individuellement et collectivement ? Comment tisser un fil entre les prescriptions d'une méthode et l'expérience intime ? Entre le général et le particulier ? Comment transformer la fascination que provoquent chez la plupart d'entre nous les chevaux, leur beauté, leur puissance, en un désir d'entrer en relation avec eux ?

Les dessins, puis les mots de Clara Arnaud, ceux de l'expérience charnelle, sensible, d'une vie avec les chevaux, viennent tisser cet édifice qu'est le livre, dire ce que les photographies taisent. L'écrivaine convoque ses souvenirs et intuitions de cavalière-voyageuse, d'amoureuse des chevaux, pour narrer librement le sel de cette relation. Raconter l'horizon du devenir cheval, ces minuscules et pourtant si puissantes sensations qui éclairent une vie de partage. Les réminiscences, les odeurs, les émotions dont sont tissées toutes les histoires de chevaux et d'humains. Les histoires de ces femmes, ces hommes, qui fixent l'objectif de Yann Arthus-Bertrand avec fierté, qui viennent à la Cense, ou qui s'emparent d'une phrase de Manuel Godin, d'un exercice de *La Méthode* pour progresser. De celles et ceux qui, d'où qu'ils soient, ont un jour posé une main sur un chanfrein, ont fermé les yeux et senti en eux sourdre un merveilleux calme intérieur.

Et c'est autour d'une table, à quelques centaines de mètres des prairies qui accueillent les chevaux de la Cense, que tous les artisans de ce livre se sont retrouvés un jour de février 2024. Cavalier instructeur, graphiste, éditeur, photographe, dessinatrice, écrivaine, fondateur de la Cense. Les chevaux étaient là, dans nos mots, dans les dessins, les photos, si présents dans la pièce qu'on aurait pu en sentir l'odeur, entendre leur souffle ou le claquement de leurs sabots, voir le mouvement de leur corps, effleurer la douceur d'une robe d'été sous la paume.

C'est ainsi sans doute qu'il faudrait lire ce livre, l'ouvrir à n'importe quelle page, y glaner des mots et des images, y projeter ses rêves. S'y jeter, comme une plongée sensorielle dans cet autre monde auquel le cheval nous donne accès. Un monde de promesses, de mouvements, d'odeurs, d'émotions brutes. Un monde plus vaste et plus dense à la fois.

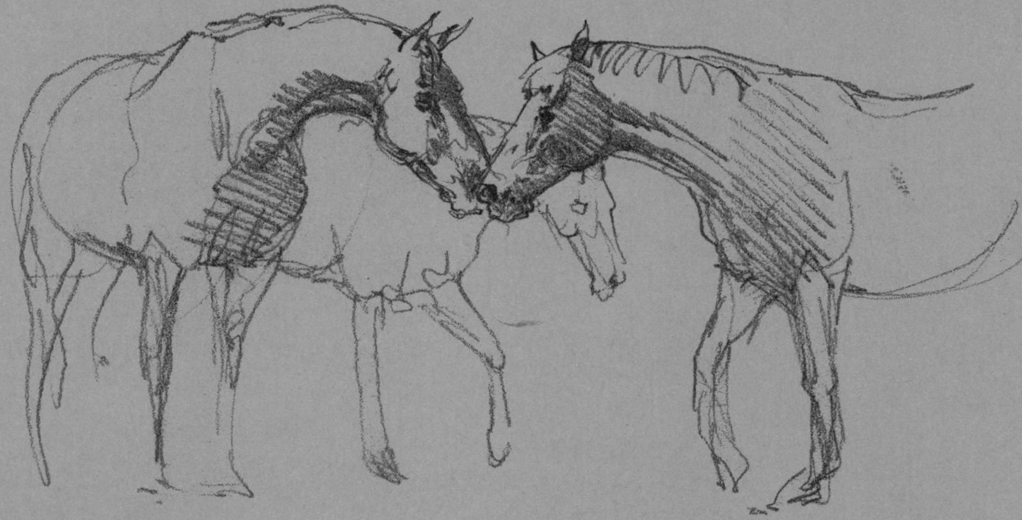

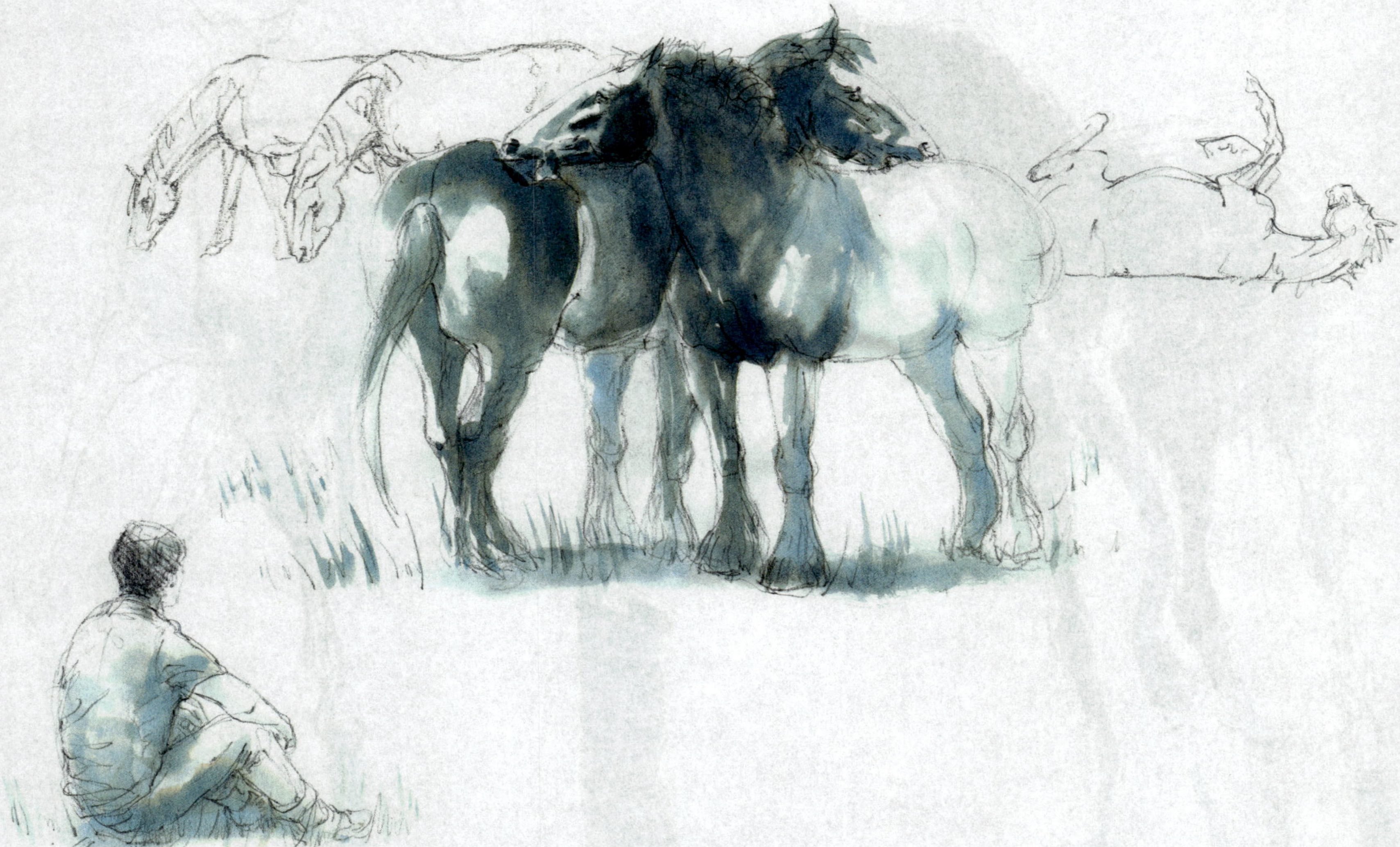

Le cheval est un herbivore, social, de plaine.

Feeling, timing, balance (ressenti, instant, équilibre).

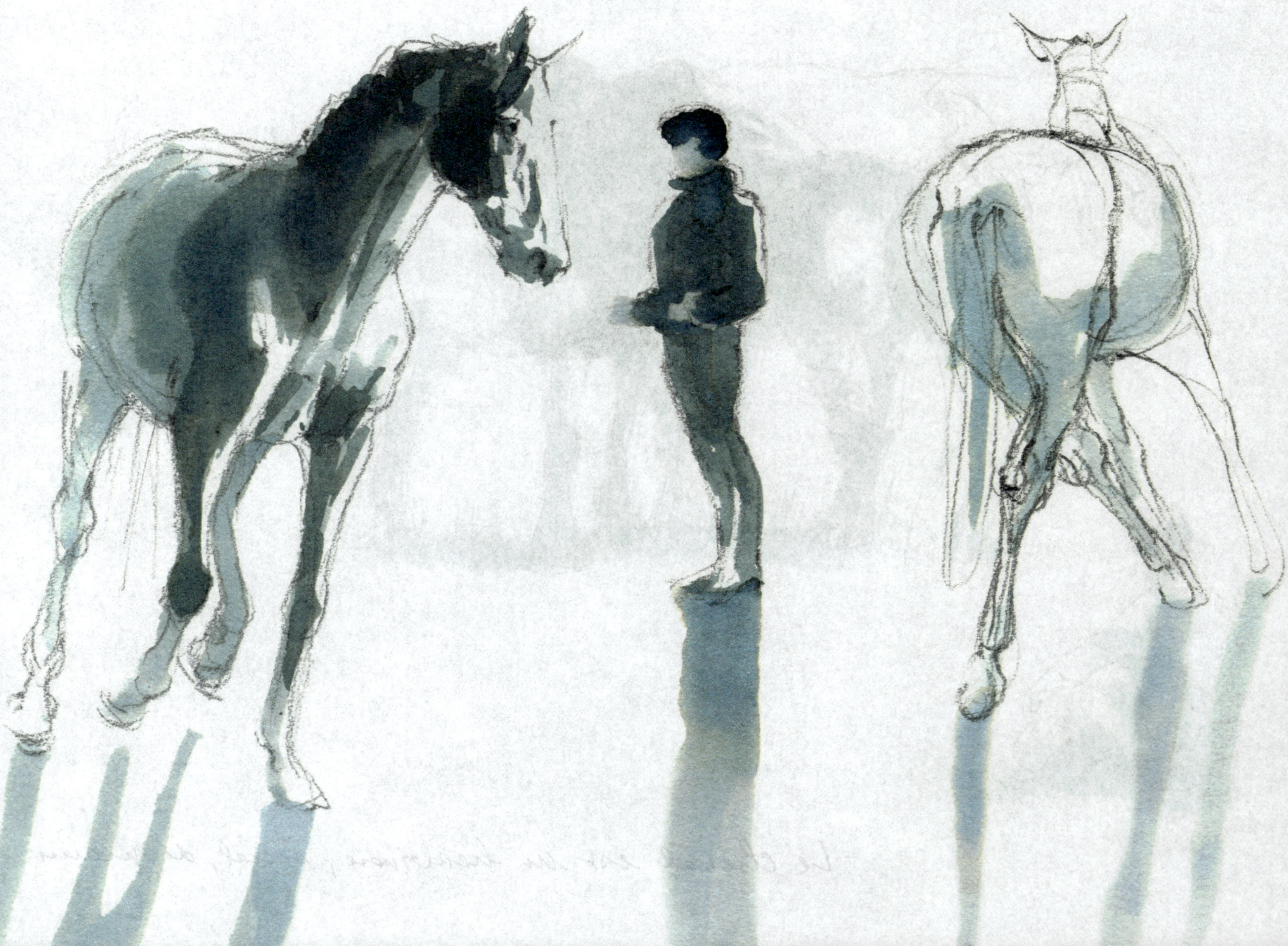

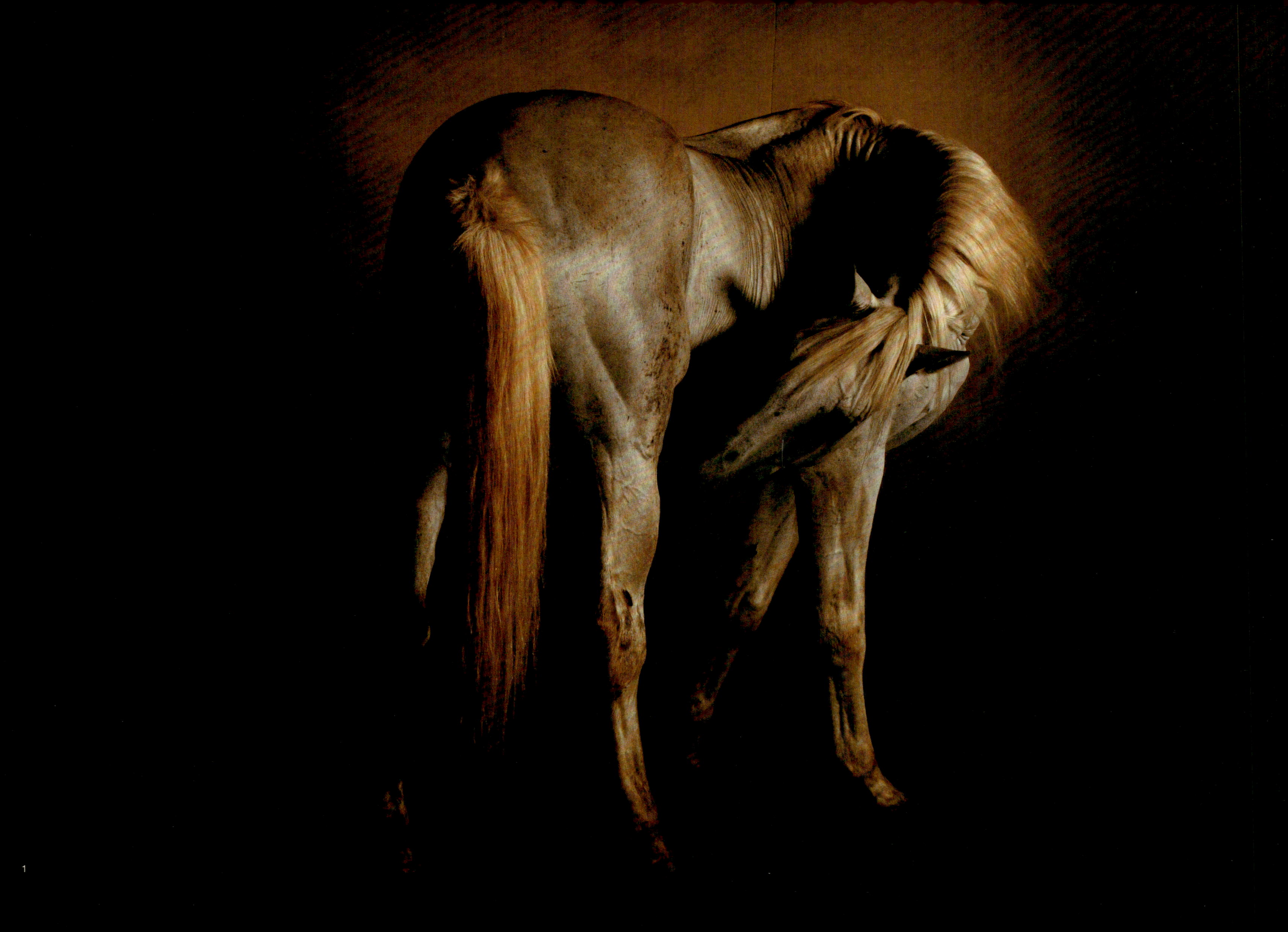

1

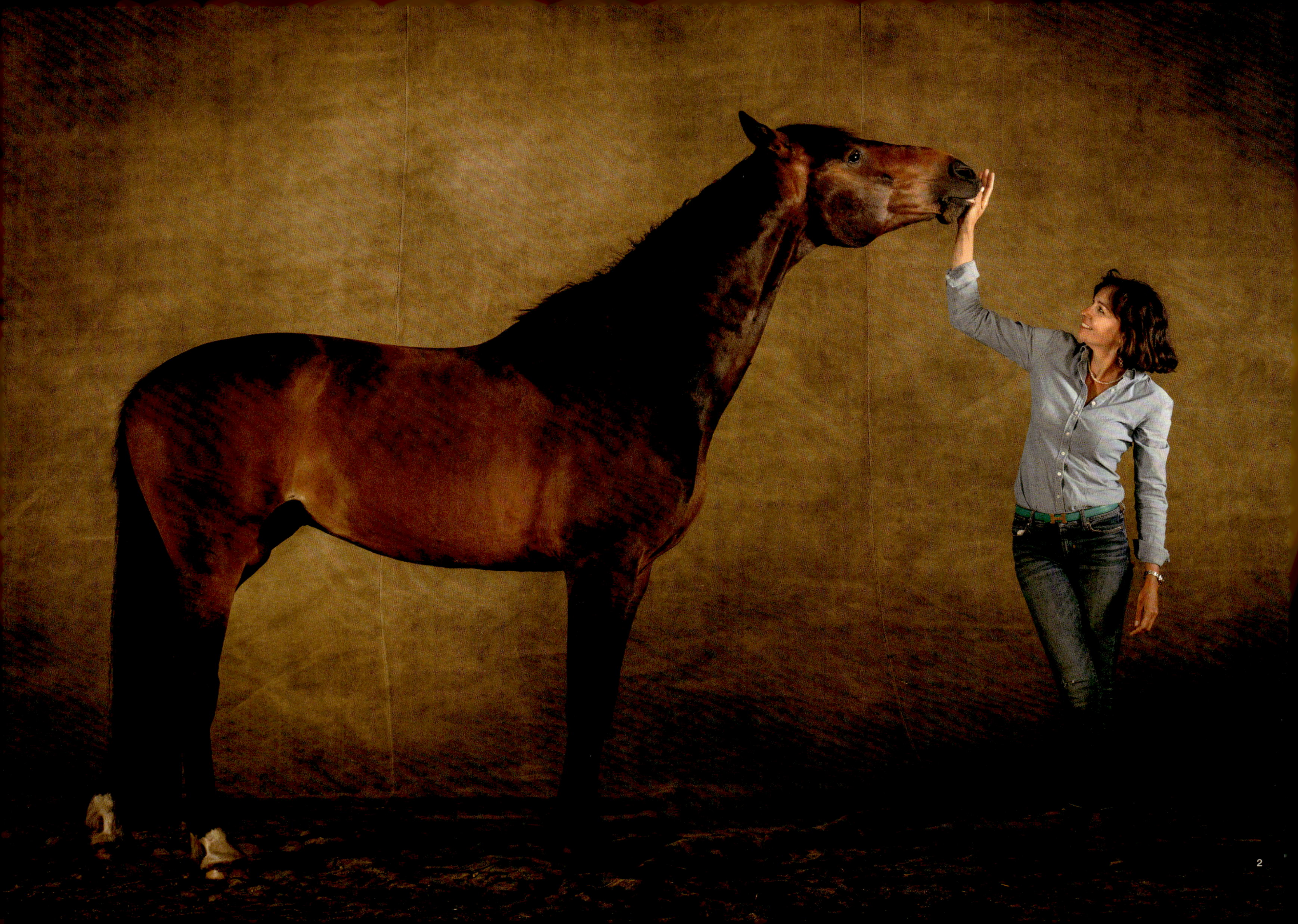

La fréquentation des chevaux est un aller sans retour. Le monde, à leur contact, plus jamais ne se présente tout à fait comme avant. On croit qu'on éduque un cheval. Il nous éduque en retour davantage. Nous apprend à regarder. À sentir. Prendre conscience dans notre chair de cette évidence biologique : nos vies sont tissées d'infinies relations avec d'autres espèces, d'autres formes de vie. Et les chevaux, acceptant le dialogue que l'on a engagé avec eux – ou peut-être est-ce le contraire –, nous invitent à échanger par extension avec les oiseaux, les plantes, les rivières. Ils sont nos guides vers un monde plus vaste que ce que l'on en percevait. Et nous échinant à comprendre les équidés, on réalise ce geste essentiel, considérer d'autres manières d'être au monde. Faire un pas vers.

À les côtoyer, agit en nous
une transformation silencieuse
qui infléchit le tempo de nos gestes,
notre façon de nous tenir, l'horizon
de notre regard, l'attention avec
laquelle il se pose sur le monde,
s'arrête sur chaque chose. Et l'on
se prend à avoir soudain une délicate
attention pour la végétation, promesse
gourmande, les reflets et les ombres,
autant de potentielles menaces,
les étendues ouvertes, autant
d'opportunités de course folle.
On prête l'oreille, on pose son
regard, on avance avec précaution.
Grâce aux chevaux, repoétiser
le monde.

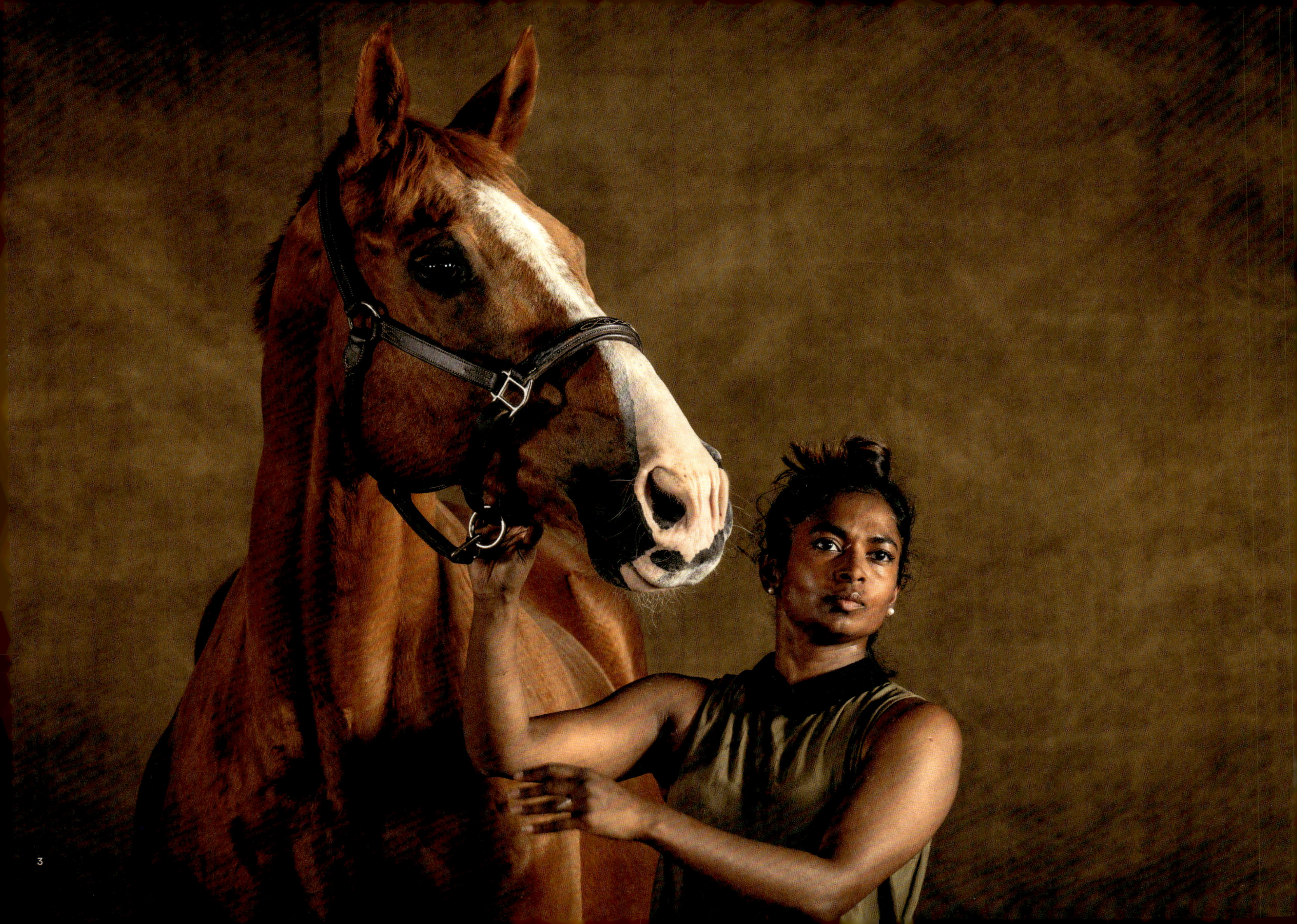

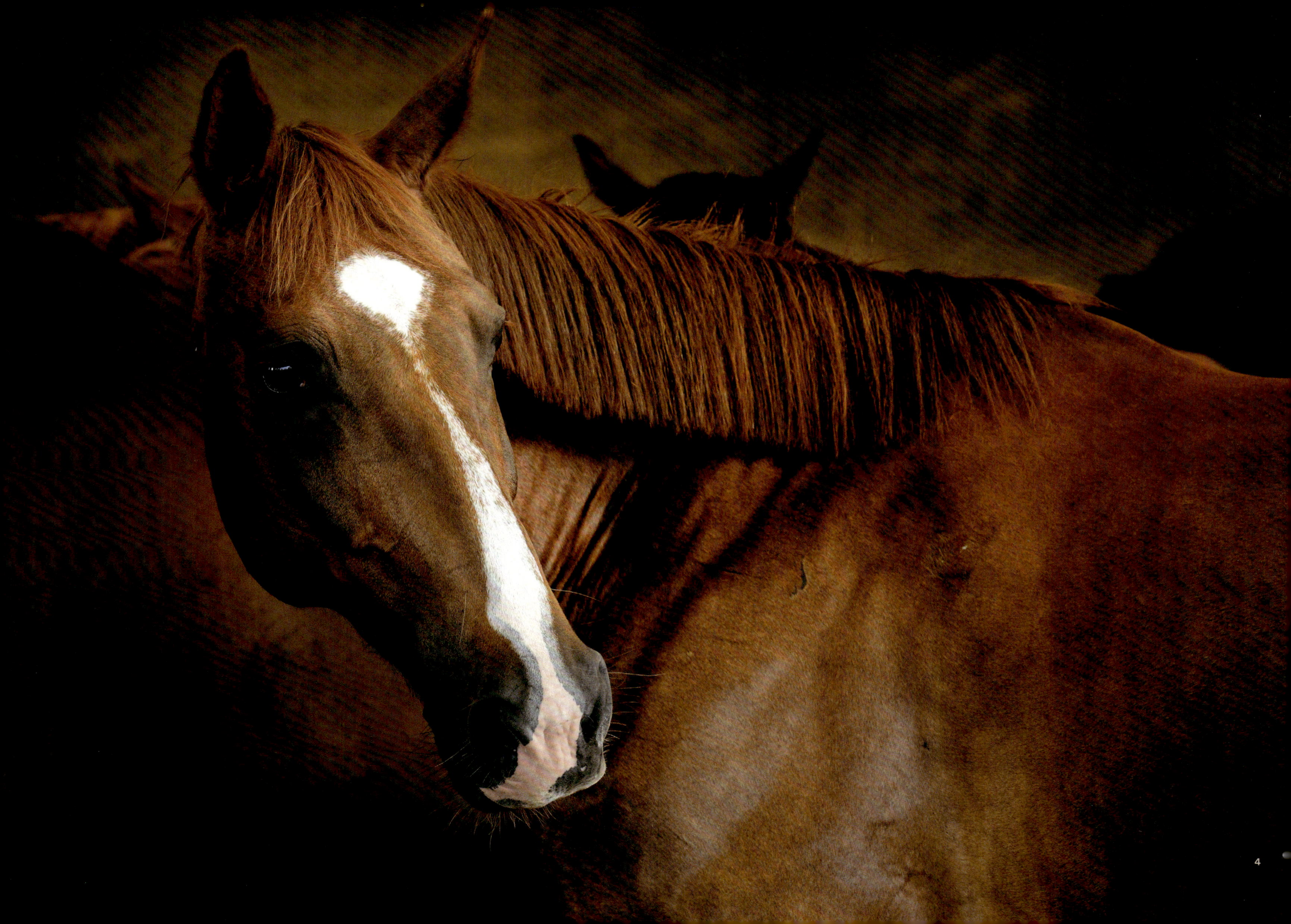

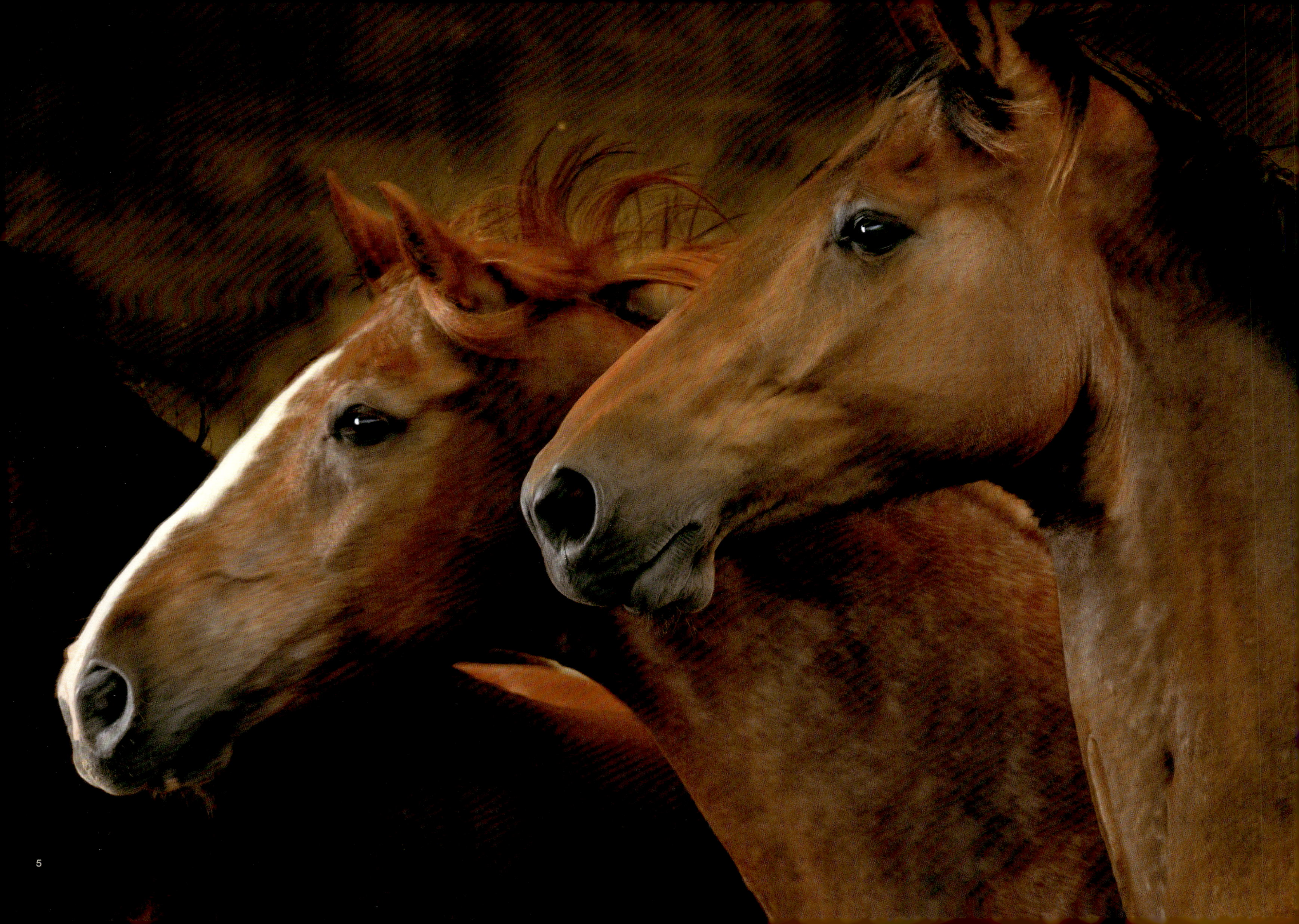

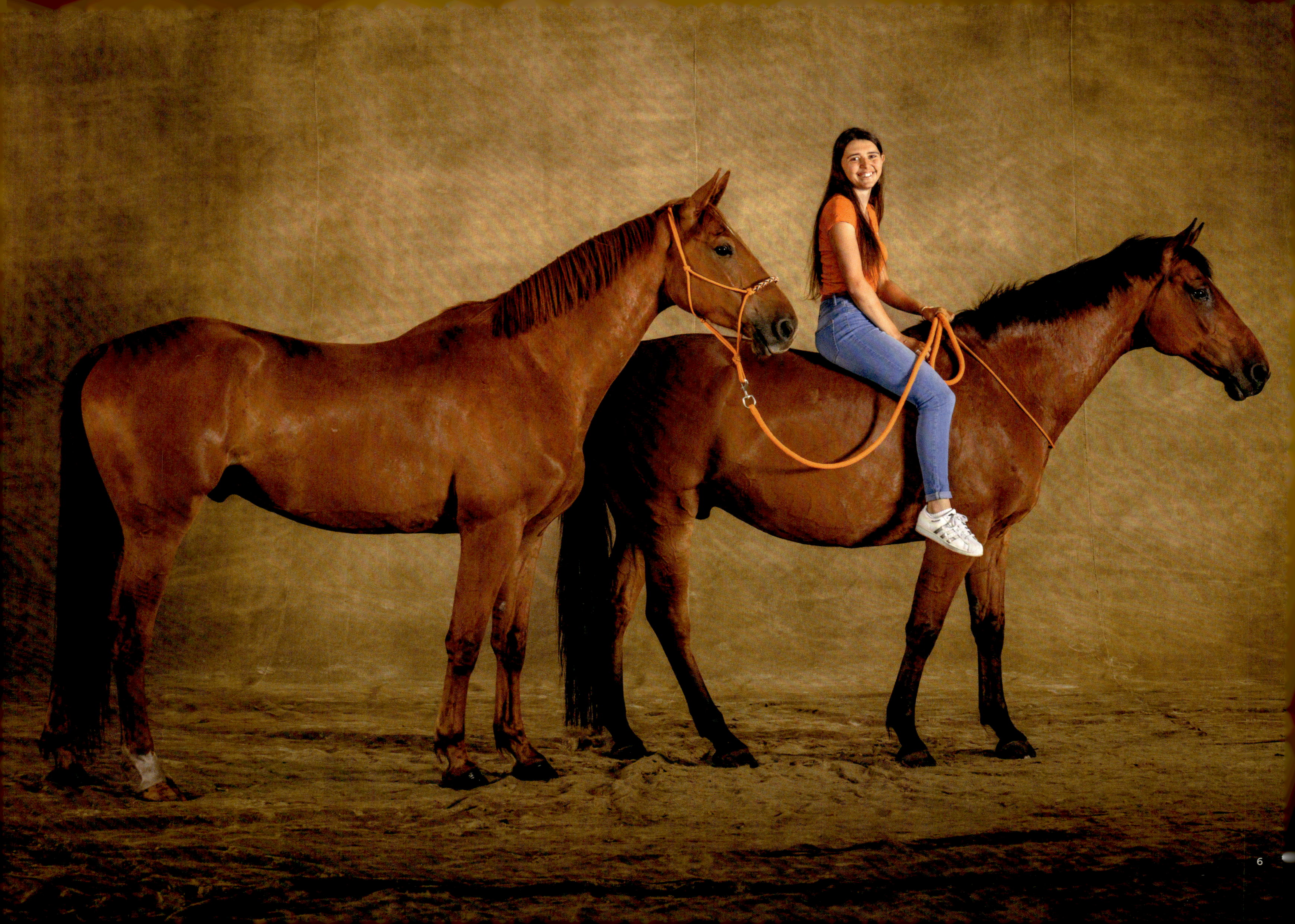

Ainsi devrions-nous toujours nous comporter avec les chevaux, pénétrant dans leur pâture, leur espace vital, en invités délicats, en voyageurs en terre étrangère, faisant montre d'égard, observant avant d'agir, nous fondant dans les coutumes et dans les mœurs, adoptant un nouveau langage, portés par l'espoir d'être acceptés.

Parfois,
j’ai cru que
nos corps n’étaient
plus qu’un corps.
Que nos souffles
n’étaient plus
qu’un souffle.
Douce illusion.

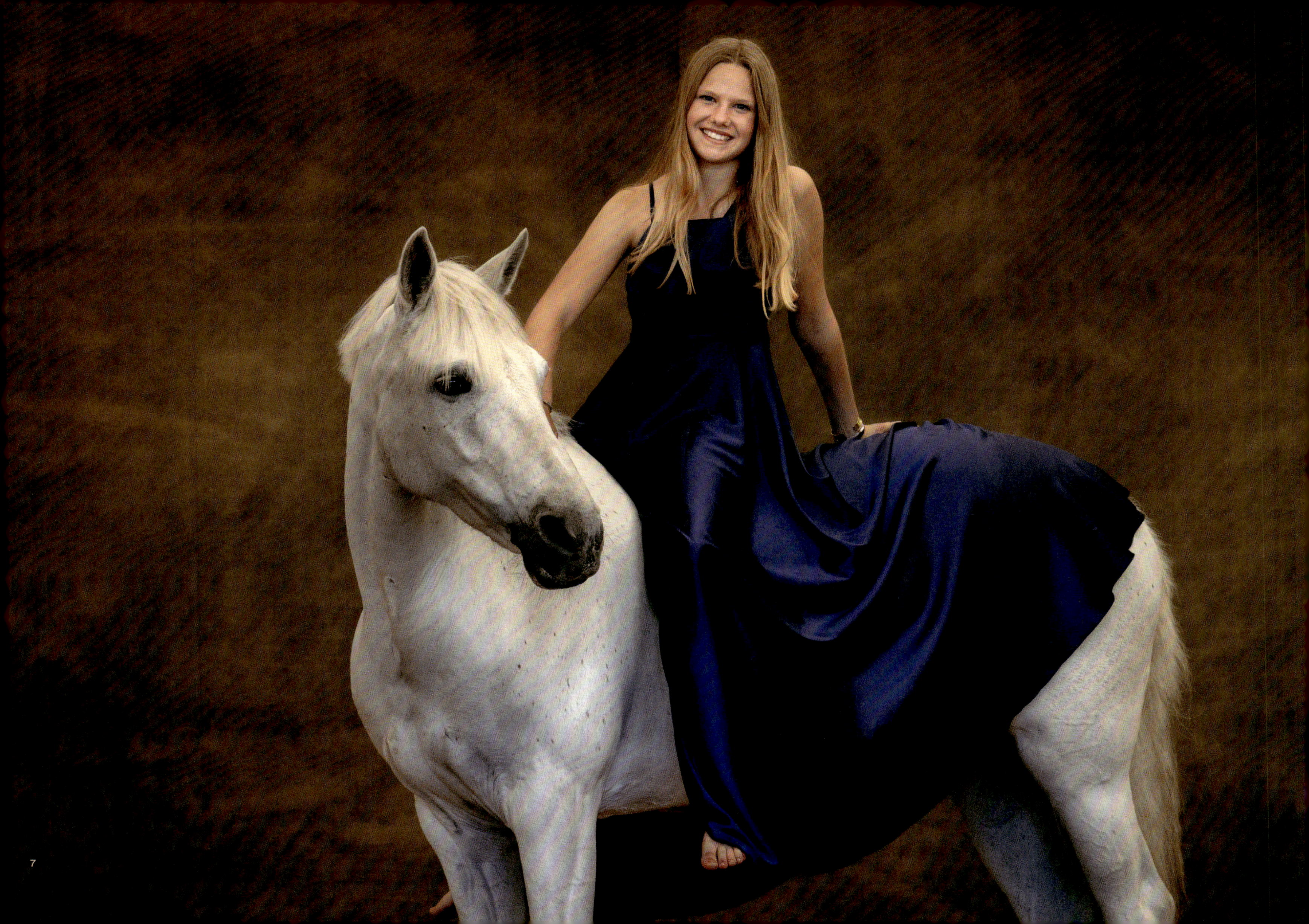

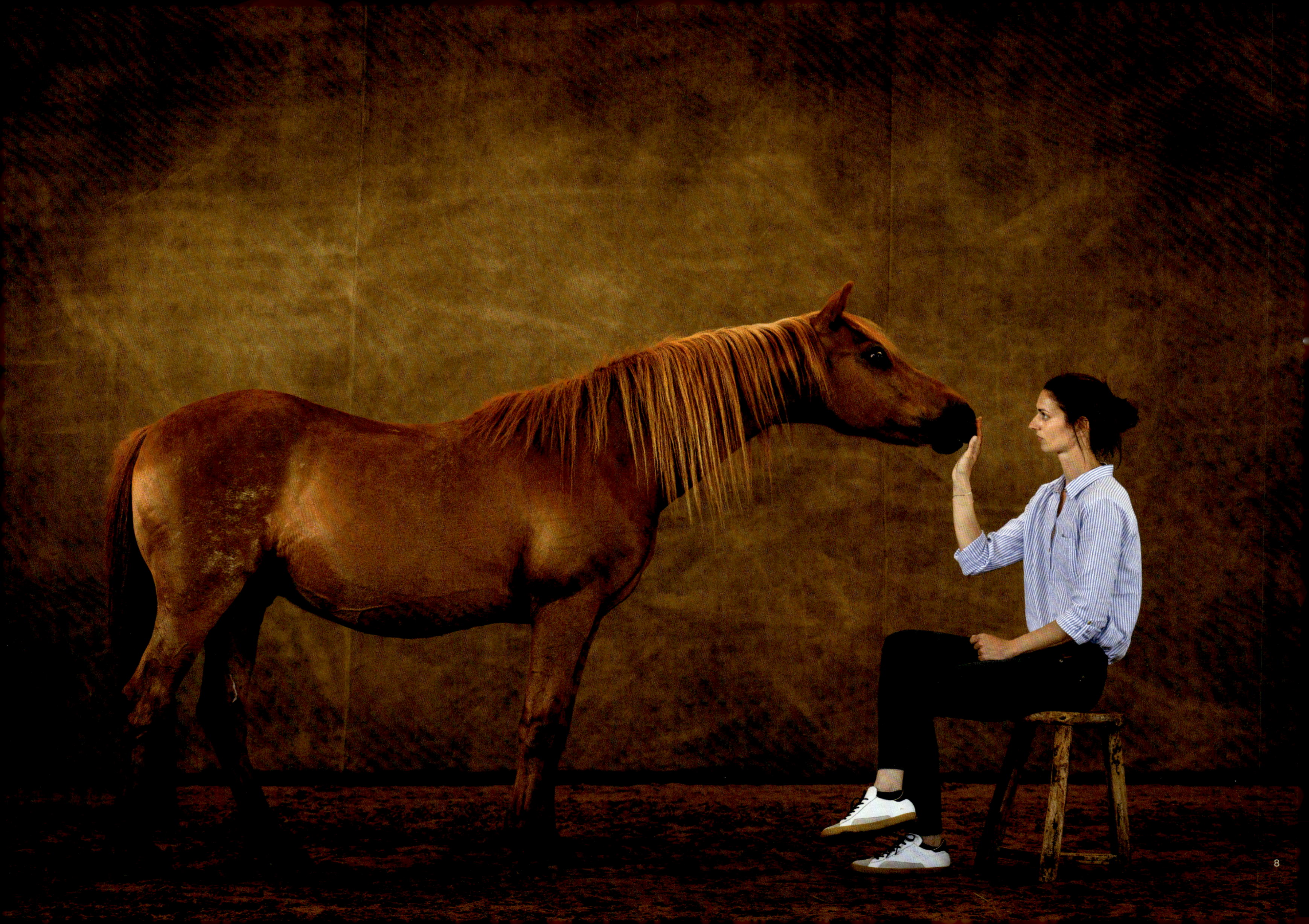

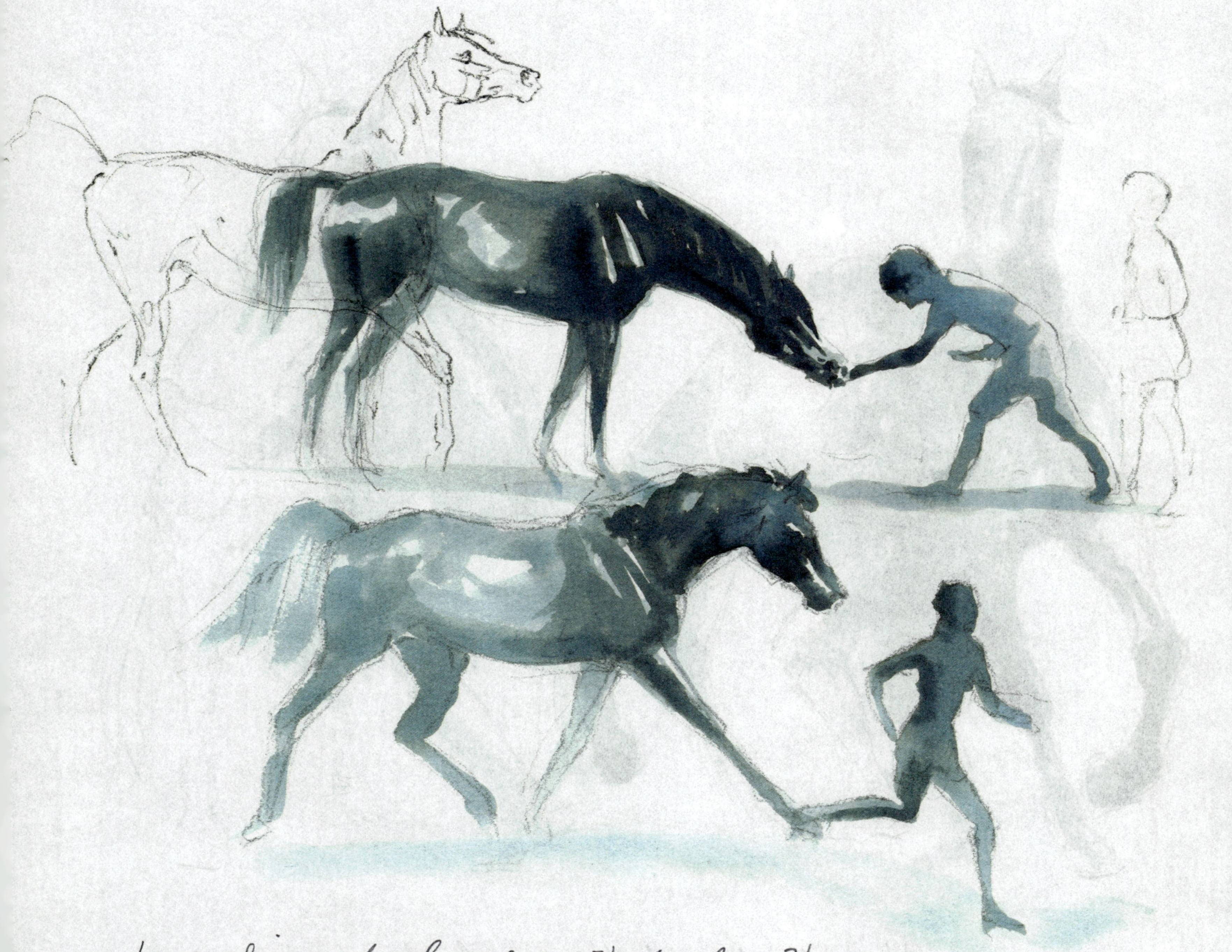

La confiance du cheval naît de la vôtre.

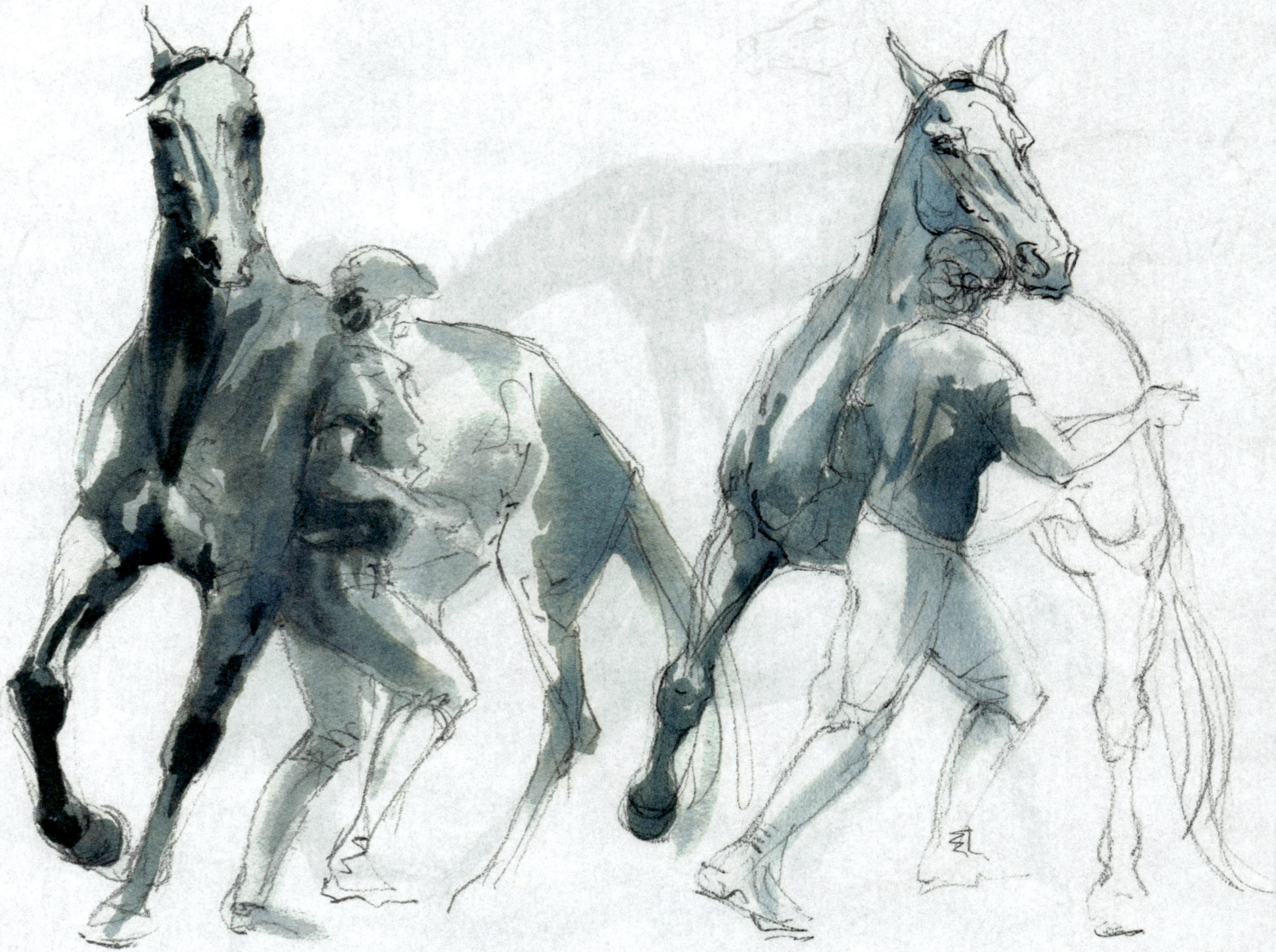

L'un des deux doit mener la danse.

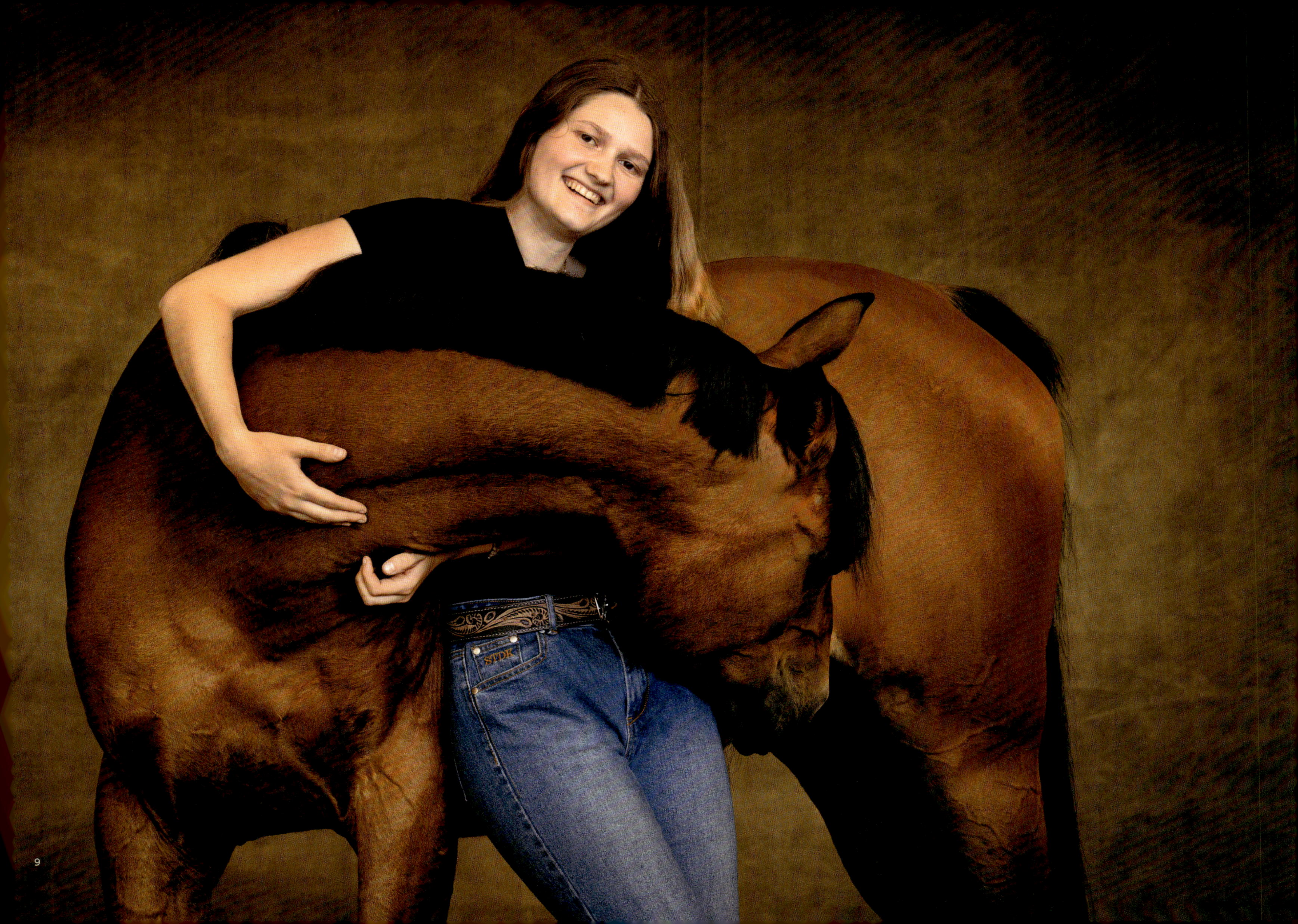

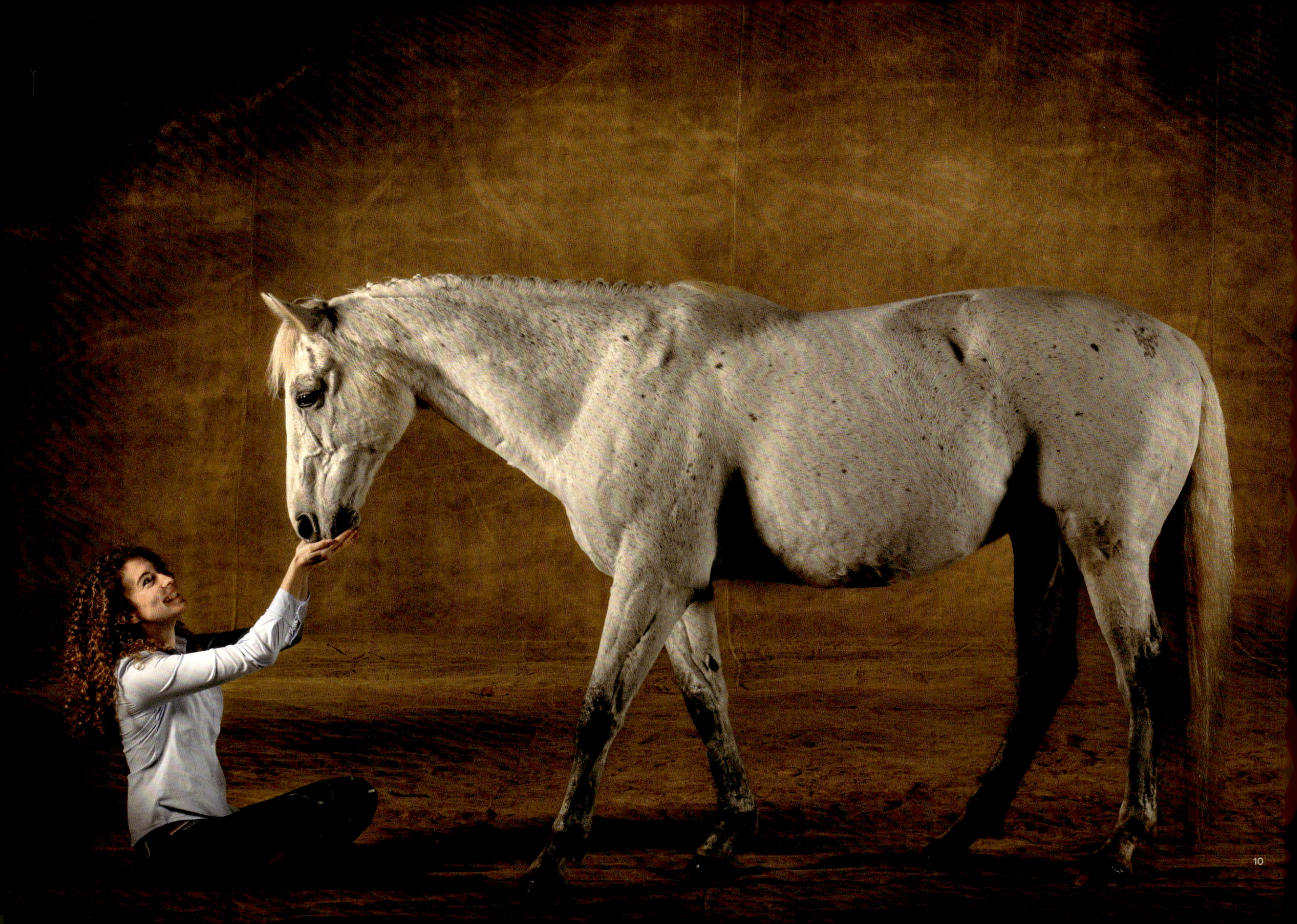

Montaigne avançait qu'on n'est nulle part mieux que le cul sur la selle. Sans doute est-on également heureux le cul dans l'herbe, à observer un cheval libre de toute entrave.

Jour de chagrin,
qu'on me mène
à un cheval.
Et je glisserai ma tête
contre son encolure.
Je l'enserrerai de mes bras,
pour éponger mes larmes
dans sa crinière.
Et ma peau contre
la sienne, nos odeurs
se mêleront.
Car nul humain ne ressent
la peine comme un cheval.

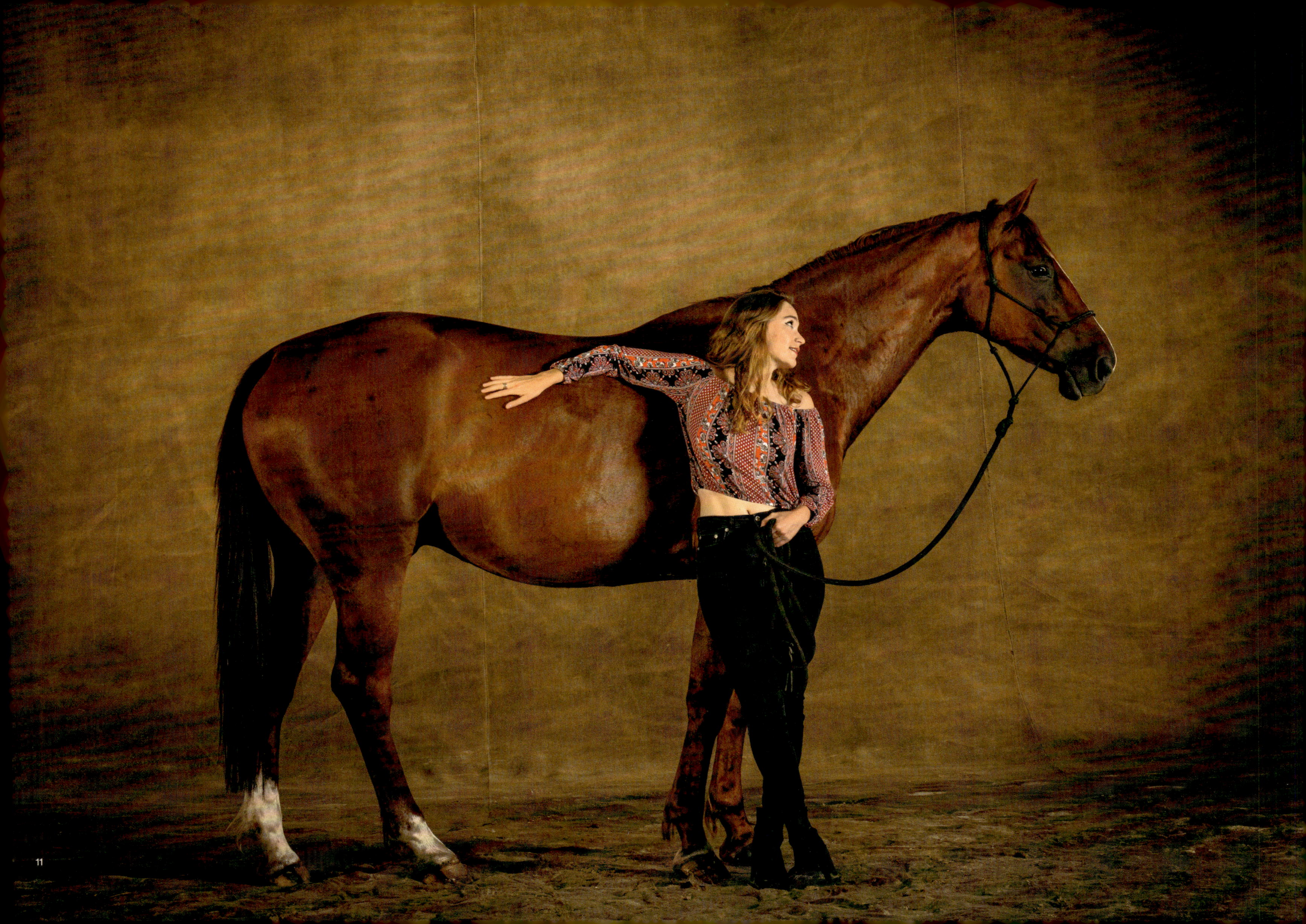

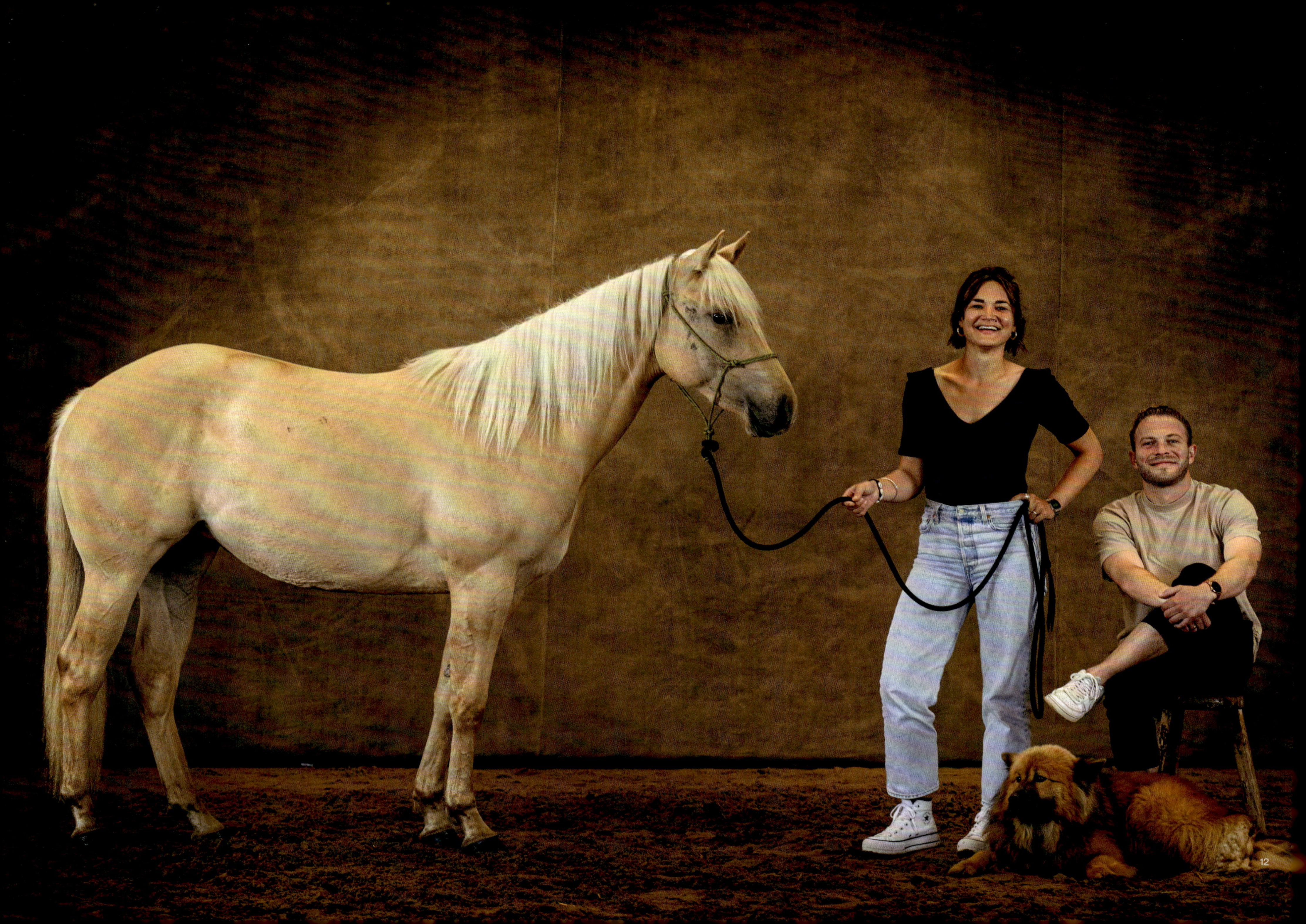

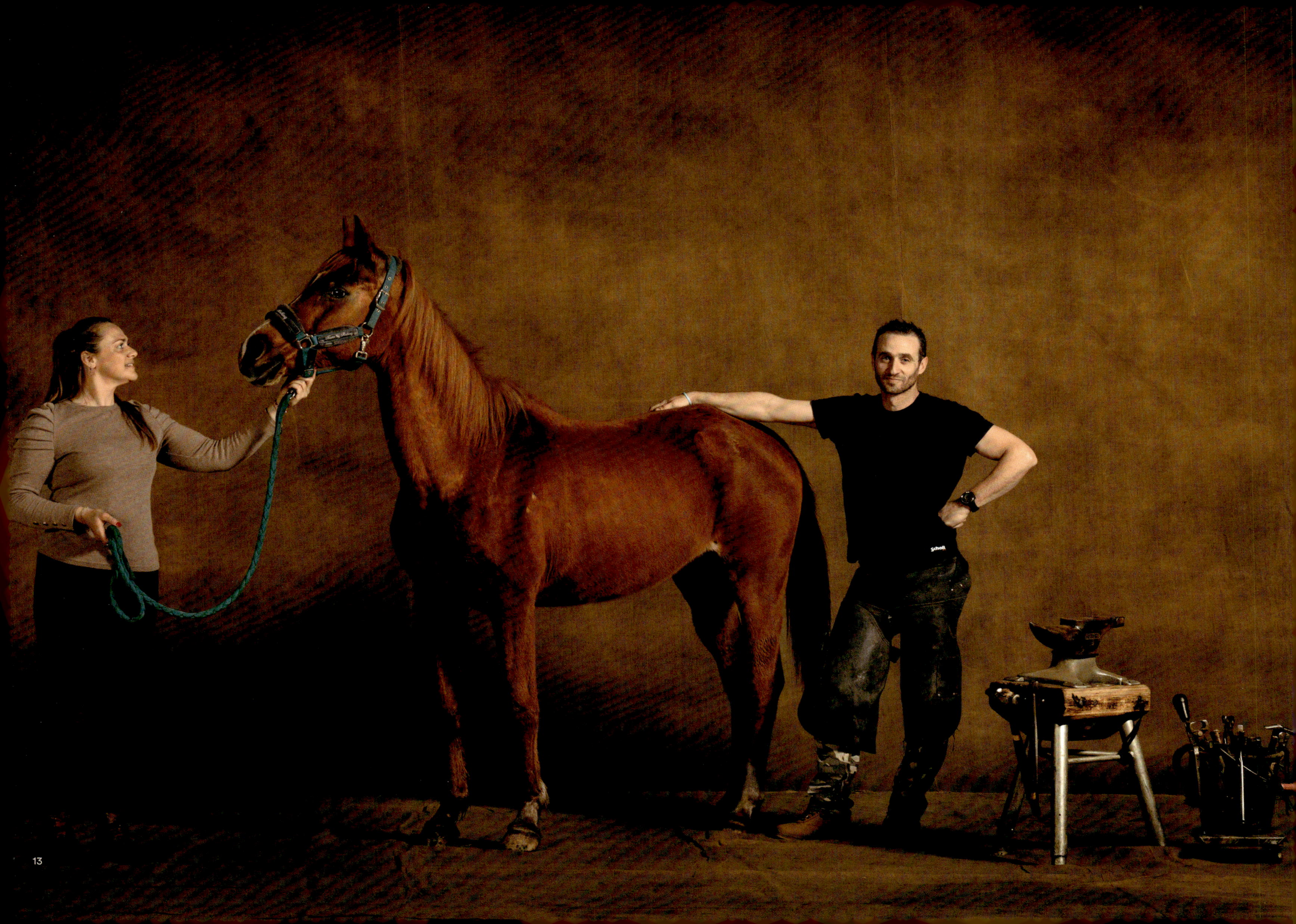

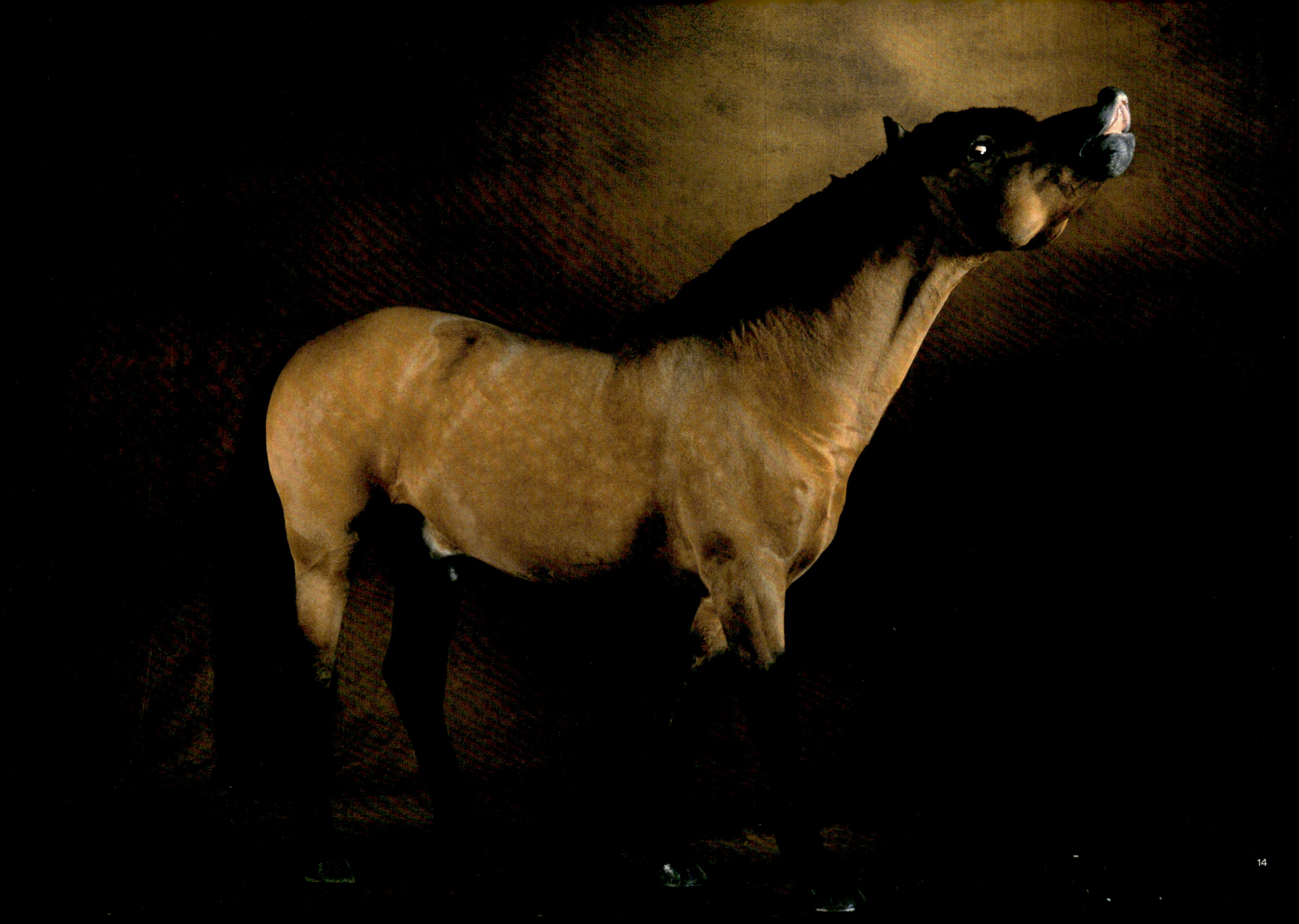

Il y a sur la face d'un cheval beaucoup à lire. Lui nous décrypte avec finesse. Il sait nos peurs, nos doutes, nos élans, les sciences cognitives le démontrent chaque jour davantage. La réciproque est fausse, l'étendue de notre ignorance immense. Pour y remédier, les éthologues affinent chaque année l'interprétation des expressions faciales des chevaux, ce qu'elles nous disent de leur état mental, des émotions qui les traversent. Ce sont des mimiques très visibles, un bâillement, les naseaux qui s'ouvrent ou se referment, l'intensité d'un regard ou le mouvement des paupières, c'est la tension musculaire, là, au niveau du muscle zygomatique, entre les deux yeux, un frémissement qui agite la mâchoire, les ganaches, c'est le mouvement des oreilles, bien sûr. Et une infinité d'autres signaux minuscules, que l'on ressent plus qu'on ne les perçoit en regardant son cheval, comprend parfois, à force d'attention. Que l'on ignore aussi trop souvent, par méconnaissance, inattention. Et, s'agissant de la douleur, de la peur que peut provoquer la contrainte, on préfère parfois omettre de les regarder.

On ne trahit pas un cheval,
car alors il n'y a pas d'explication
possible, plus qu'une abyssale méfiance
que nul pardon ne viendra combler.
Les chevaux sont imperméables
au chantage et aux manipulations
du langage. Ils n'oublient pas la peur
ou la douleur, ne tolèrent pas
qu'on leur fasse défaut.

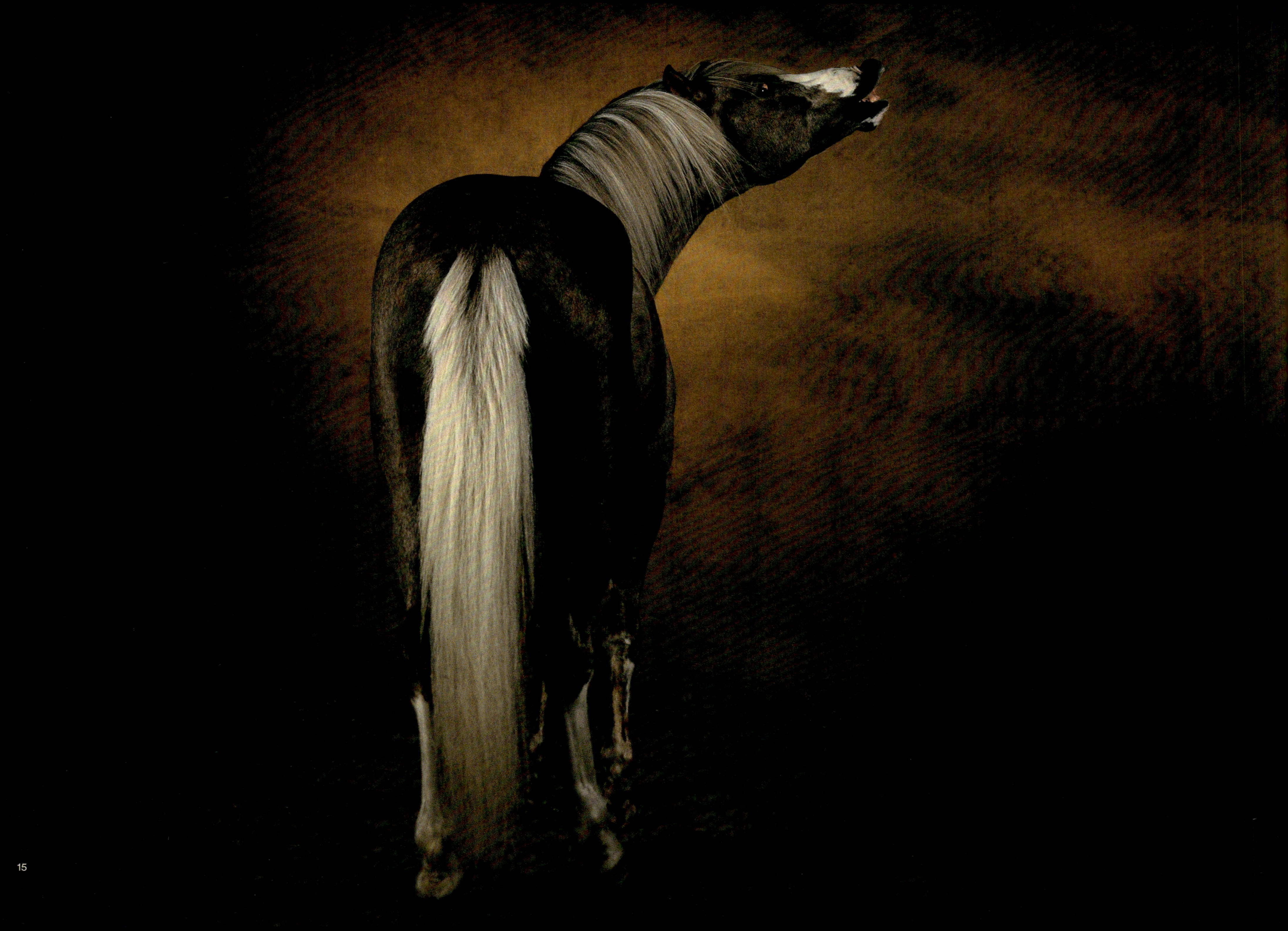

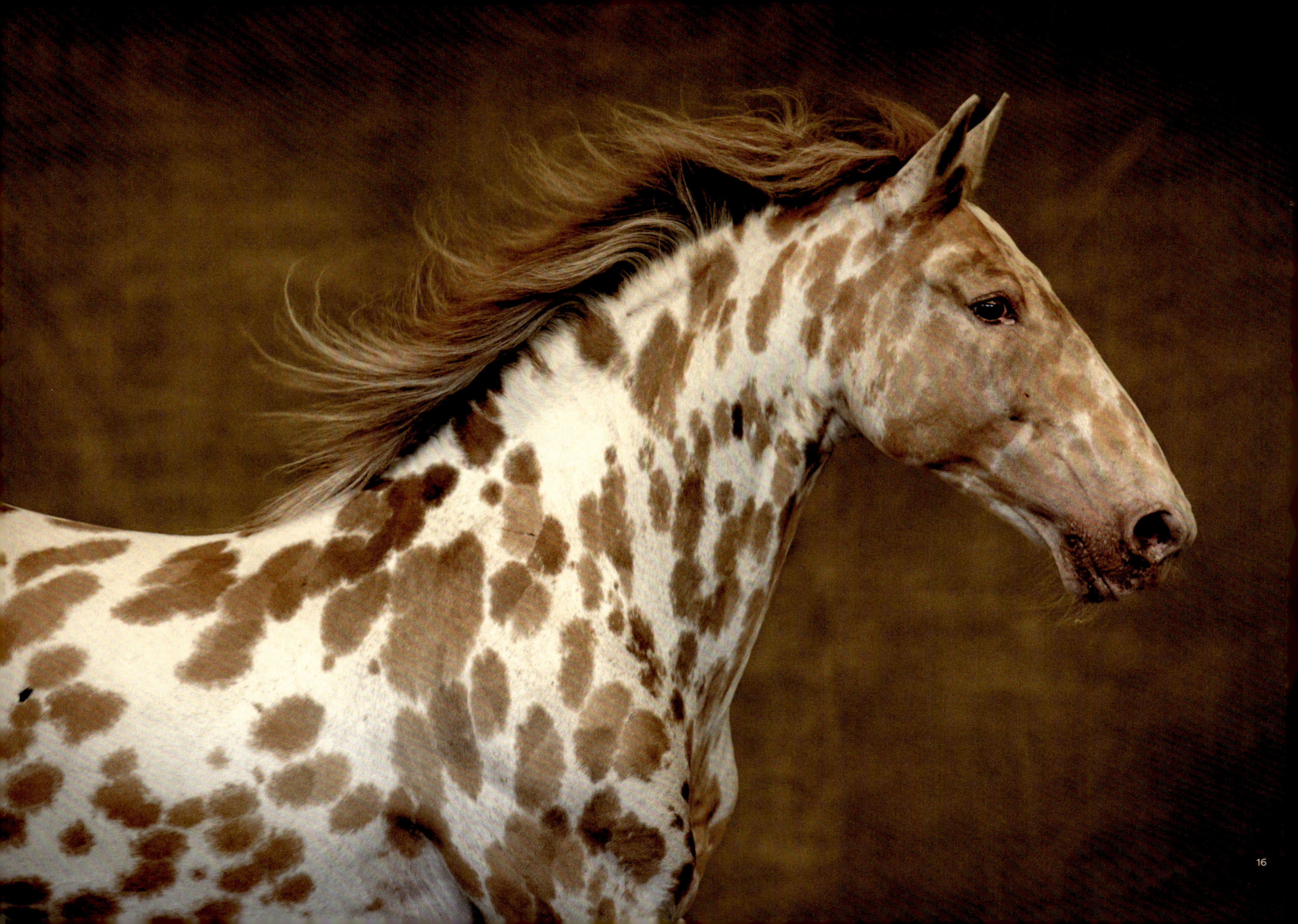

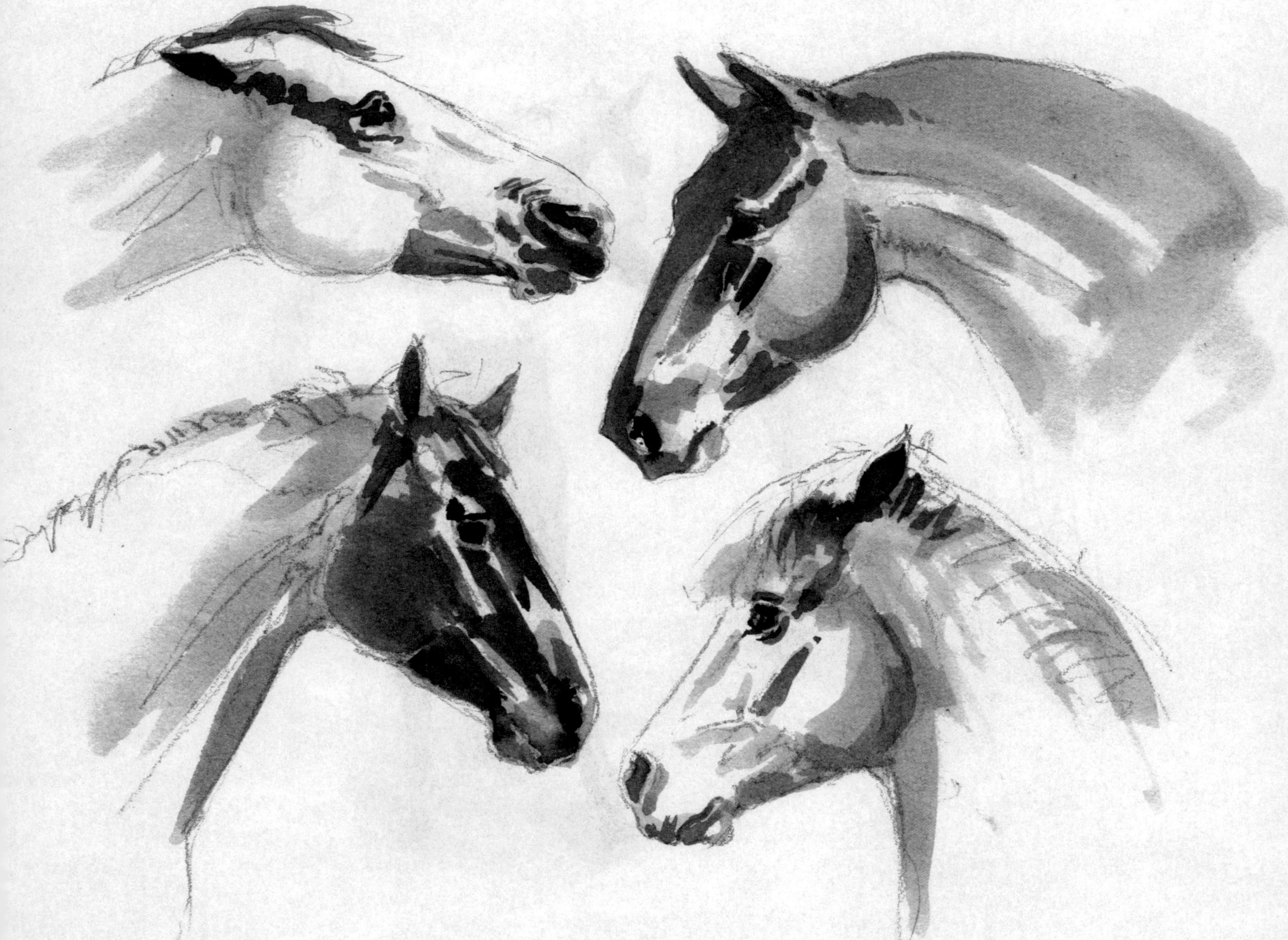

Apprendre à lire le cheval.

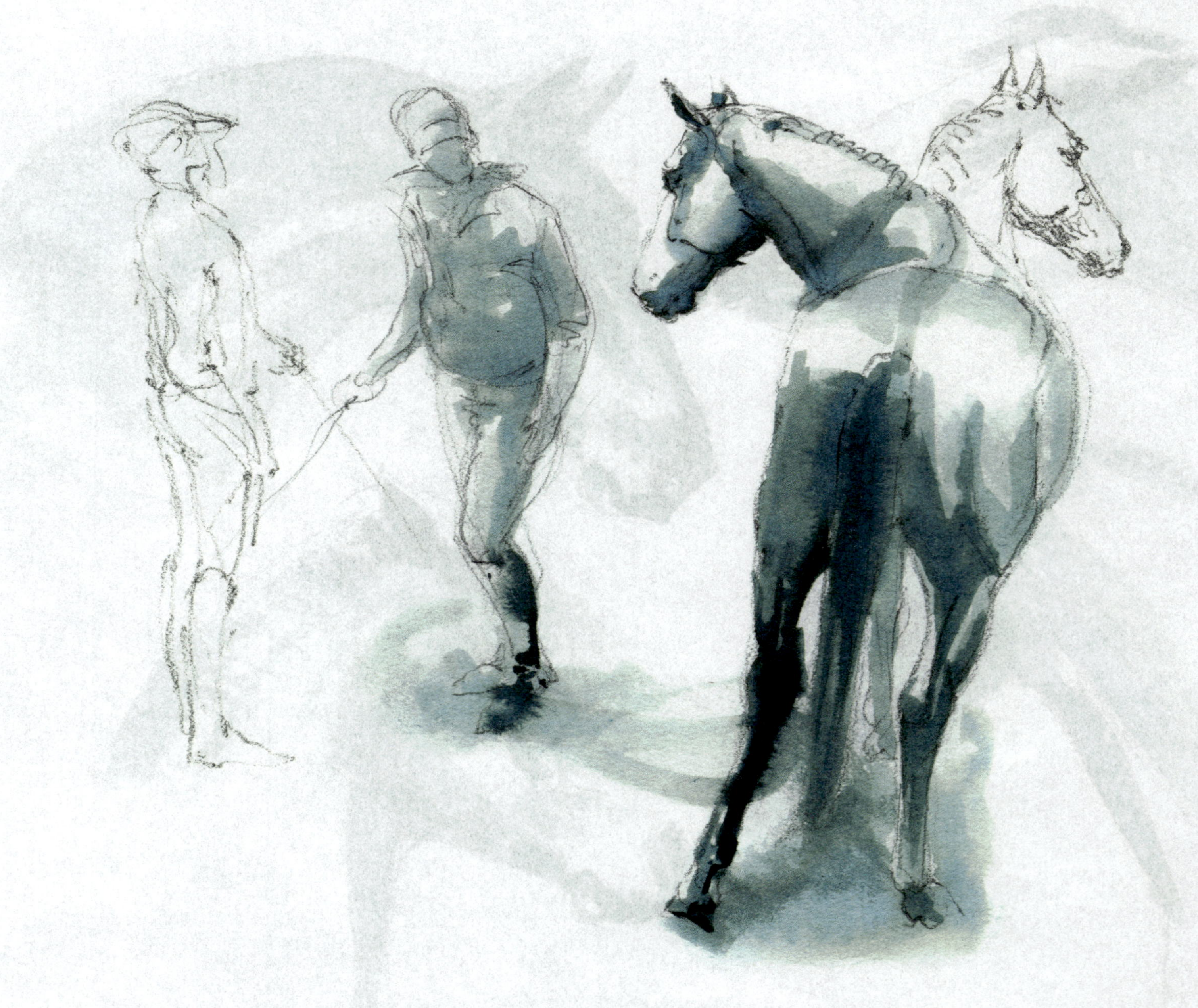

Parler clairement avant de parler fort.

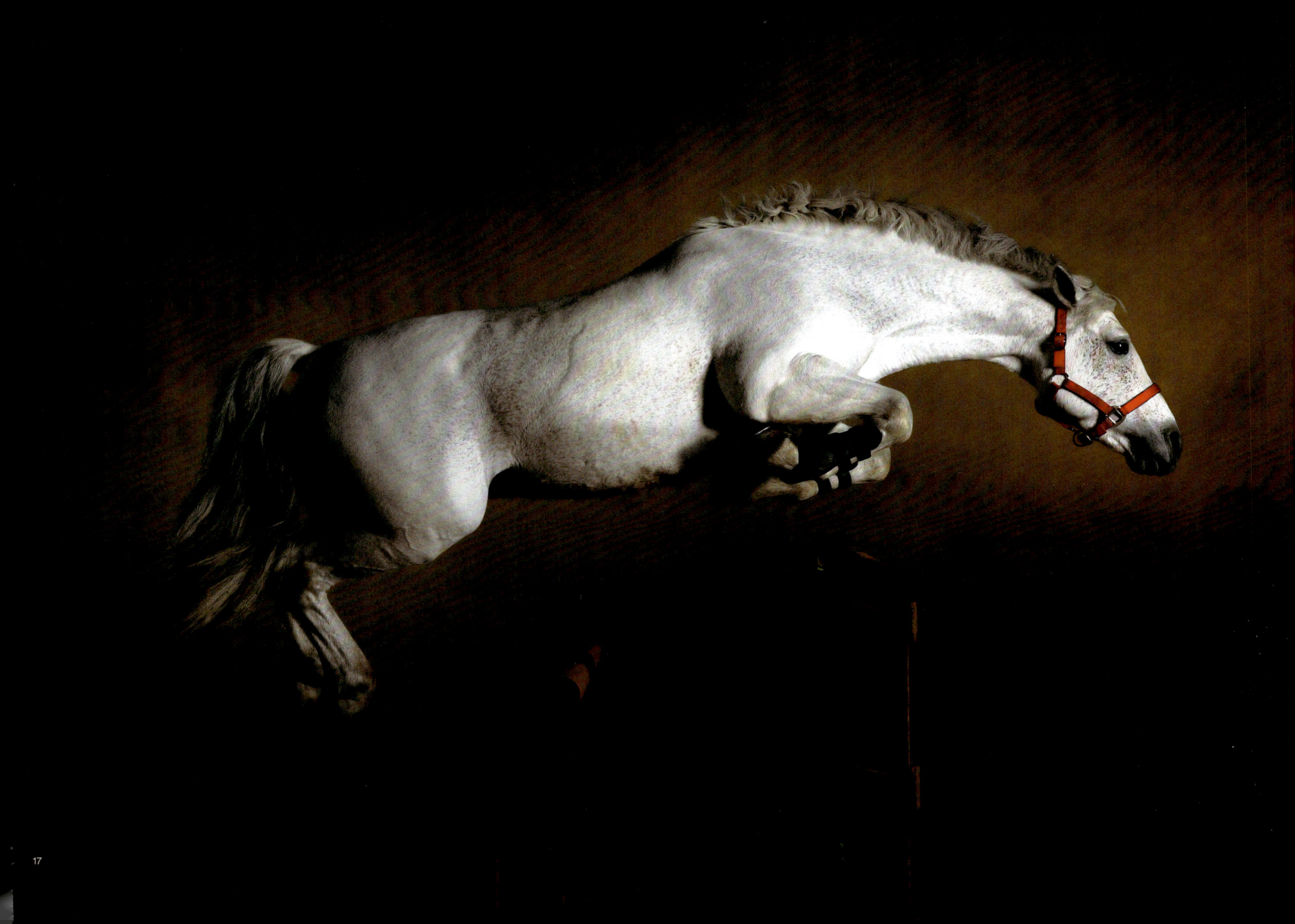

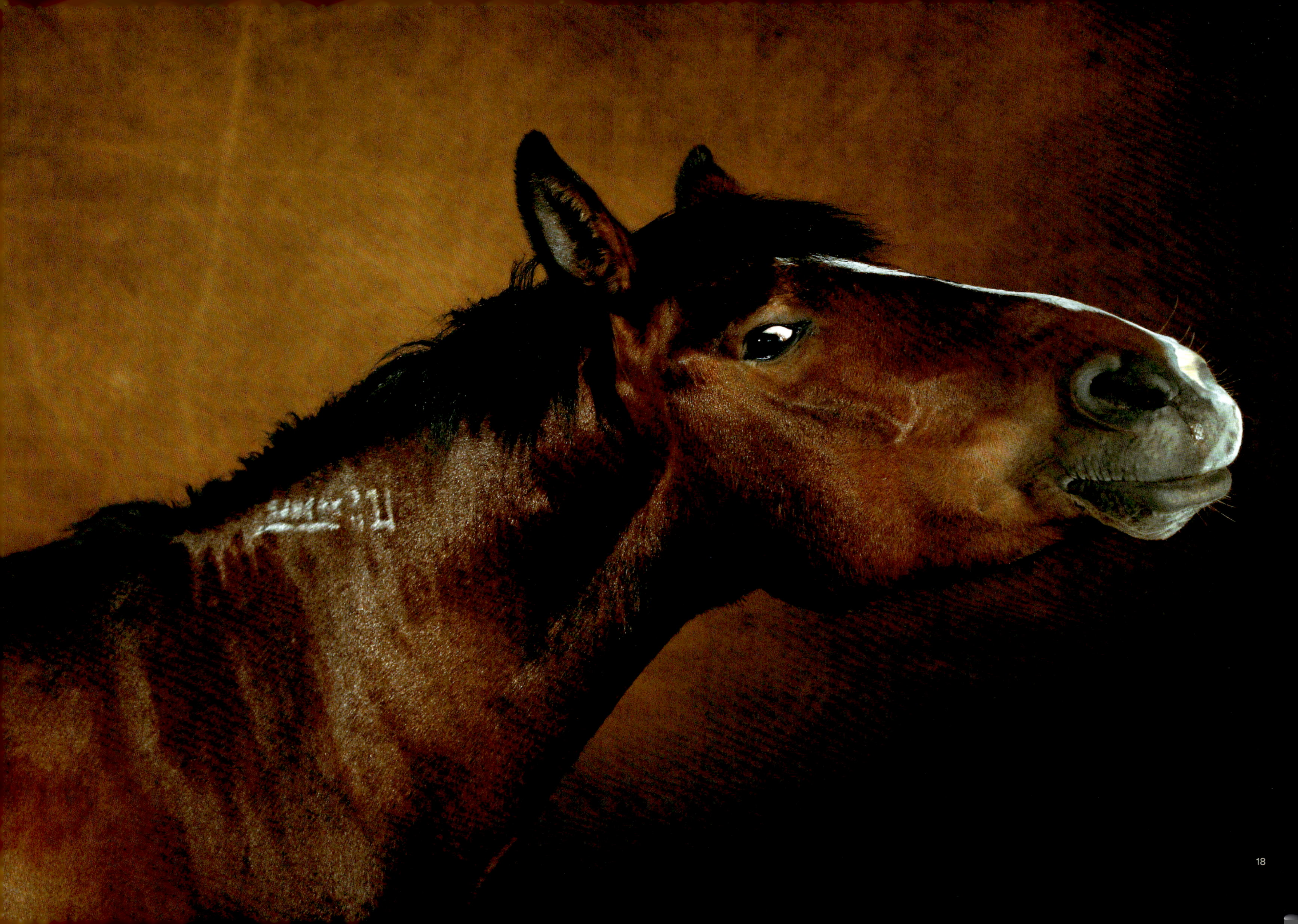

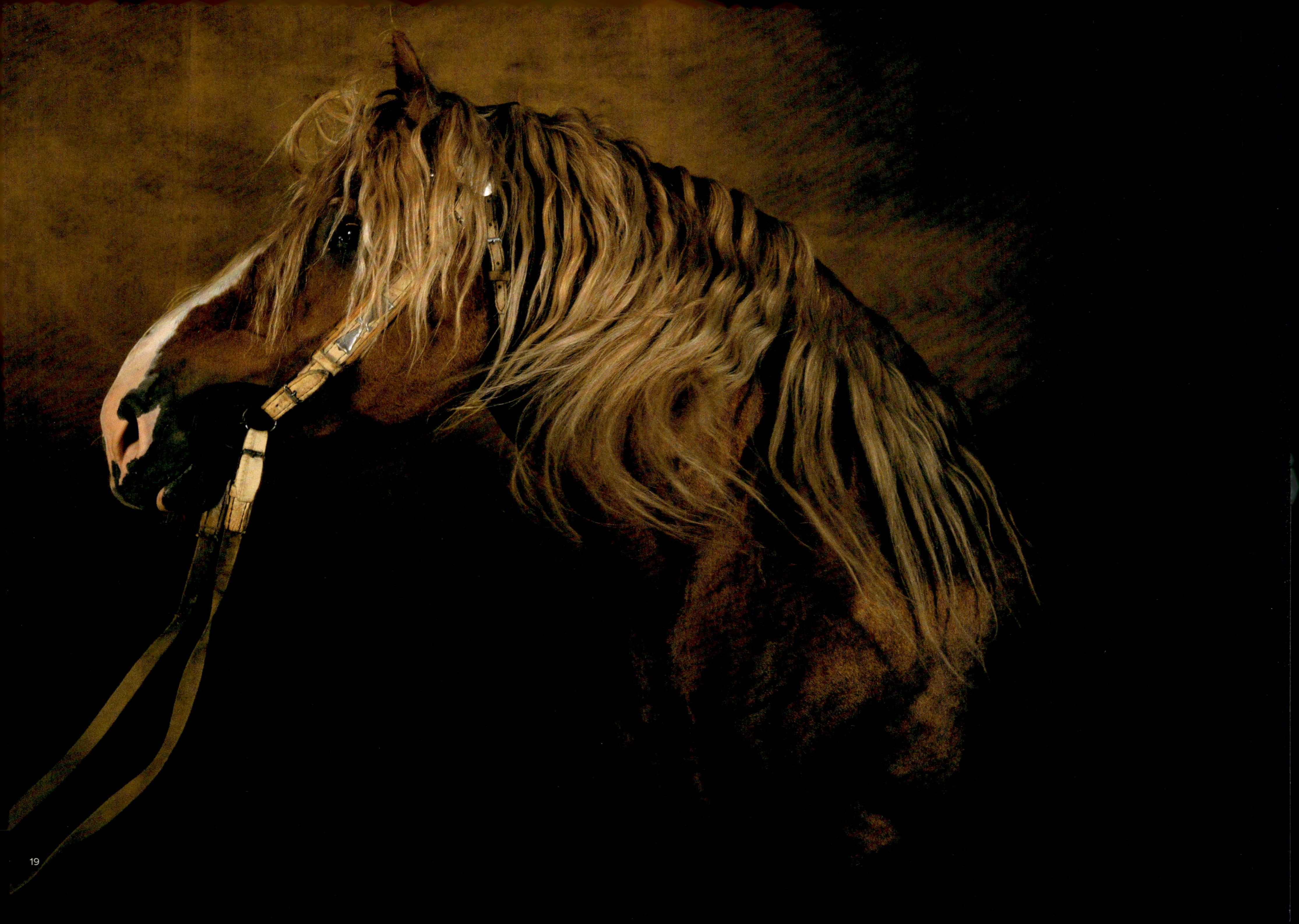

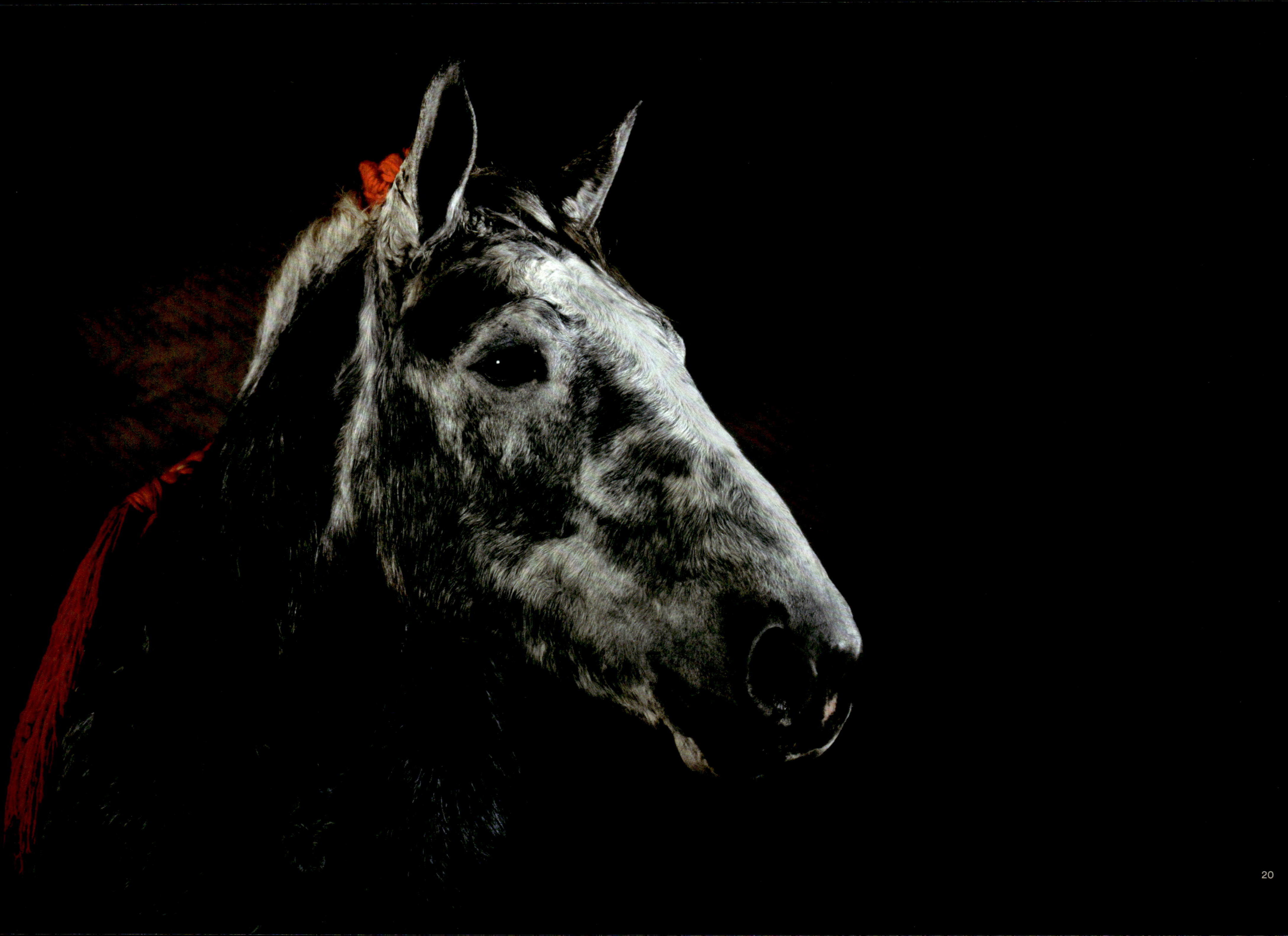

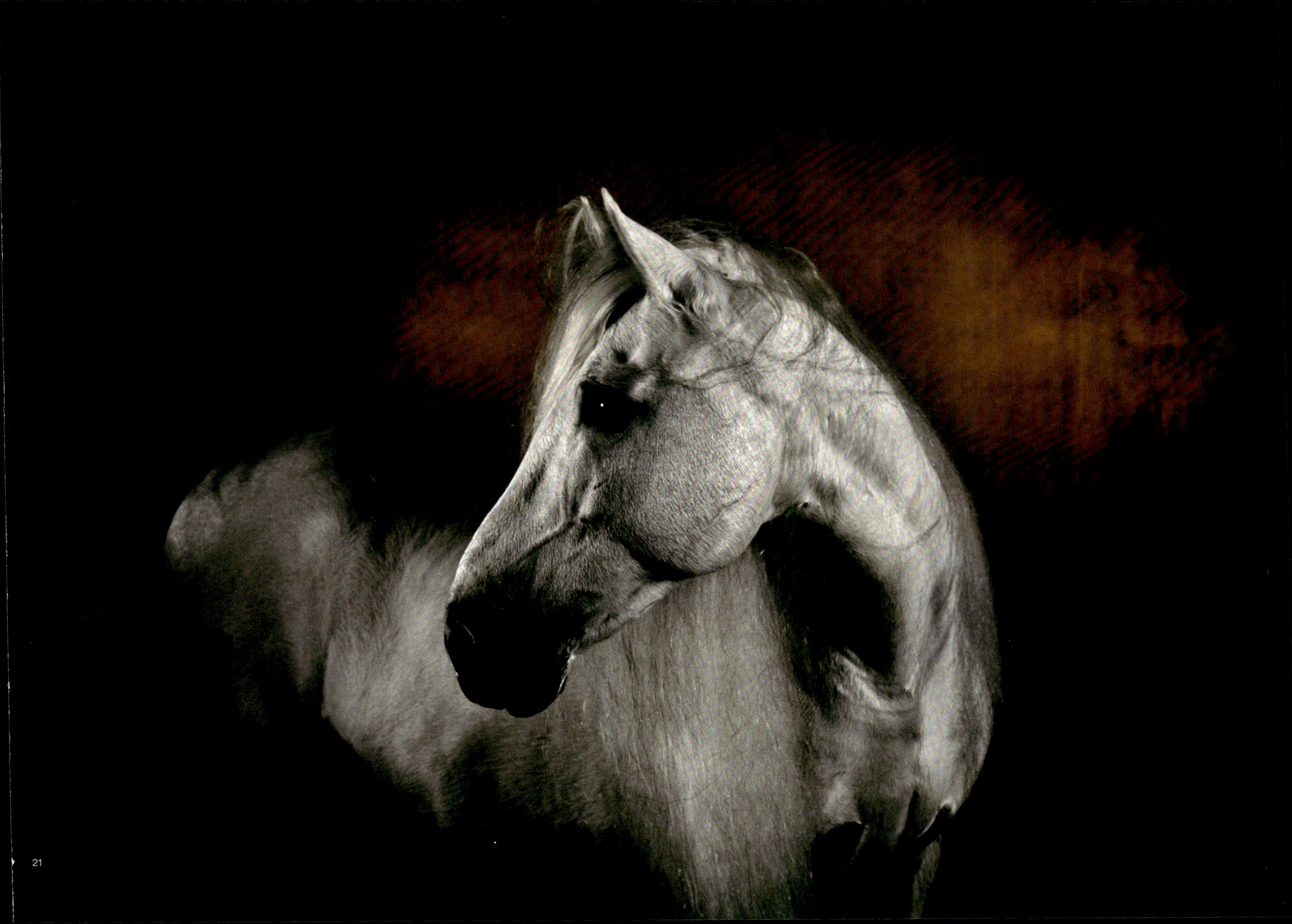

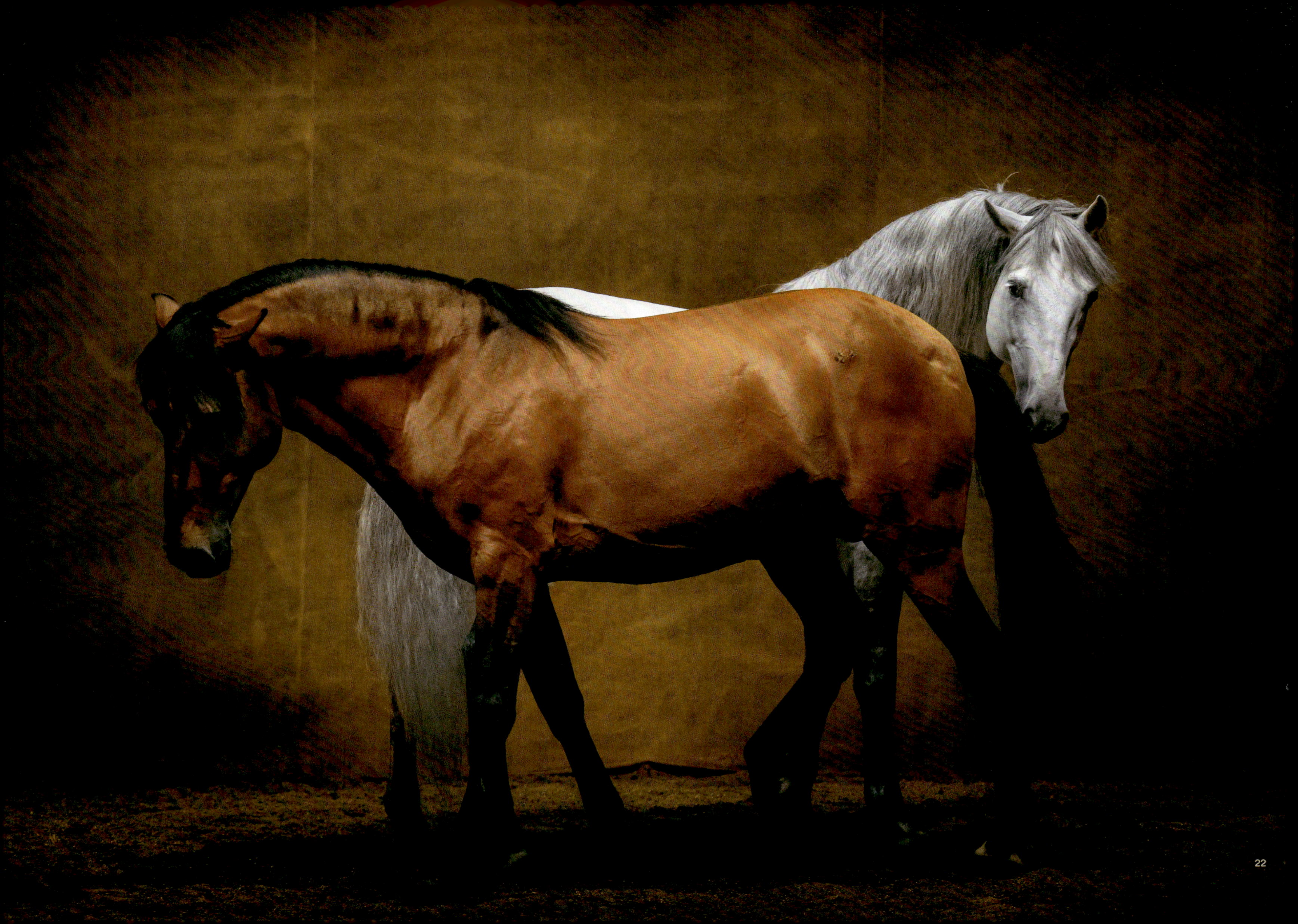

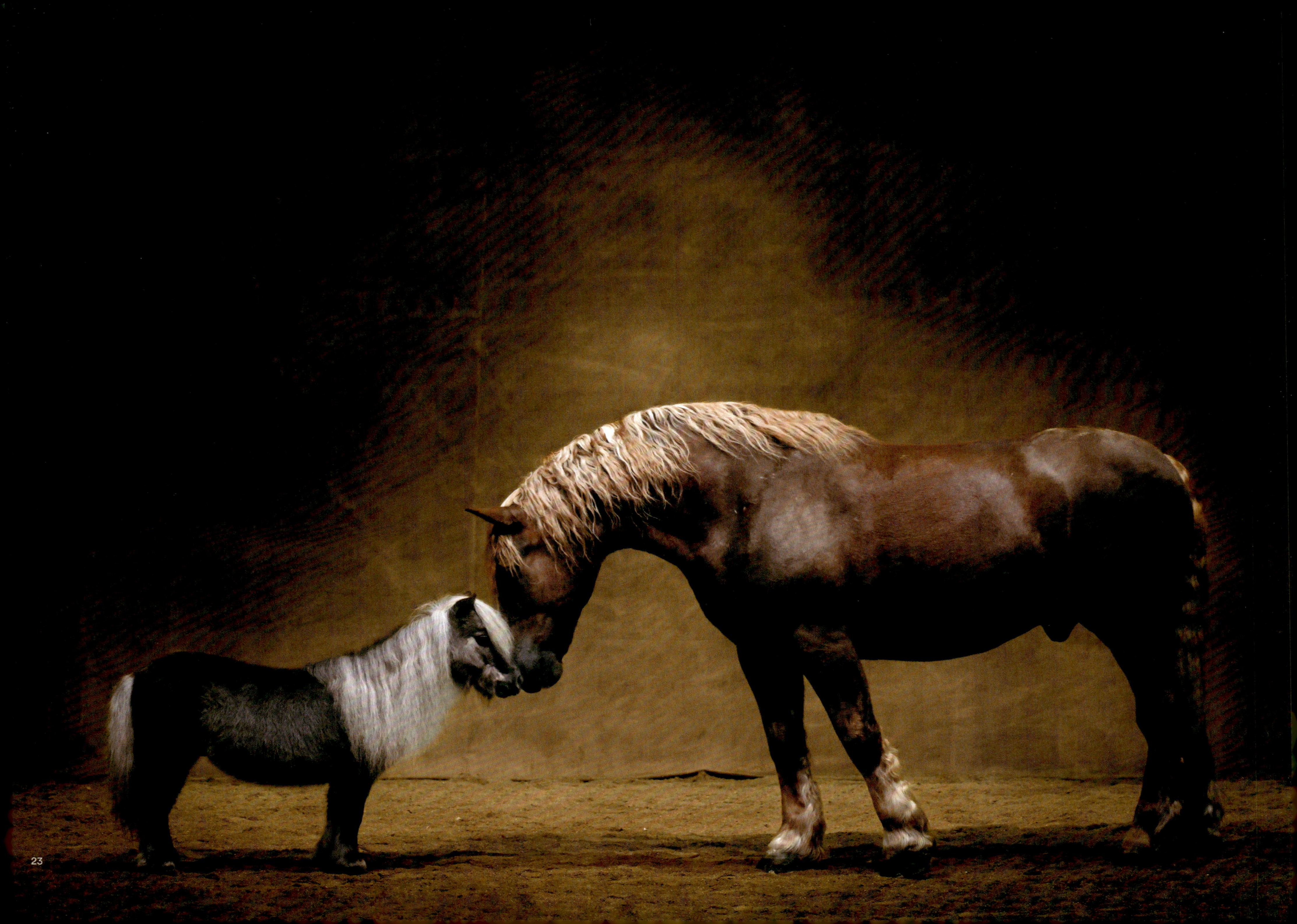

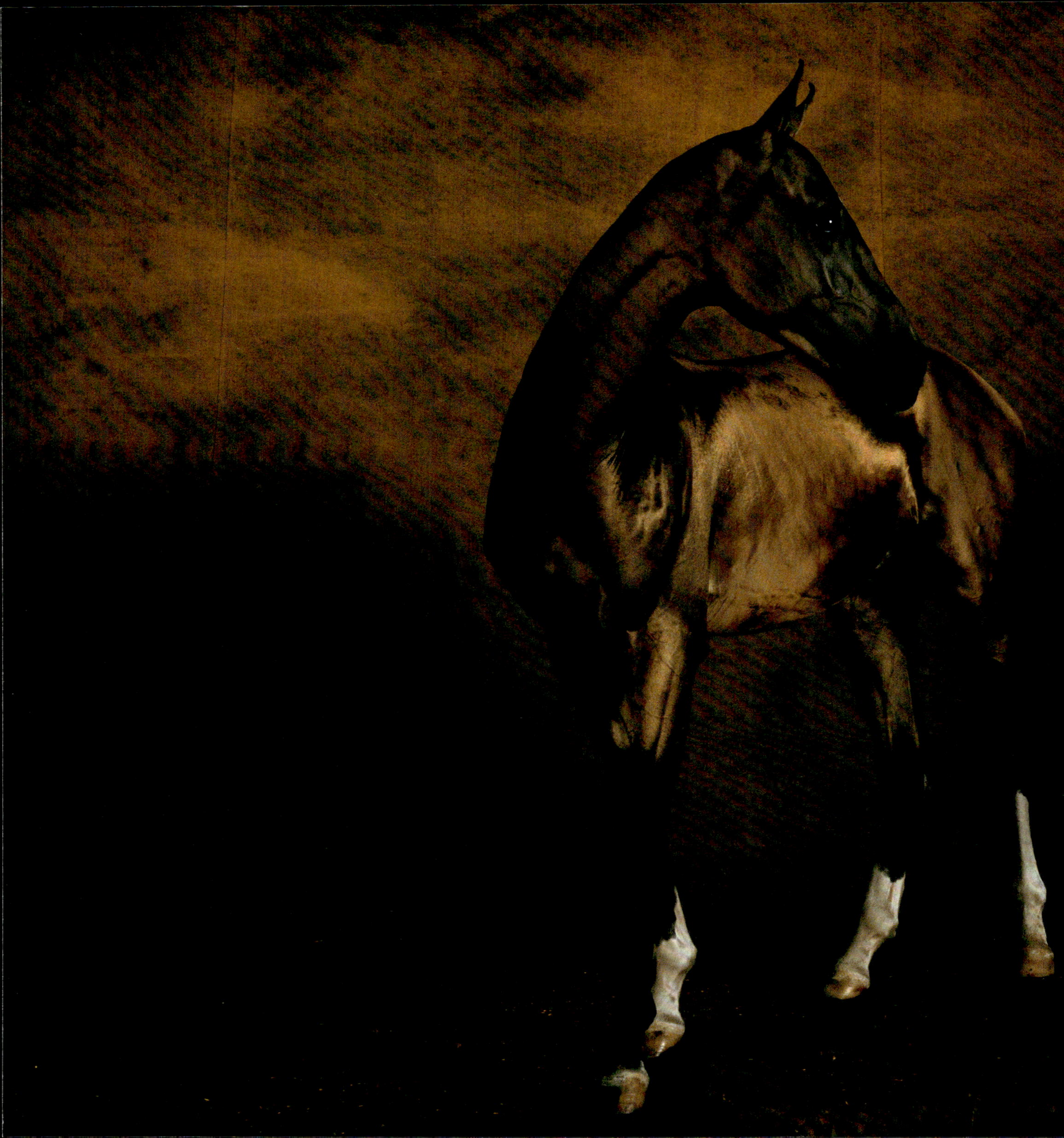

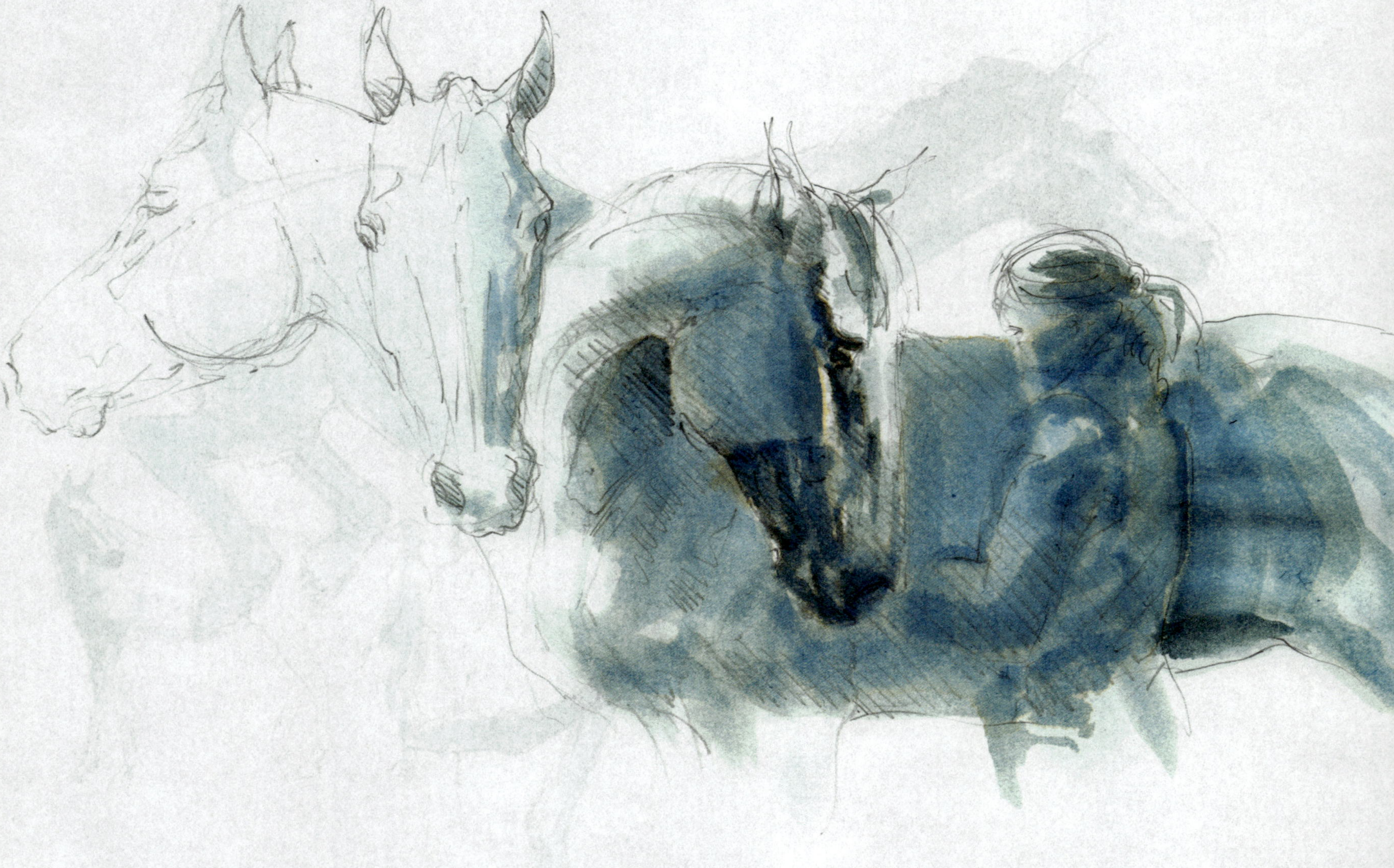

Établis l'écoute sans développer la crainte.

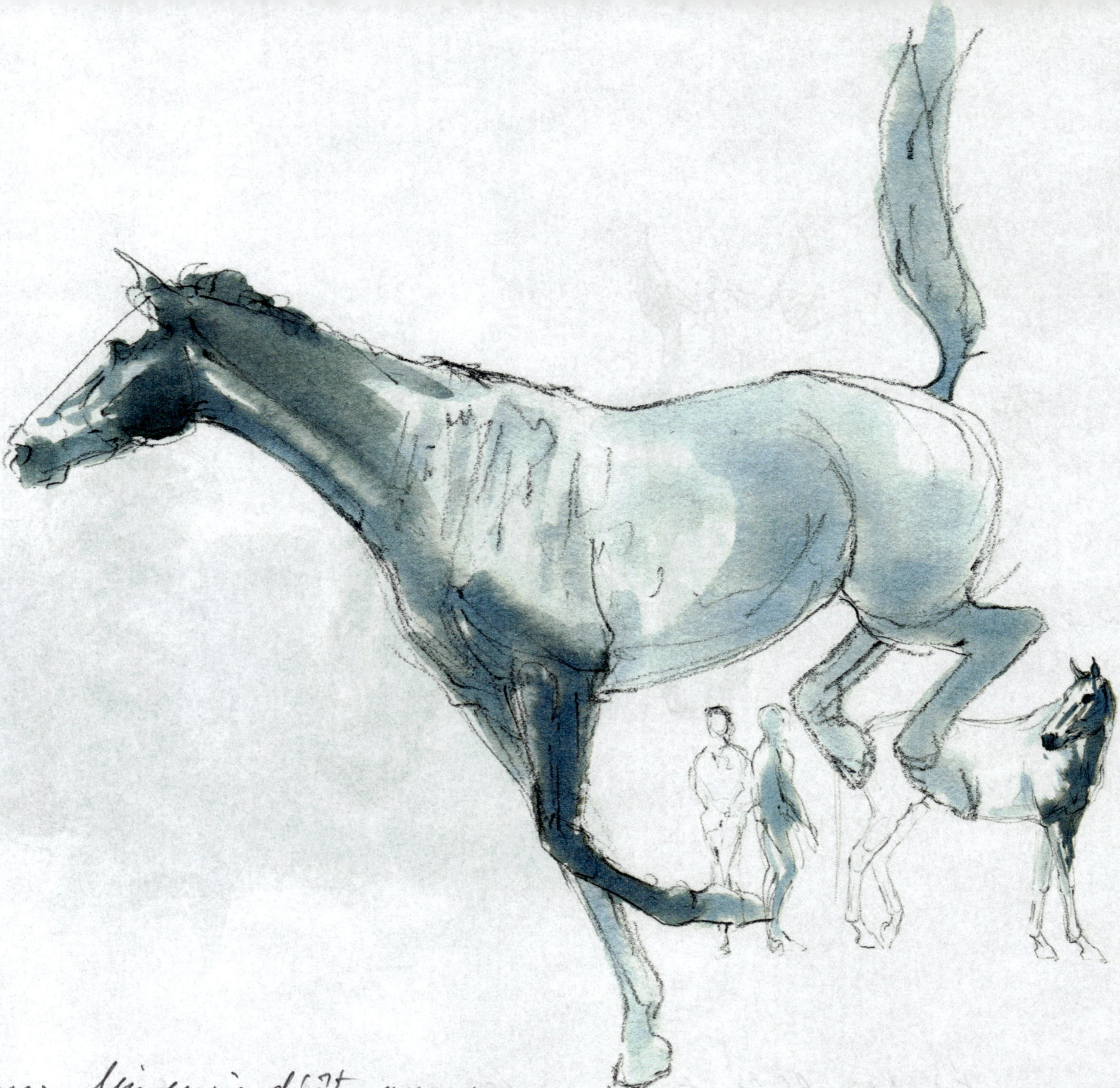

Donnez-lui envie d'être avec vous.

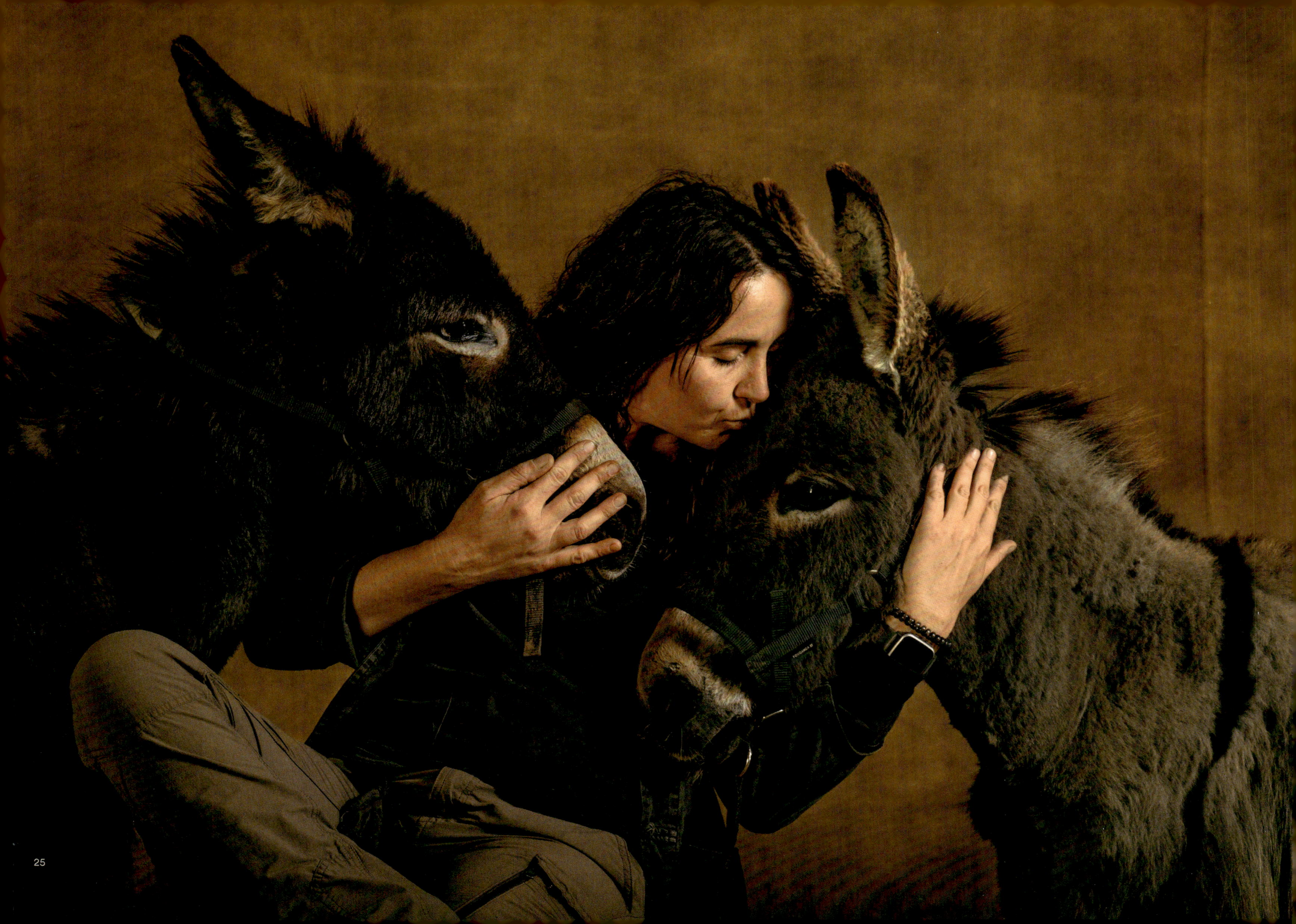

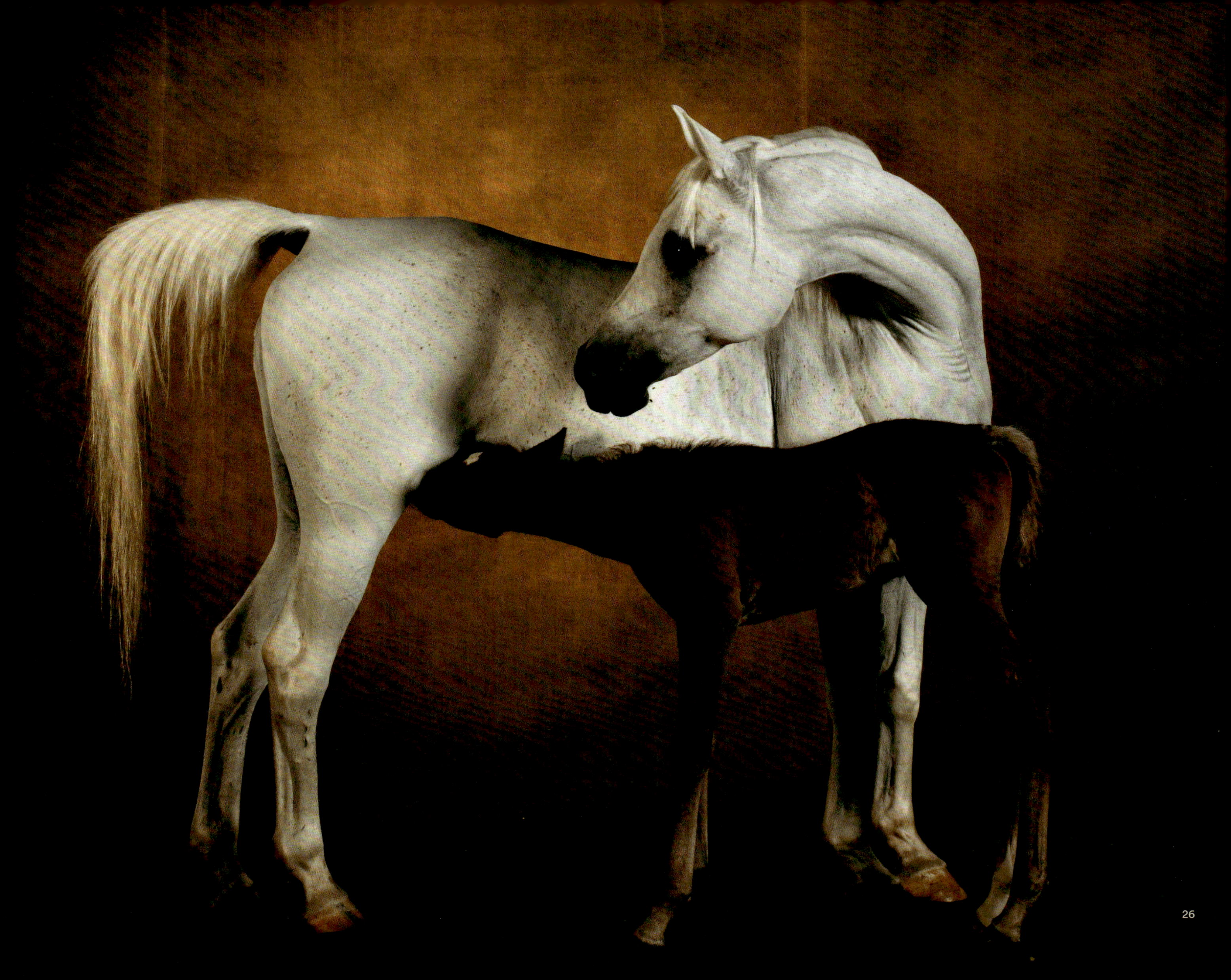

Parce qu’il est résolument du côté de la terre, grand arpenteur, se nourrissant au fil de ses pérégrinations de végétal, parce qu’il est profondément sociable, infiniment plus sensible que nous à son environnement, le cheval nous apprend à ressentir. Il nous relie au milieu. Au sol, à l’air, au grand dehors, lui qui tolère si mal l’enfermement. Il nous éveille au monde végétal et animal. Vivre avec des chevaux engage à être dans l’instant, réceptif et présent au monde. Pour cela sans doute, la relation homme-cheval perdure, à travers le temps, les continents, elle survit à la mécanisation, la modernisation, la dématérialisation. C’est un compagnonnage qui impose de mettre son corps en jeu et de se salir les mains, de prendre des risques et d’être humble. Qui offre en retour la promesse d’une vie plus ample.

L'important,
c'est le rythme,
les pas qui claquent,
ceux du cheval
qui leur répondent,
ces fragiles instants
où l'on coïncide avec
l'exacte pulsation
du monde.

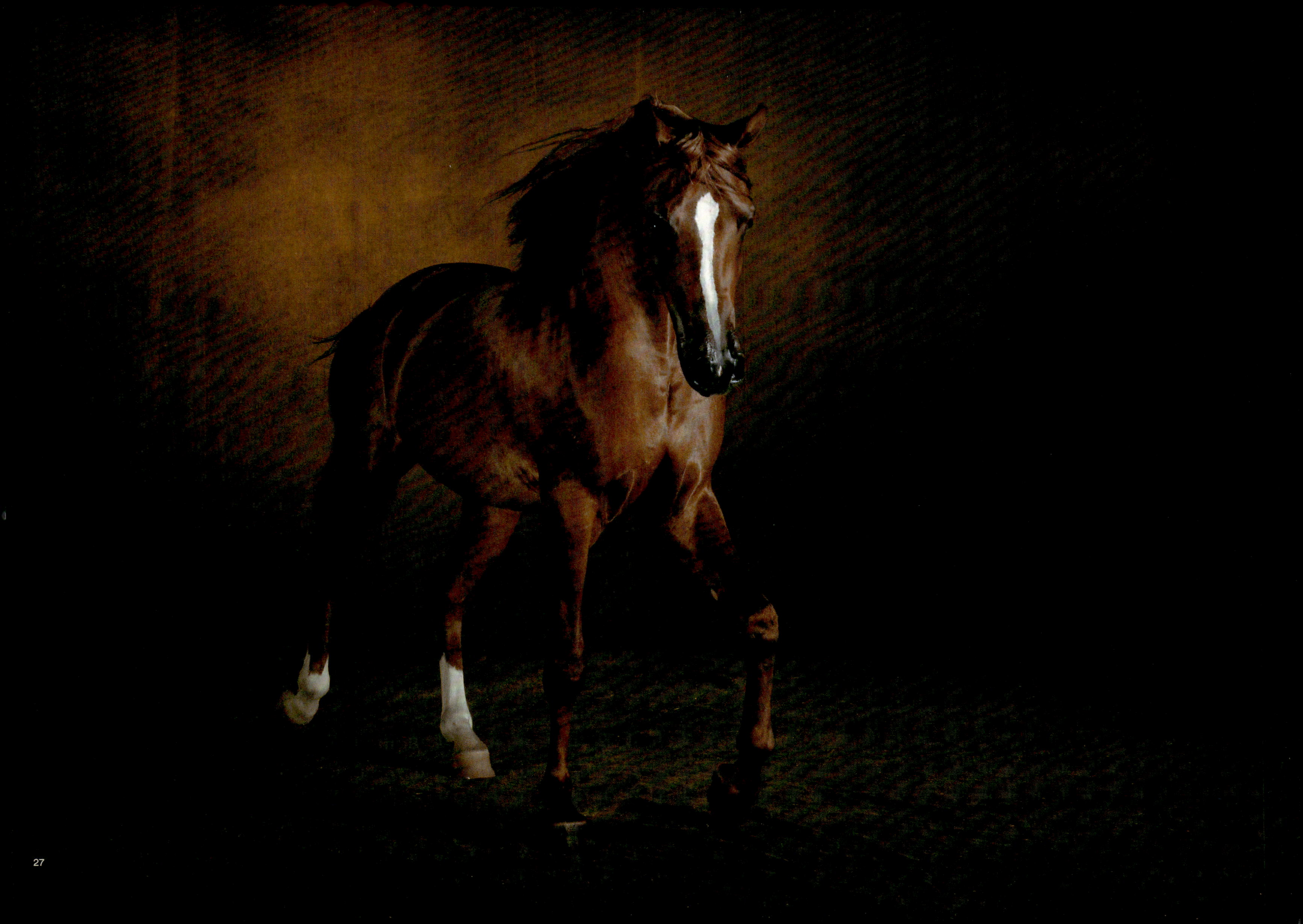

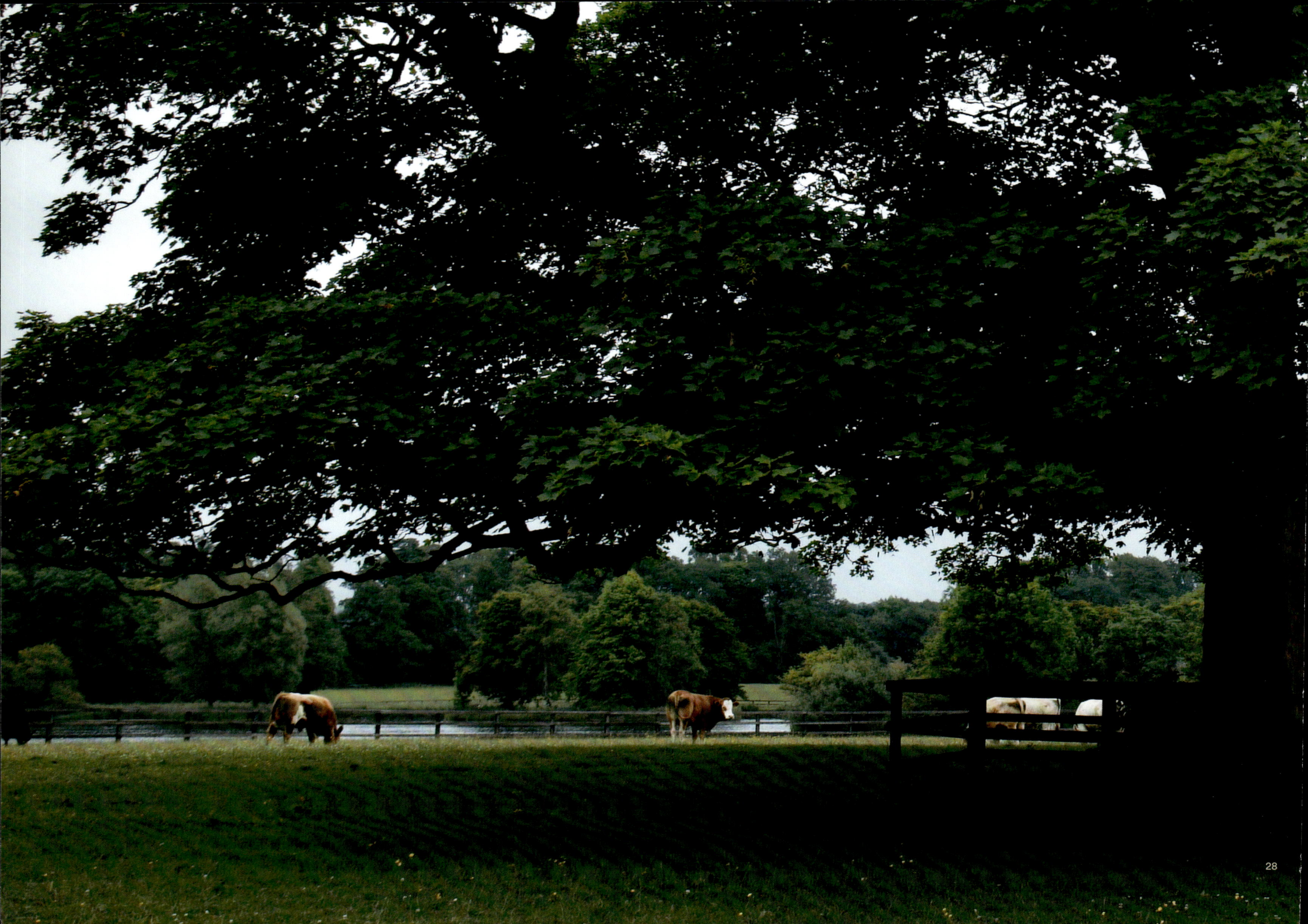

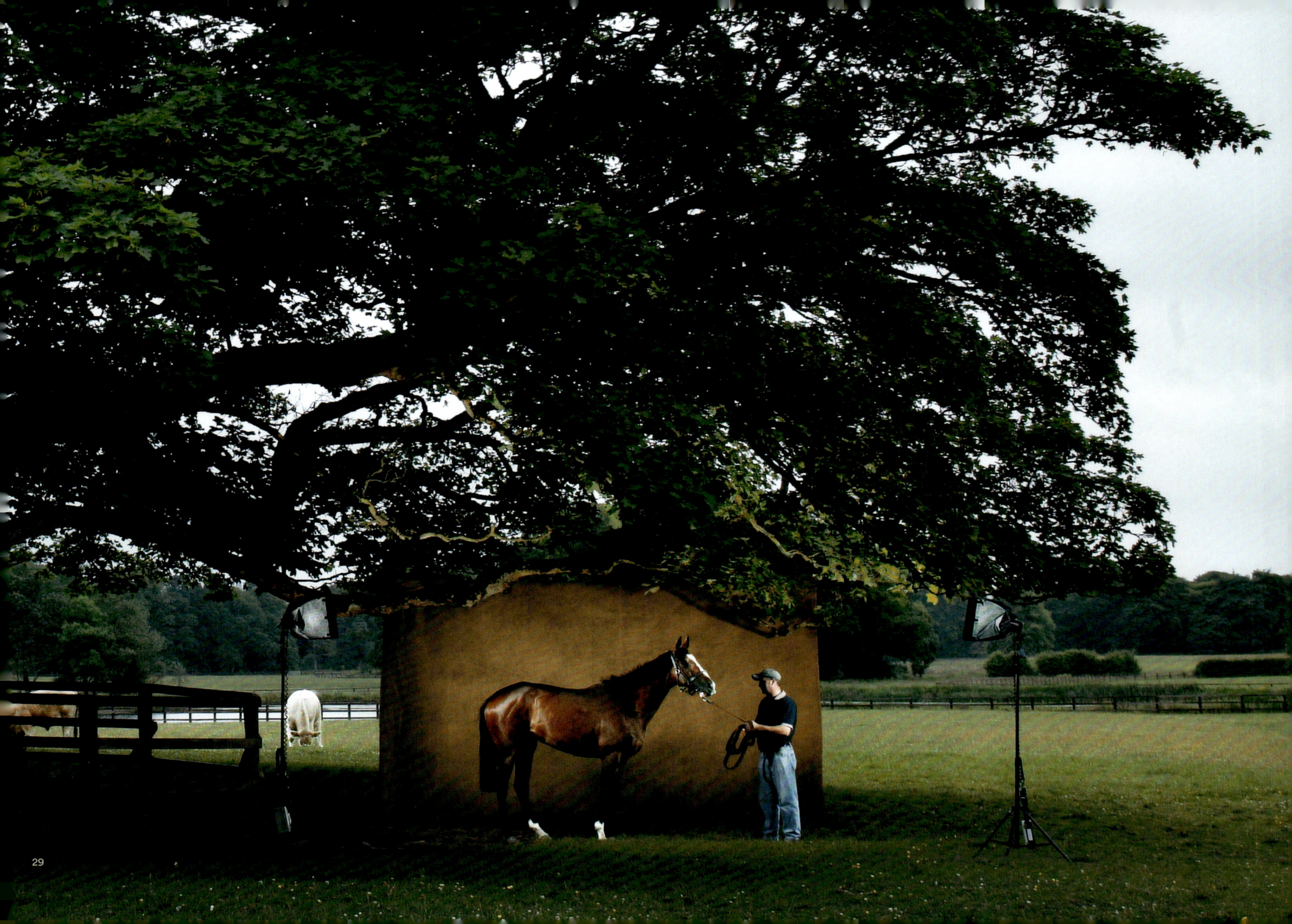

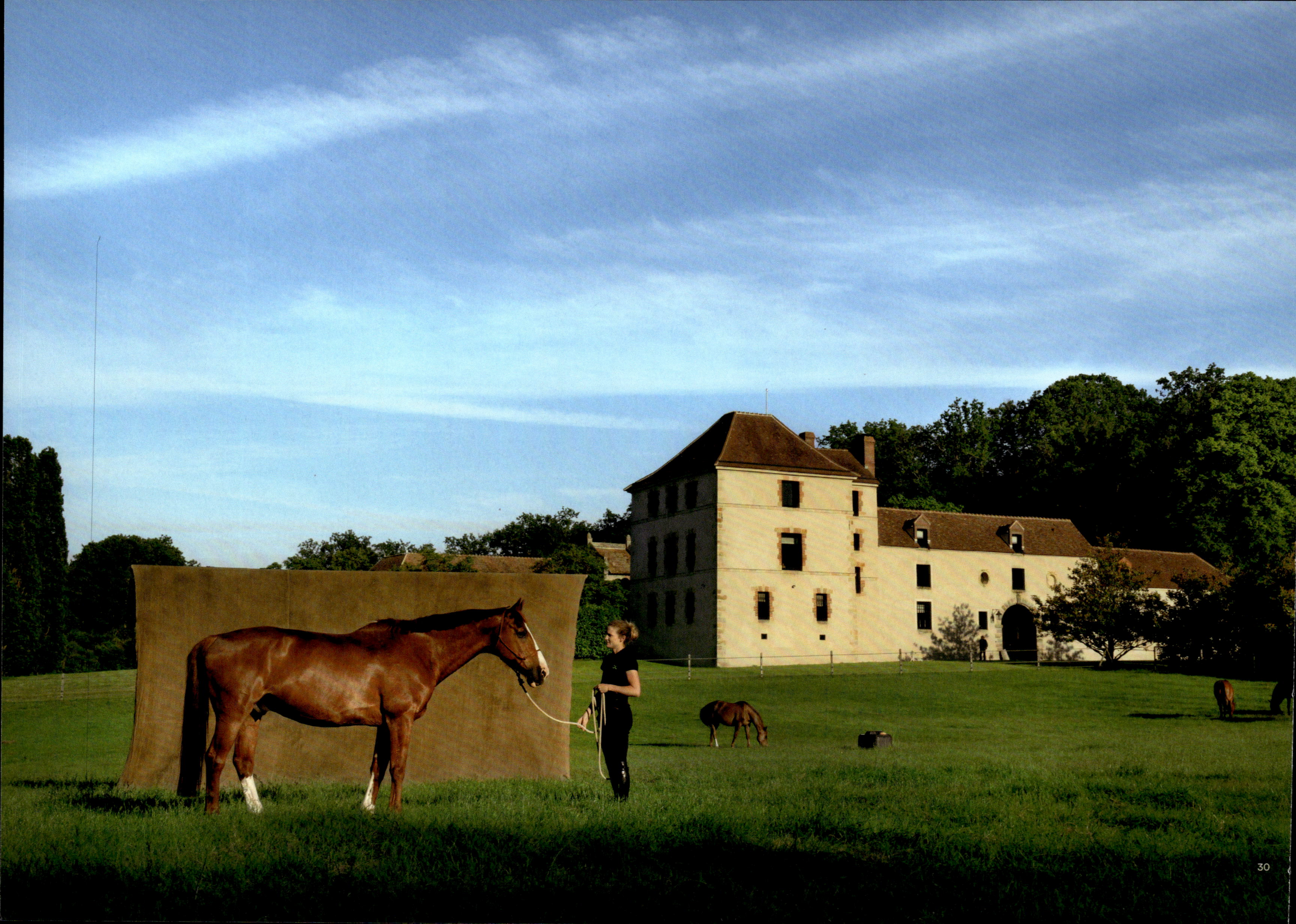

Ce sont des rituels
que ceux qui les fréquentent
connaissent.

Réparer les clôtures.
Porter les bottes de foin.
S'inquiéter des intempéries.
Dormir dans la paille
aux côtés d'un malade.
Administrer un traitement à l'un.
Veiller patiemment
au rétablissement d'un autre.
Répéter les mêmes gestes éducatifs.
Nettoyer la sellerie.
Ranger.
Porter.
Convoyer.
Balayer.

Et, les matins de pluie froide
et de lassitude, se maudire
d'être tombé amoureux
d'un cheval.

Contre ton encolure, ou presque, épousant l'ergonomie de ton corps volant. Le roulement de tambour, tes sabots qui battent le sol, le vent qui gifle mes joues. Les yeux plissés, je vois l'horizon plus grand que jamais, car malgré la vitesse à laquelle tu m'as embarqué, il se dérobe toujours, ne cesse de s'élargir. Tu files, allongeant chaque foulée au possible, les antérieurs indiquant le tempo, les postérieurs propulsant la masse corporelle, ne décollant que de quelques centimètres du sol. Et le martèlement de nos corps embarqués sur le plateau. La fumée s'élevant du tien en ébullition, l'odeur de ta sueur dont des gouttelettes atteignent mon visage – me voilà presque couchée contre toi. La poussière du sol, rouge et ocre, dans ma bouche. Le goût de la sueur et de la poussière. Légèrement en suspension, je sens ton dos ondoyer entre mes jambes. Pesant sur toi, je n'ai jamais été aussi légère, pourtant. Plateau du Pamir, à plus de quatre mille mètres d'altitude, le souffle est court. L'horizon plus grand que jamais. Et j'épouse cette folle allure. Je veux encore galoper les steppes et les plaines.

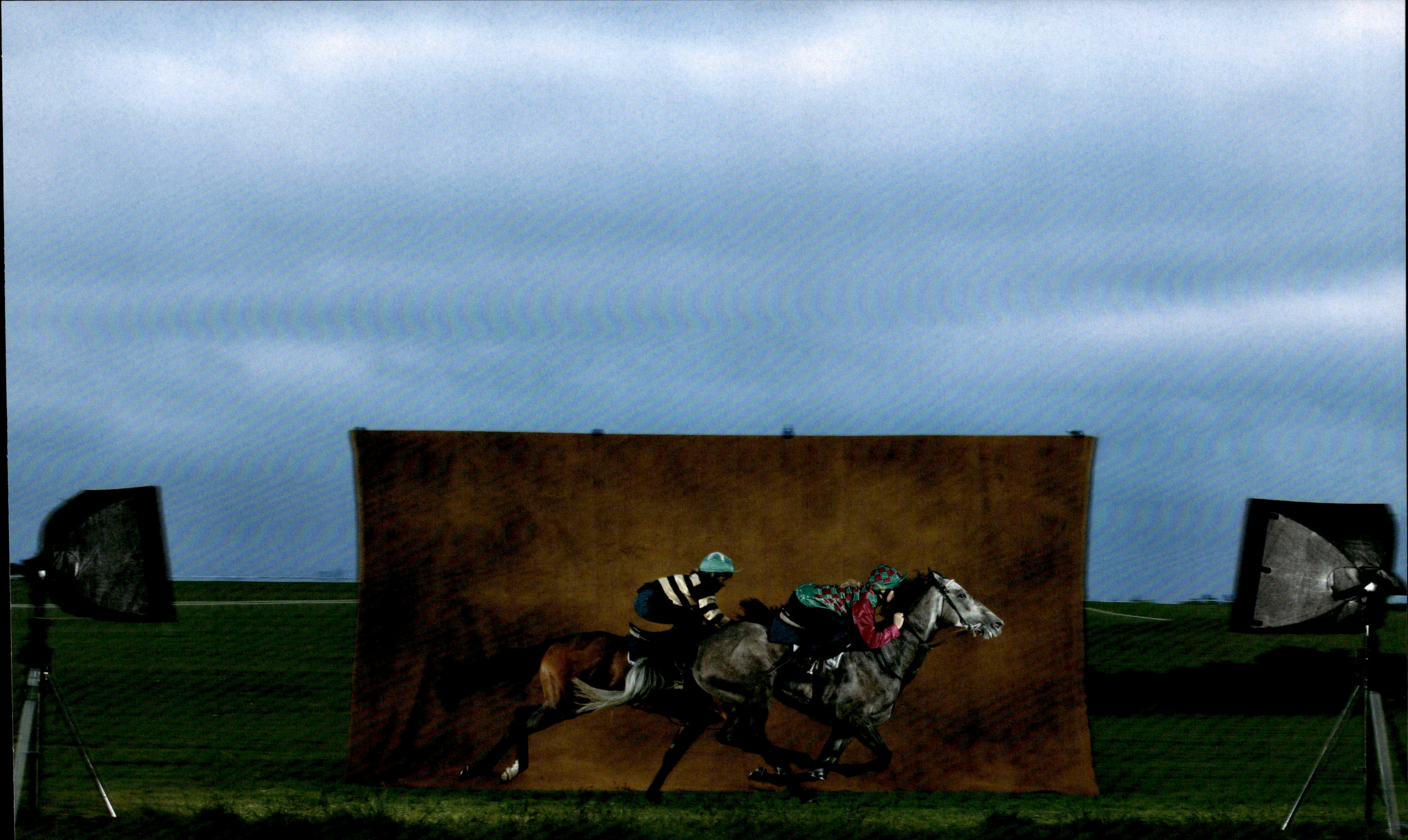

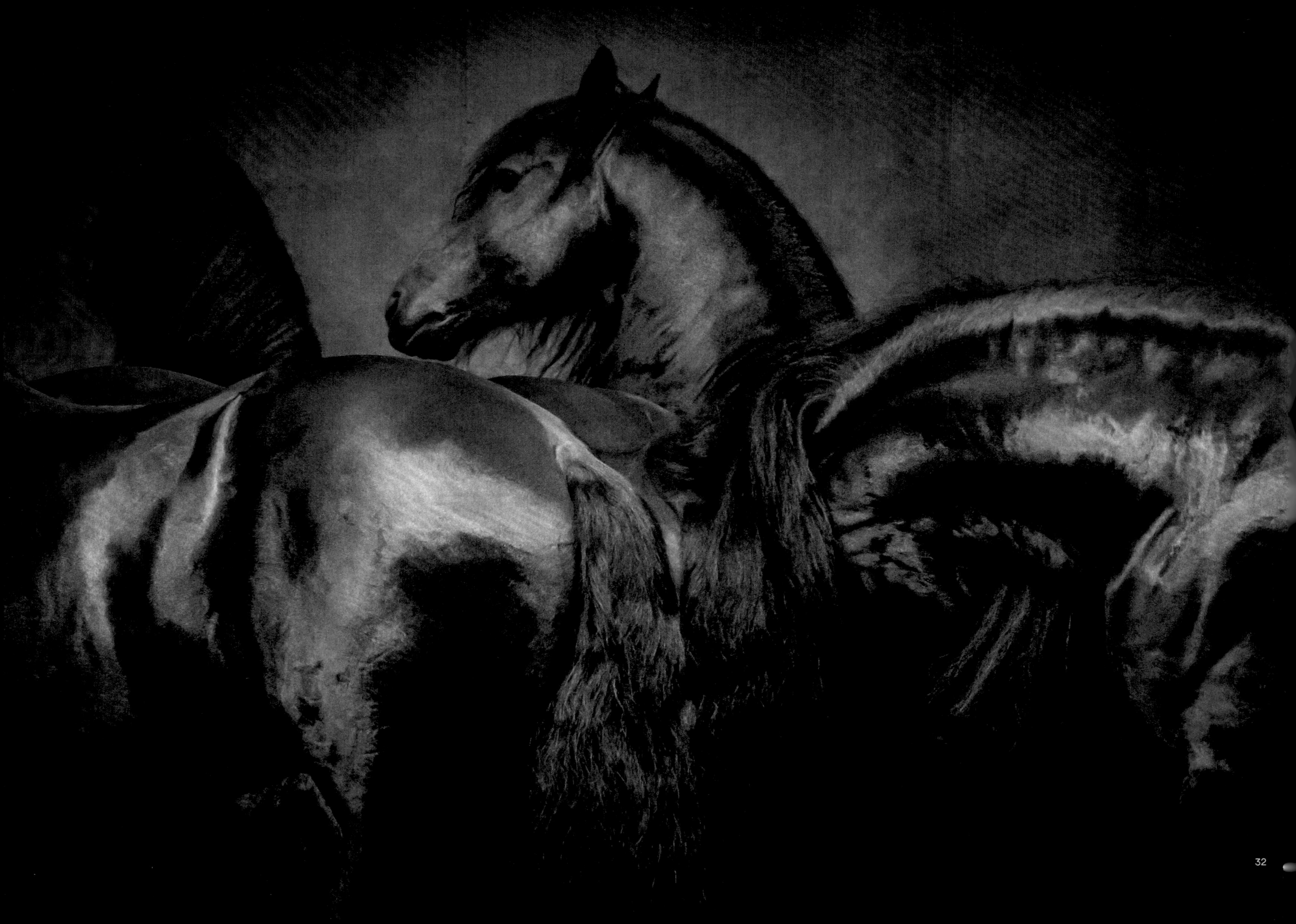

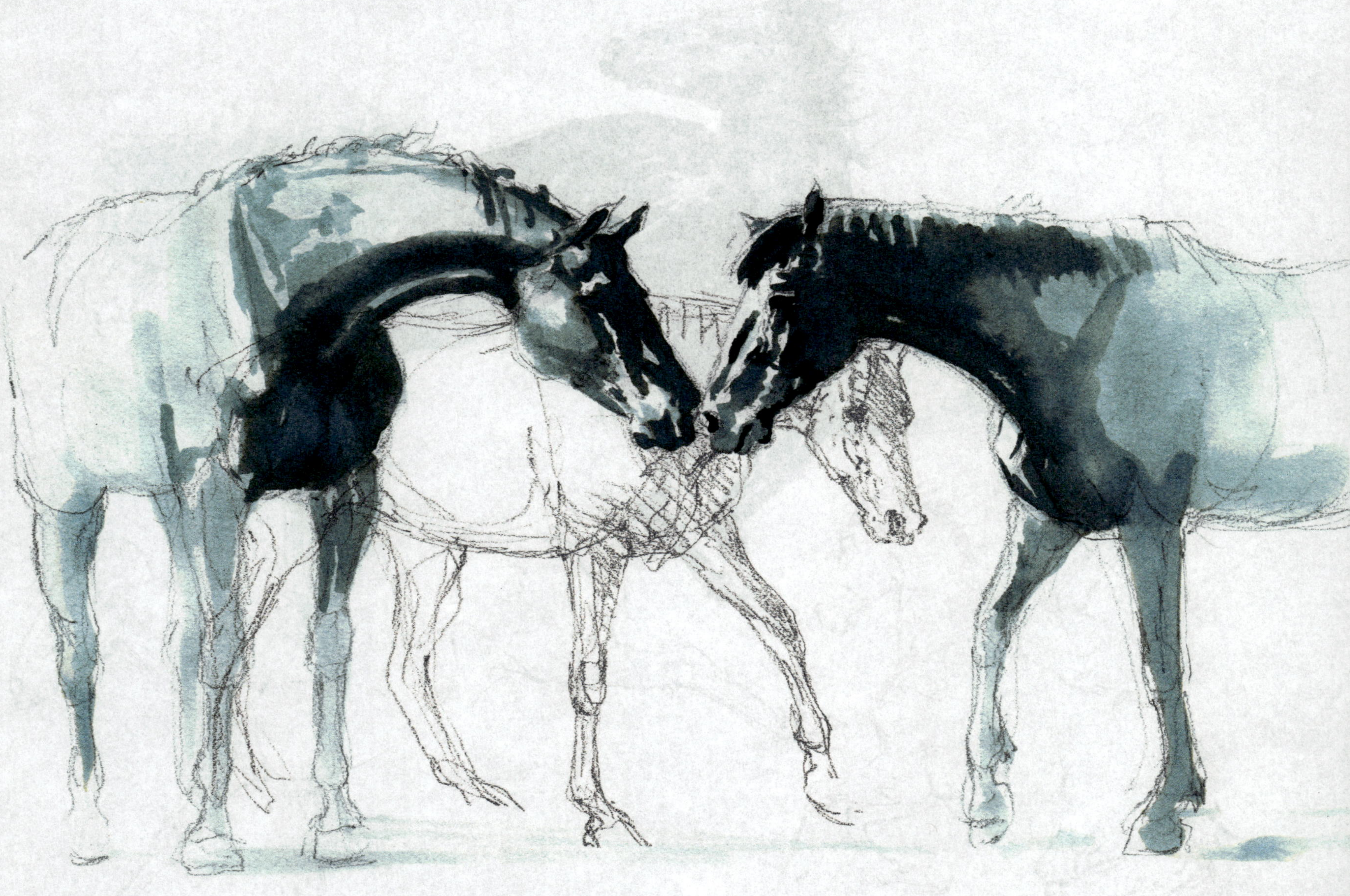

Suggérer avant de demander.

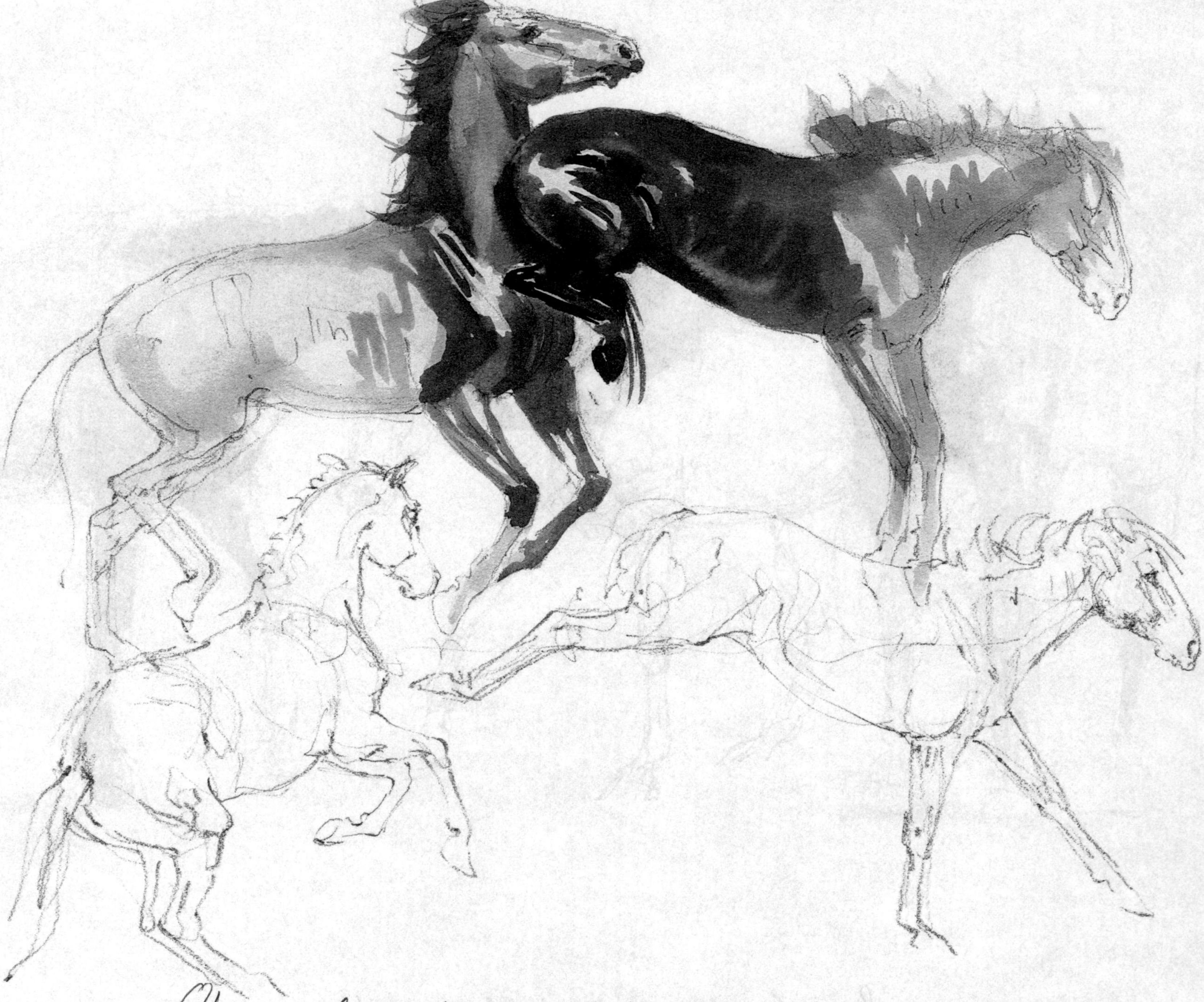

Observer la nature est la base de tout enseignement.

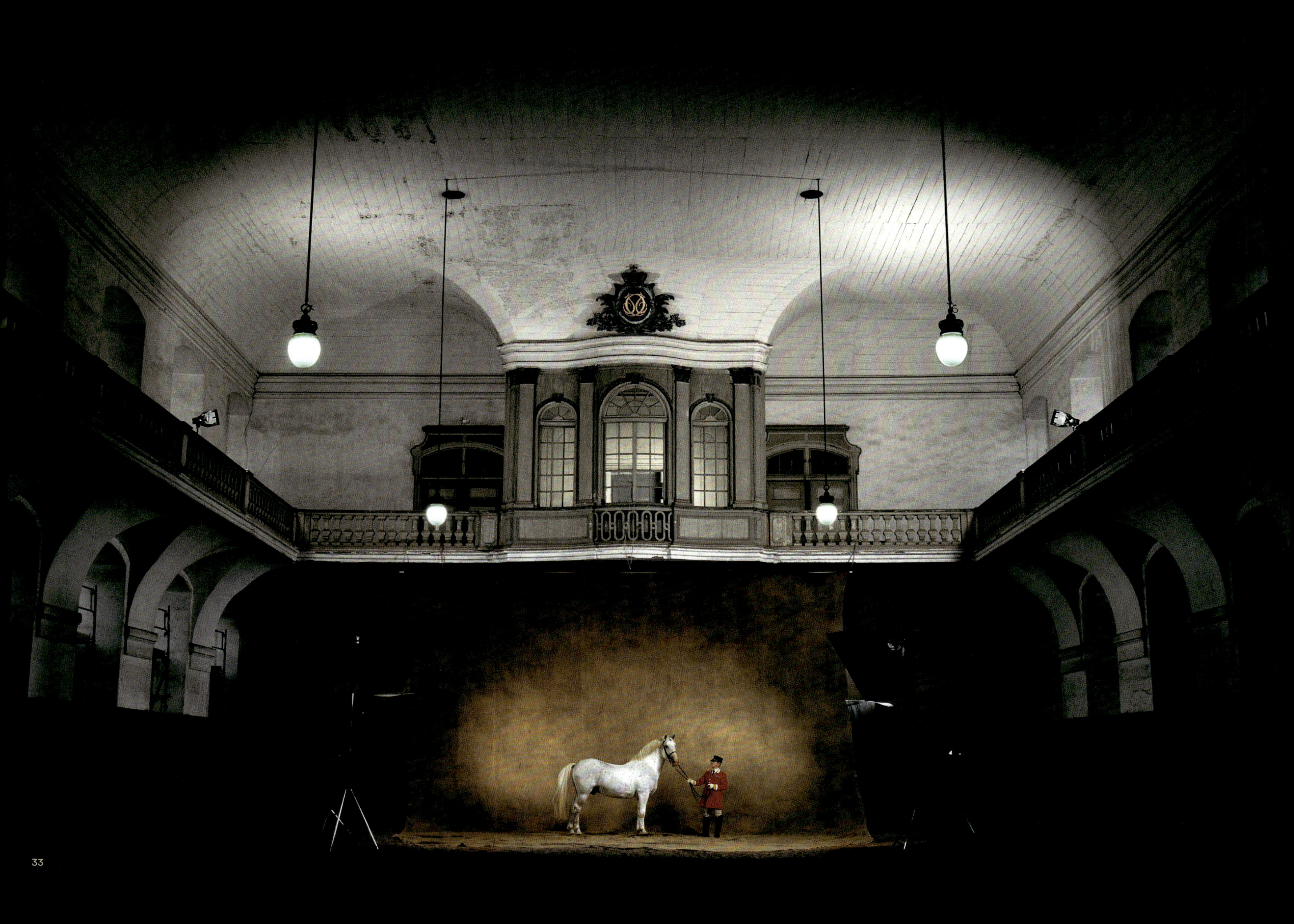

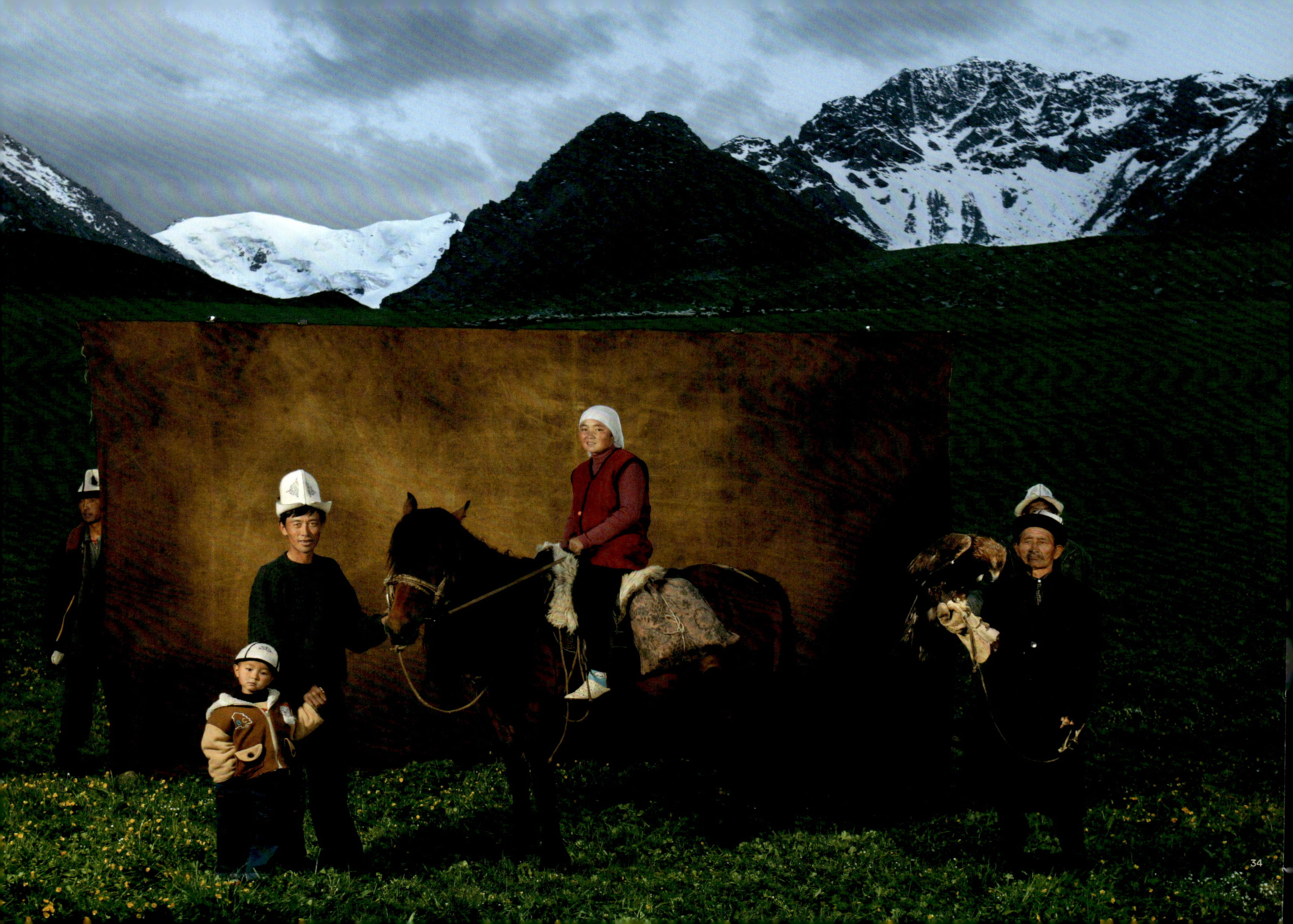

Kirghiz,
Mongols,
Kazakhs,
peuples cavaliers. Nourris au lait de jument. Pour qui les chevaux sont fils, sont frères. Et qui galopent avant de marcher.

J'ai vu des cavaliers de tous bords s'échiner sur les pistes des centres équestres à chercher l'équilibre suprême, à se fondre dans la selle, dans le cheval. Avec ou sans étriers, mains dans le dos, interminables séances de mise en selle. J'en ai vu des souples, rompus à la pratique, élégants et sûrs d'eux. Mais aucun n'avait l'aisance virtuose des gamins kirghiz, ayant commencé leur vie en selle. Leur mère les ayant trimbalés enceinte, puis nourrissons, à dos de cheval. Et l'été, dans les campements nomades, de minuscules enfants (même pas trois ans parfois) passaient à toute berzingue, juchés sur des chevaux trop grands, extensions démesurées de leur corps. Ayant regagné la terre ferme, les mêmes enfants, si agiles en selle, se déhanchaient d'une démarche encore malhabile de bambin.

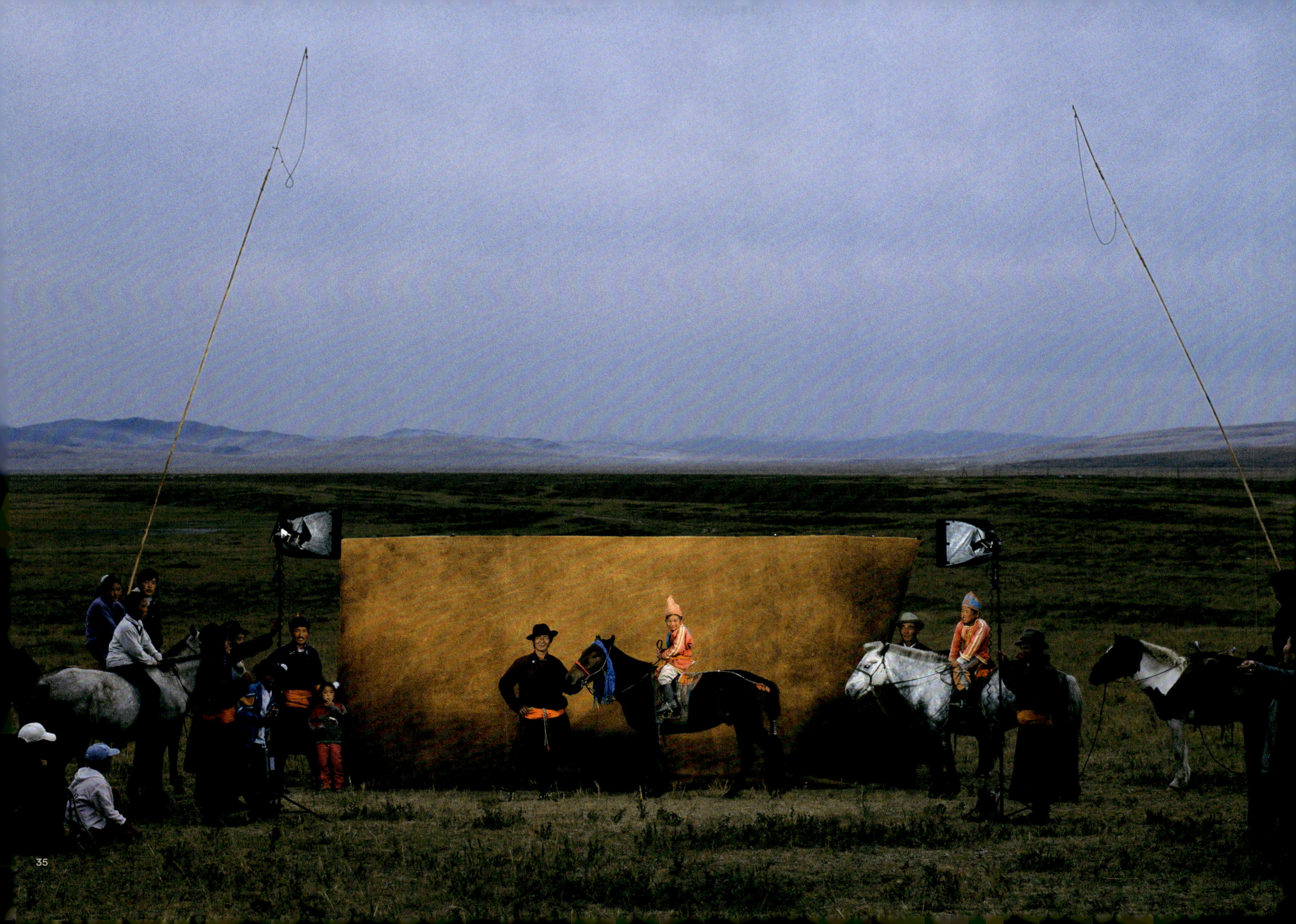

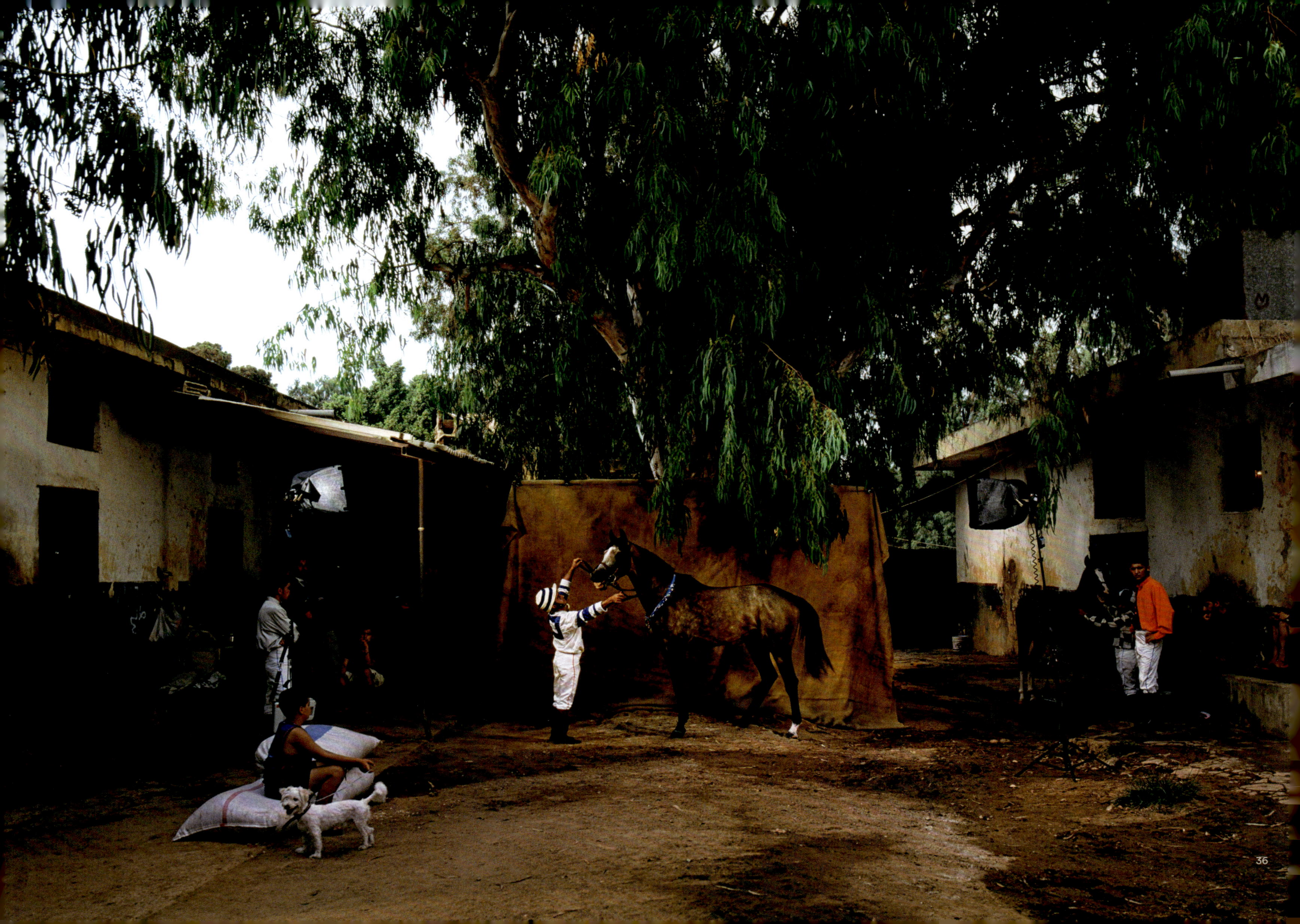

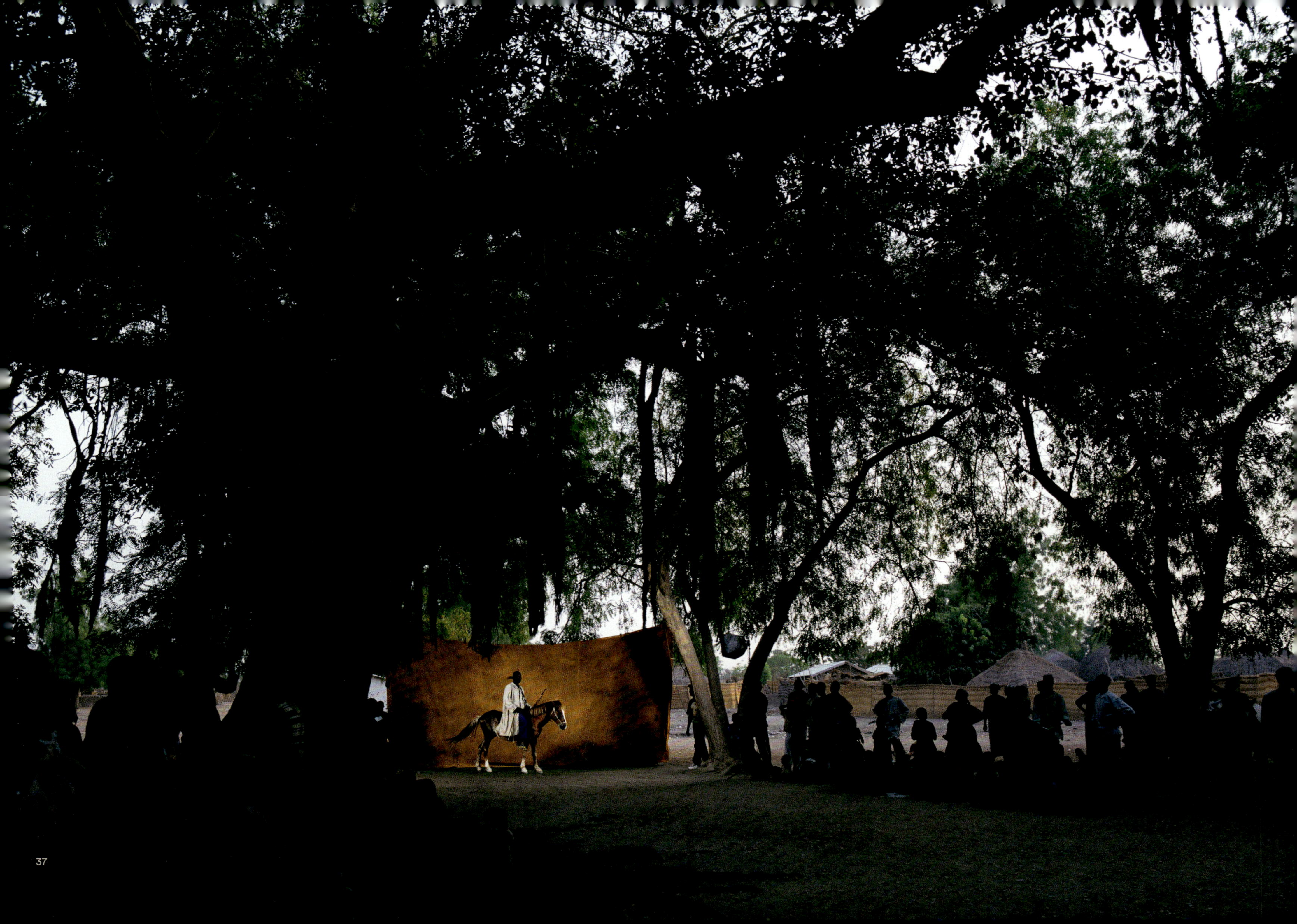

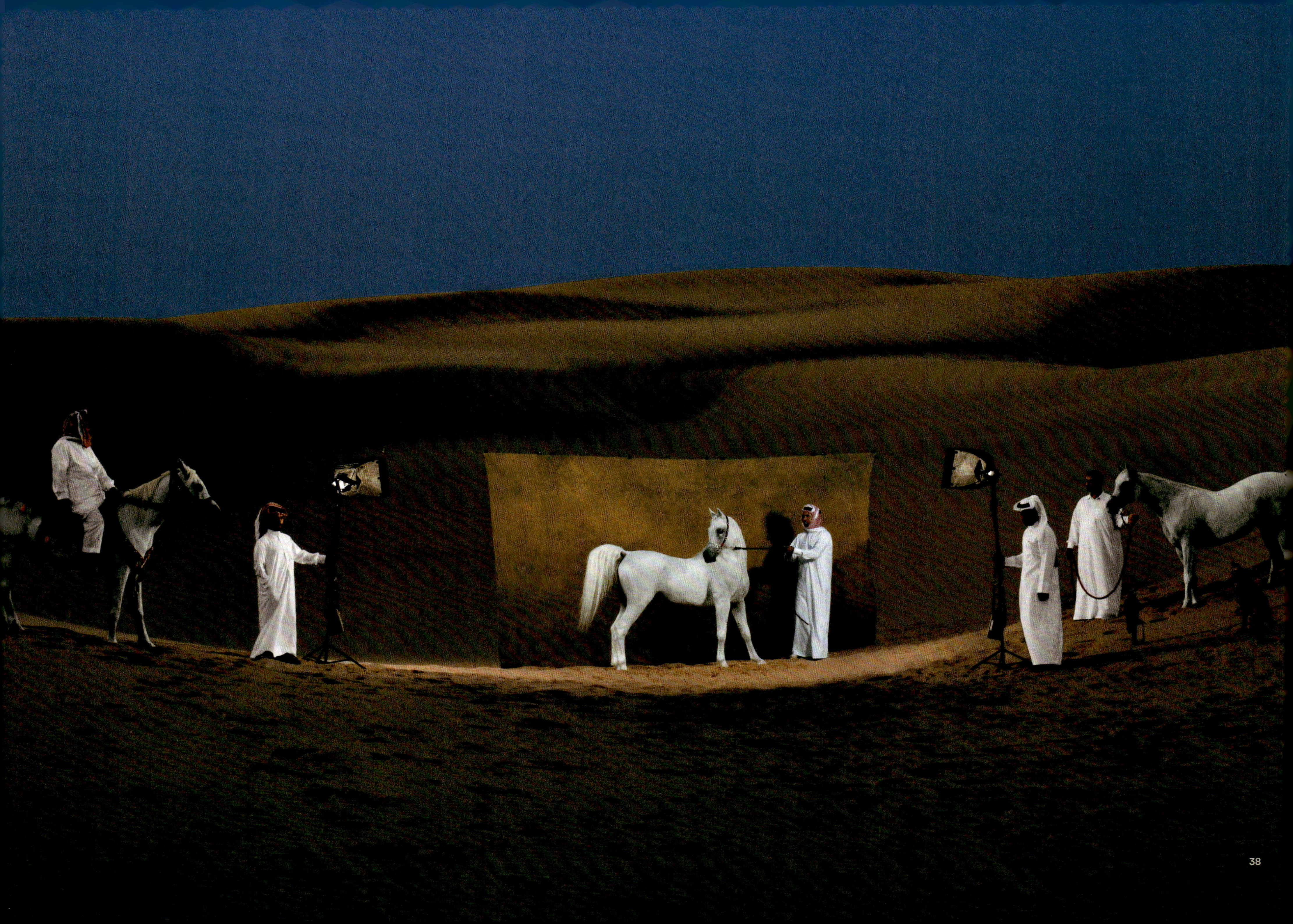

Il a le don d'ubiquité.
De la Sibérie au Sahel,
de la pampa argentine
à Saumur,
il fait partie de nos vies.
Nous transporte,
nous divertit,
nous console,
nous inspire,
nous seconde ;
il accompagne les récoltes
et les guerres, les voyages
comme les émois adolescents.
Et même absent,
son ombre peuple
nos rêves.

Nos rendez-vous étaient matinaux. À l'aube, dans un concert de chants d'oiseaux quel qu'était le mois de l'année, se levait le soleil orange des latitudes équatoriales. Tu m'attendais. J'aime à le croire. Depuis ton box, tu trépignais à ma vue. Je commençais par te mener et te lâcher, dans ce terrain le long de la rivière, où tu te lançais dans de folles courses, avant d'aller te baigner. Je regardais alors longuement ton corps musclé en mouvement, la robe noir luisant, ta tête si expressive. Tu venais parfois provoquer une caresse, chercher le contact, avant de repartir en envoyant de grands coups de cul, et je rêvais pour toi d'une autre vie que celle imposée par tes propriétaires. Une existence plus libre. Puis, dans les dernières fraîcheurs du petit matin, pansage, selle, filet et, depuis la barrière de bois, je me hissais sur ton dos musculeux, ce corps un peu trop compact pour le saut d'obstacles dans lequel tu excellais pourtant – et je te revois franchissant des barres plus hautes que ton garrot, pour la beauté du geste. Mais tu te foutais de la beauté du geste. Avec lenteur d'abord, puis dans un crescendo d'allure, nous déroulions la gymnastique du matin. Comme un danseur qui répète, un pianiste faisant ses gammes, tes articulations se dérouillaient au fil des minutes, tes mouvements gagnaient en fluidité. Souvent, j'étais tout entière concentrée sur tes réactions, afin de te donner des indications avec le moins d'effet possible. Cette recherche de légèreté qui est l'horizon cavalier. Parfois, je me laissais porter par le mouvement, bercer, et les limites entre nos corps me semblaient abolies – comme si tes jambes eussent été les miennes, et que, désormais quadrupède, j'eusse pu me lancer au galop d'une impulsion. Puis tu retrouvais ton box après notre rituel du matin. Et, te disant adieu, quittant le pays où, durant quatre années, tu m'avais été confié à l'entraînement, je décidai de ne plus jamais monter un cheval vivant ainsi prisonnier. Et quand je rêve de toi désormais, c'est galopant le long de la petite rivière, parmi les oiseaux bavards du Honduras, dans le ciel orange, que je te vois, non derrière ces barreaux qui étaient pourtant ton horizon.

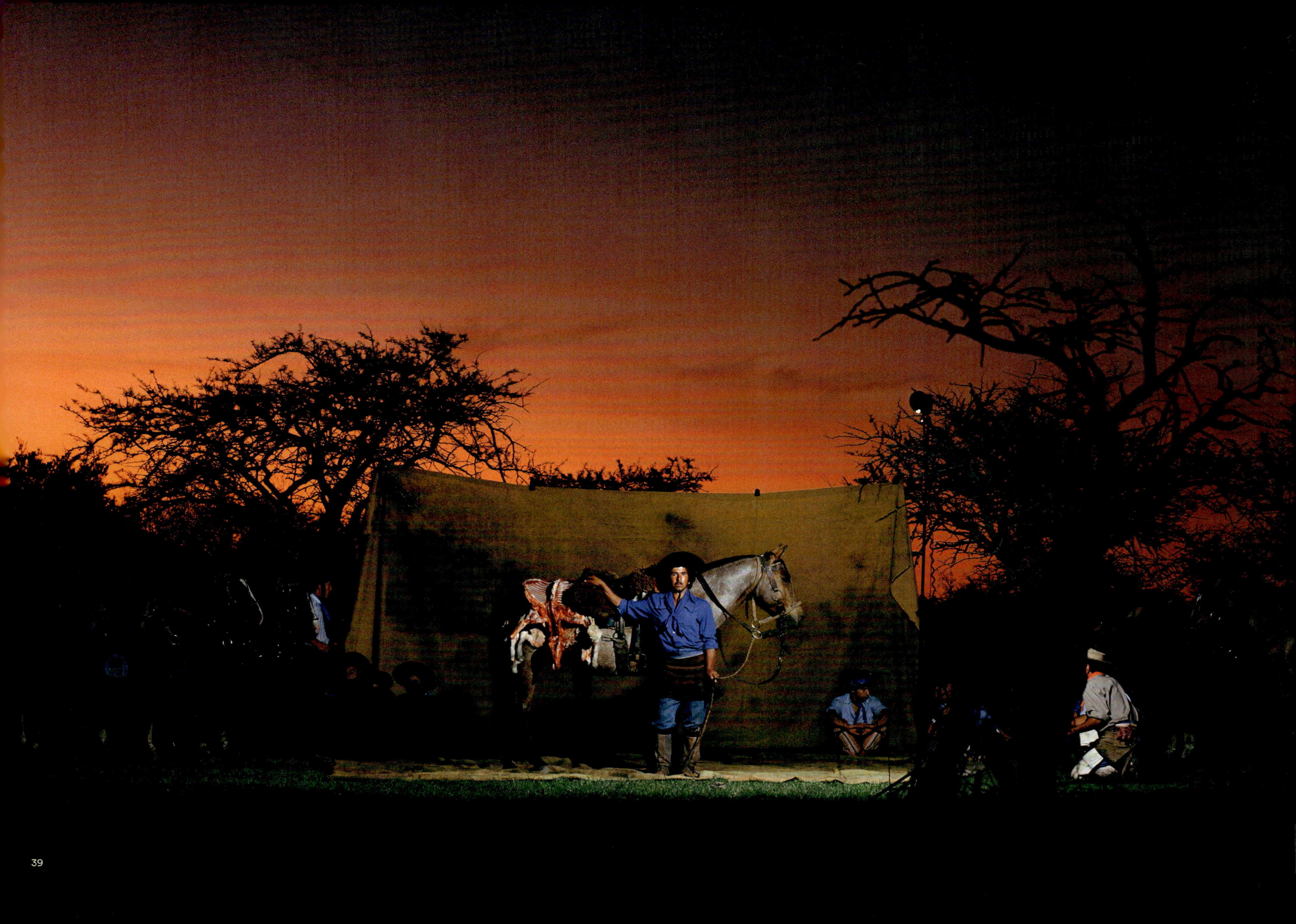

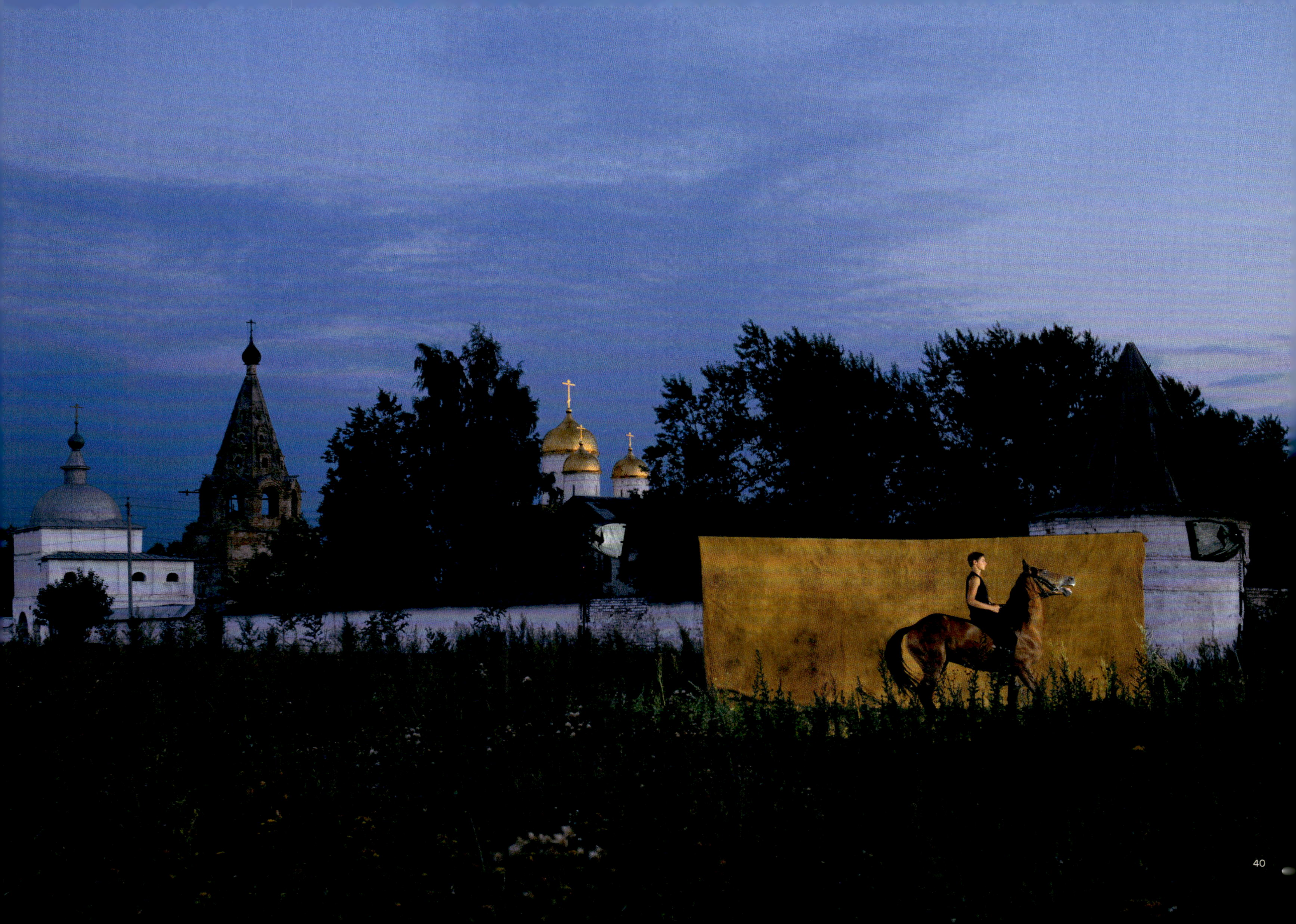

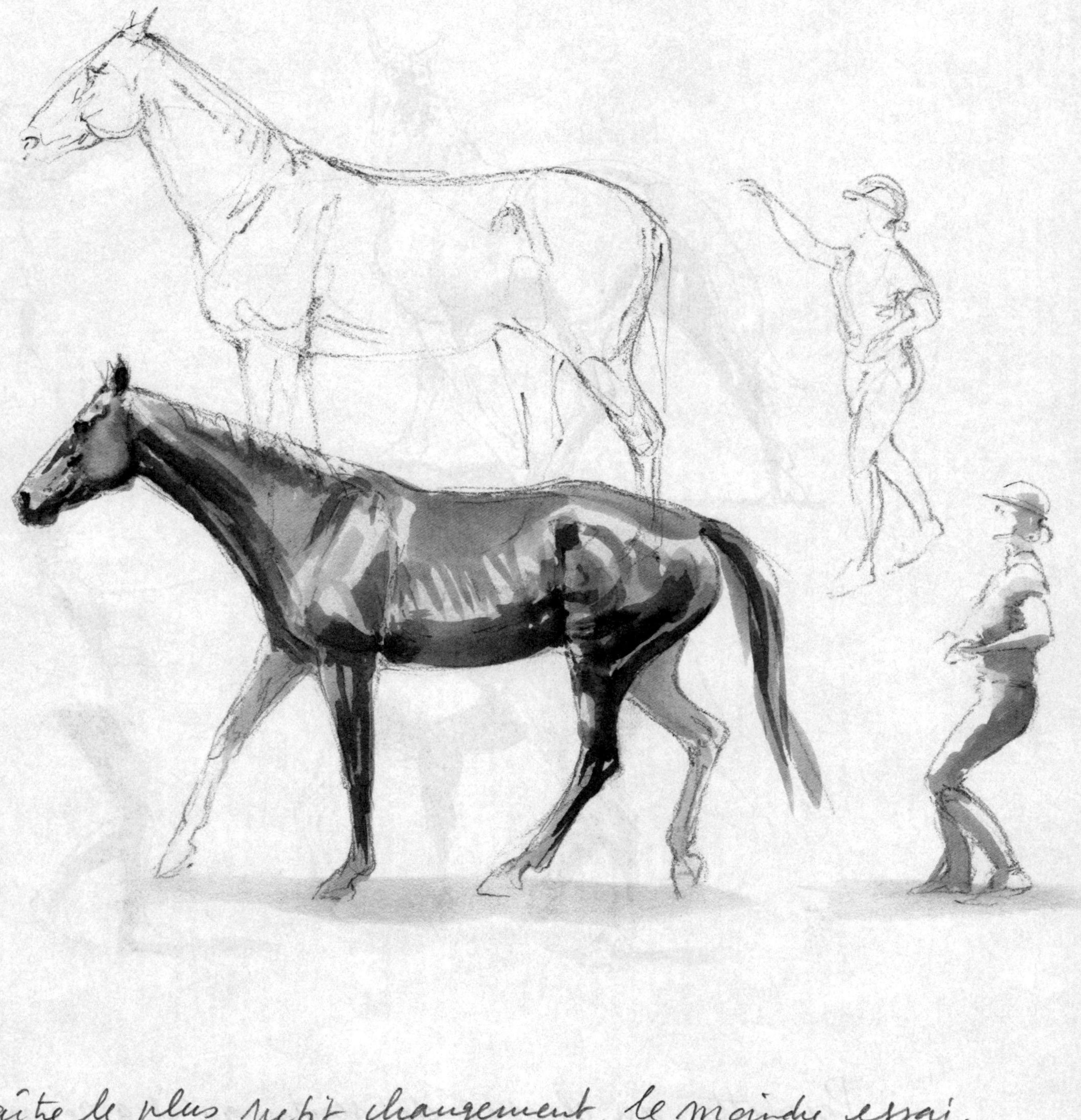

Reconnaître le plus petit changement, le moindre essai.

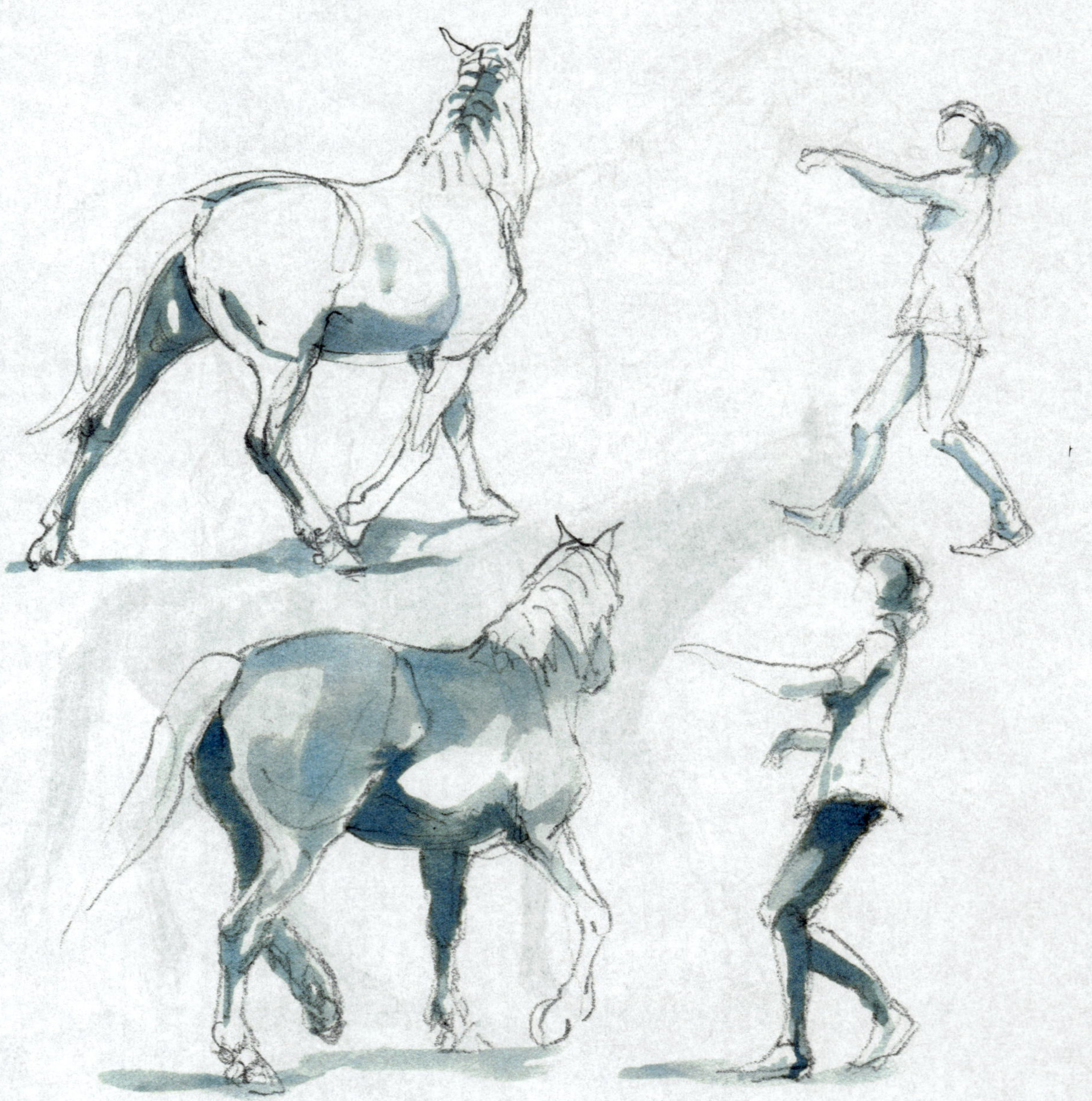

Permettez au cheval de sentir qu'il a réussi.

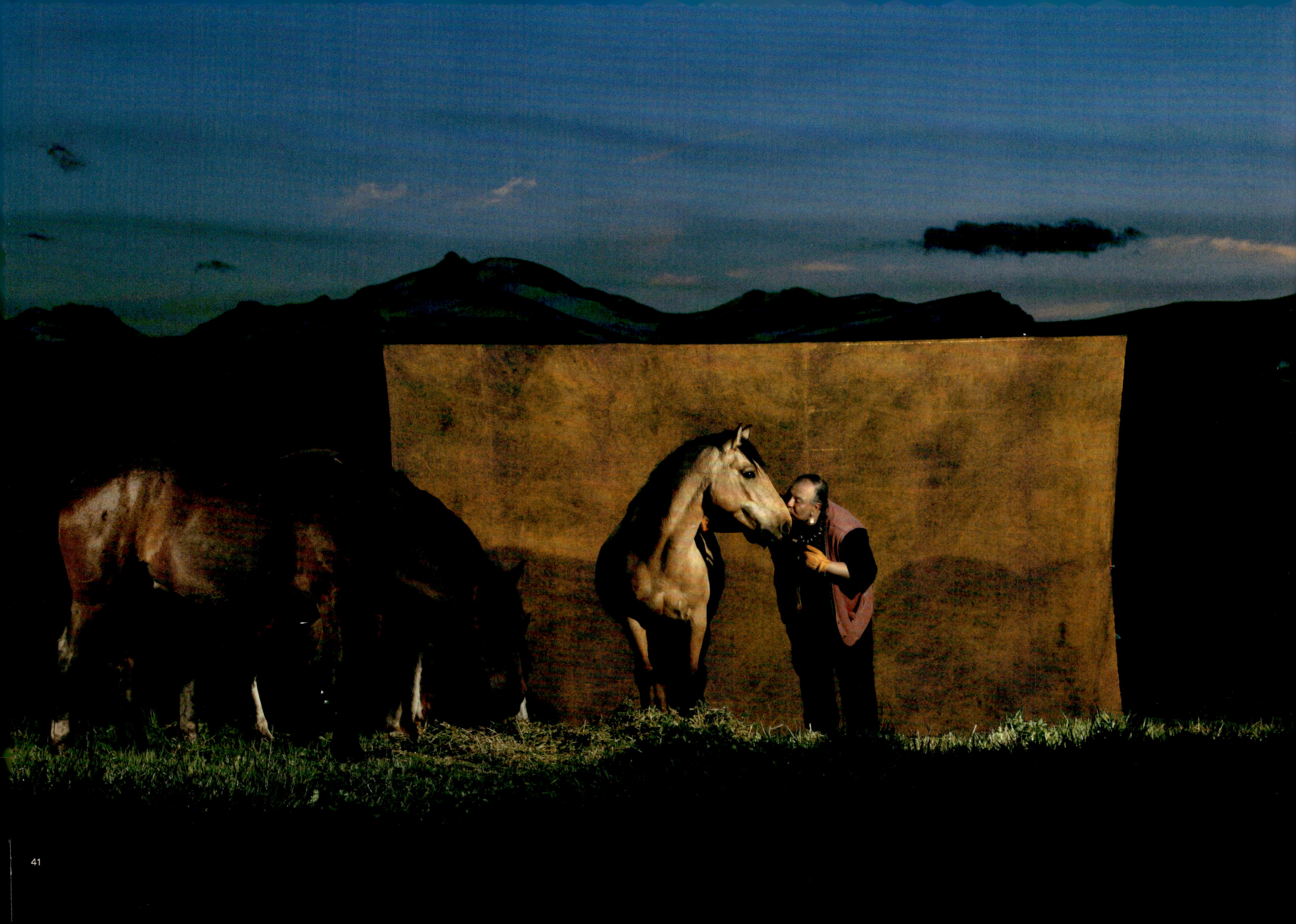

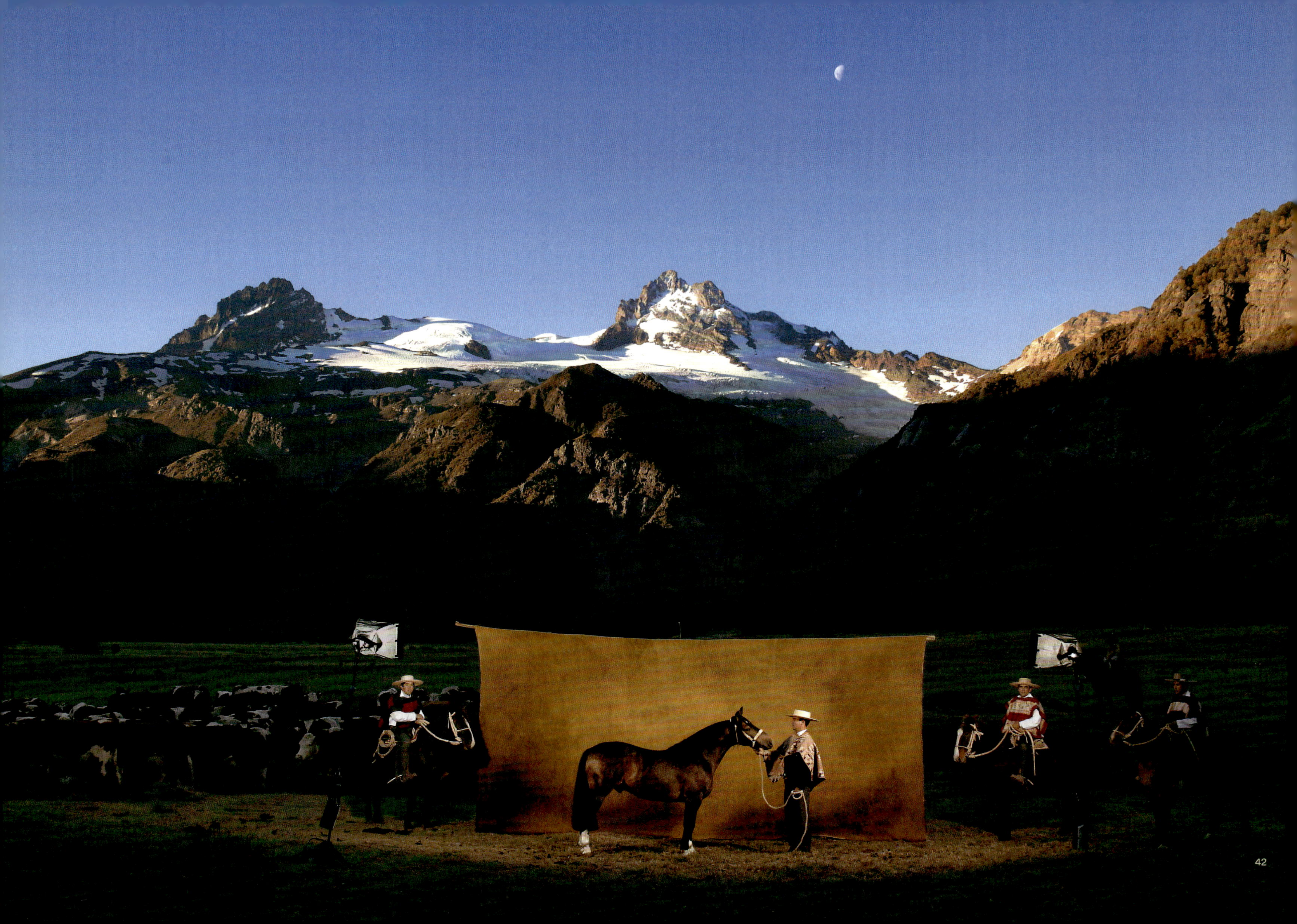

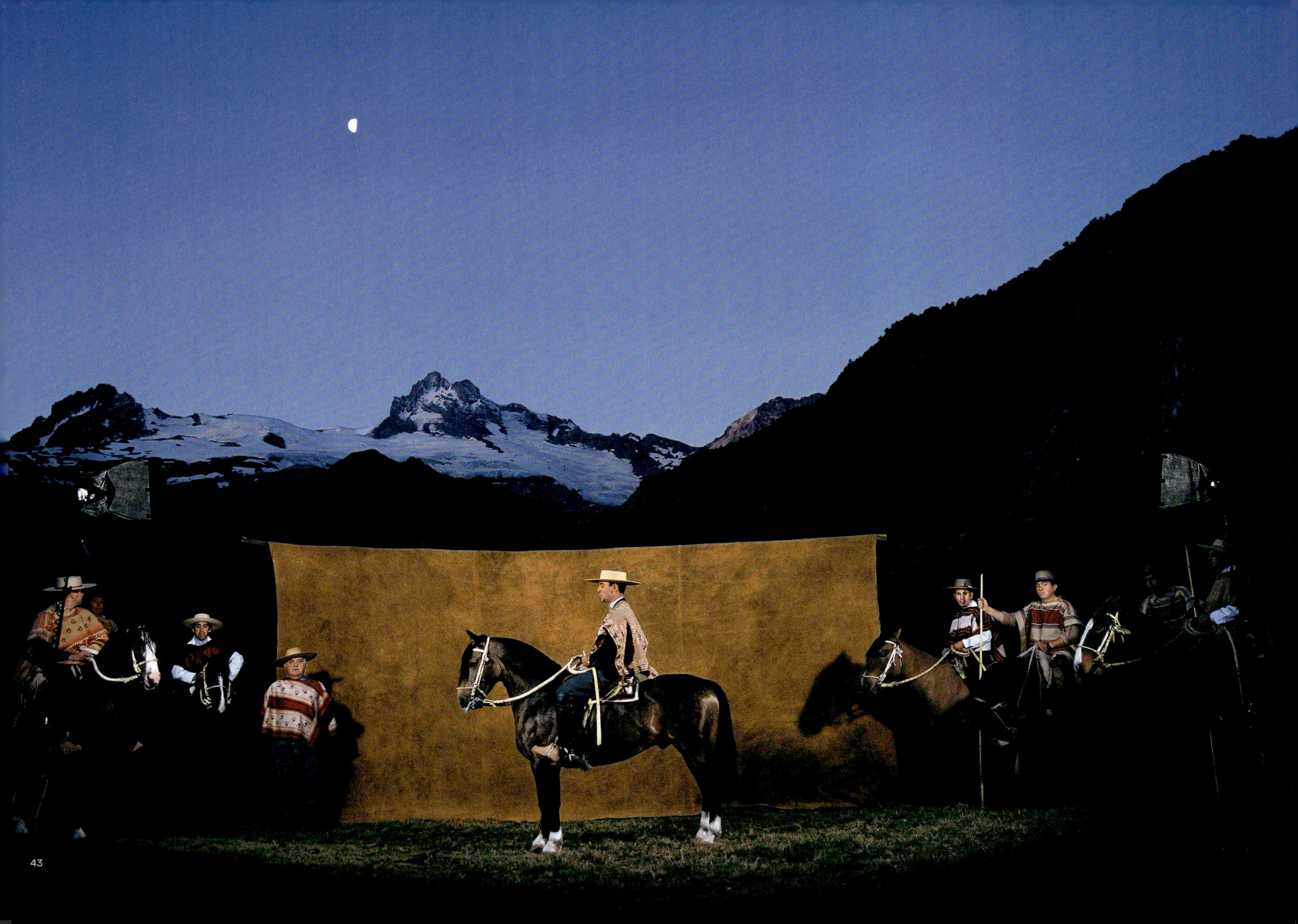

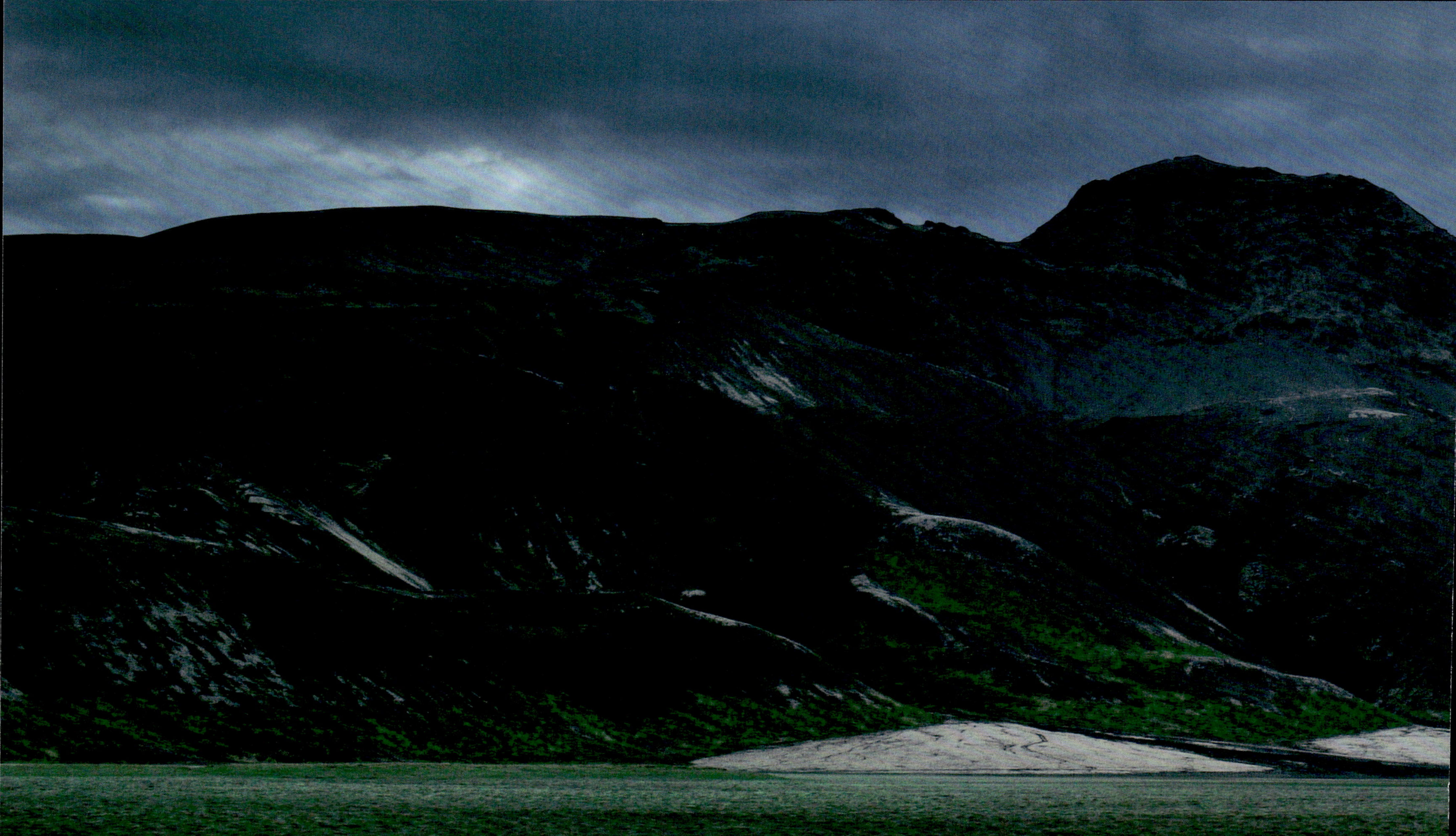

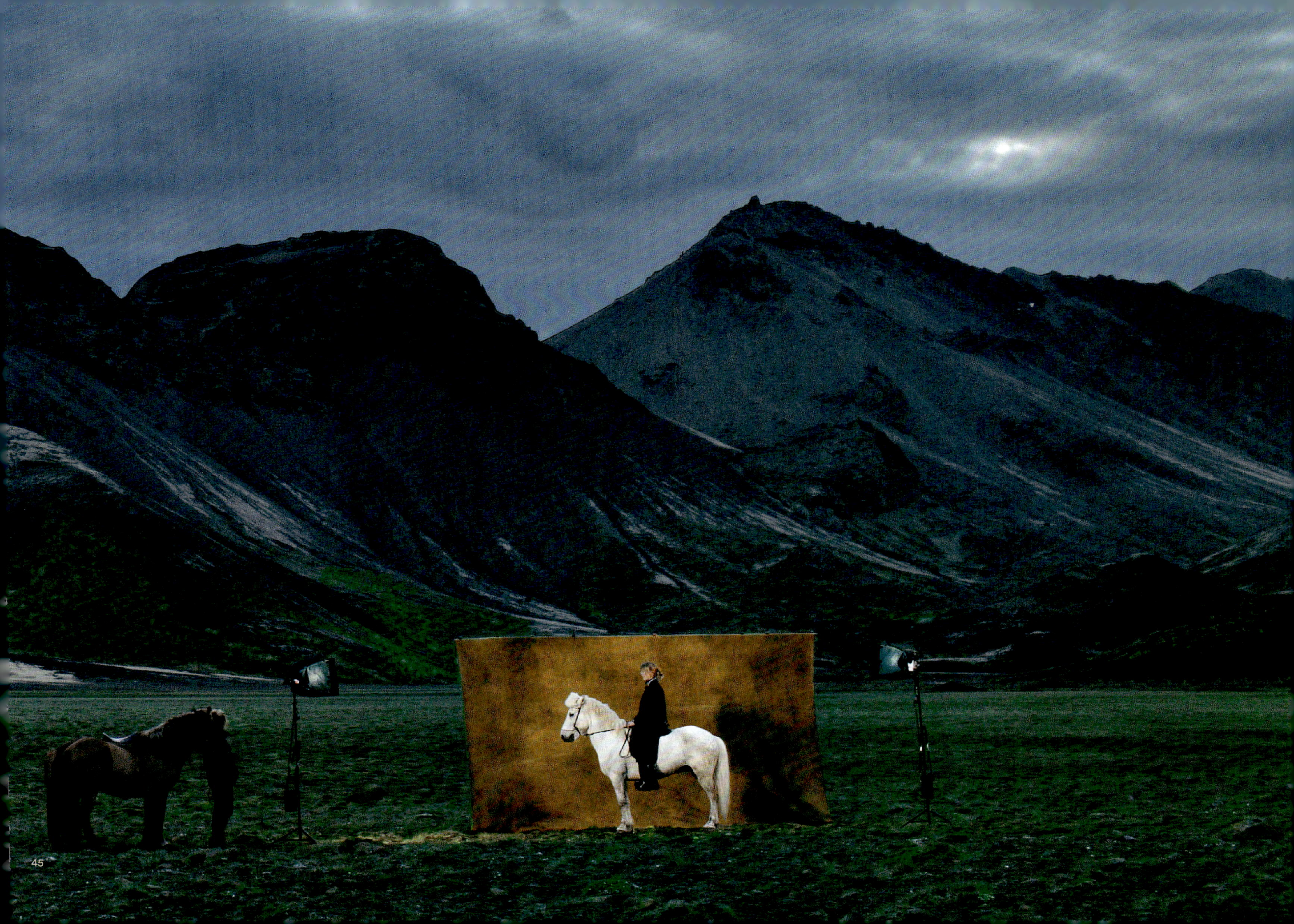

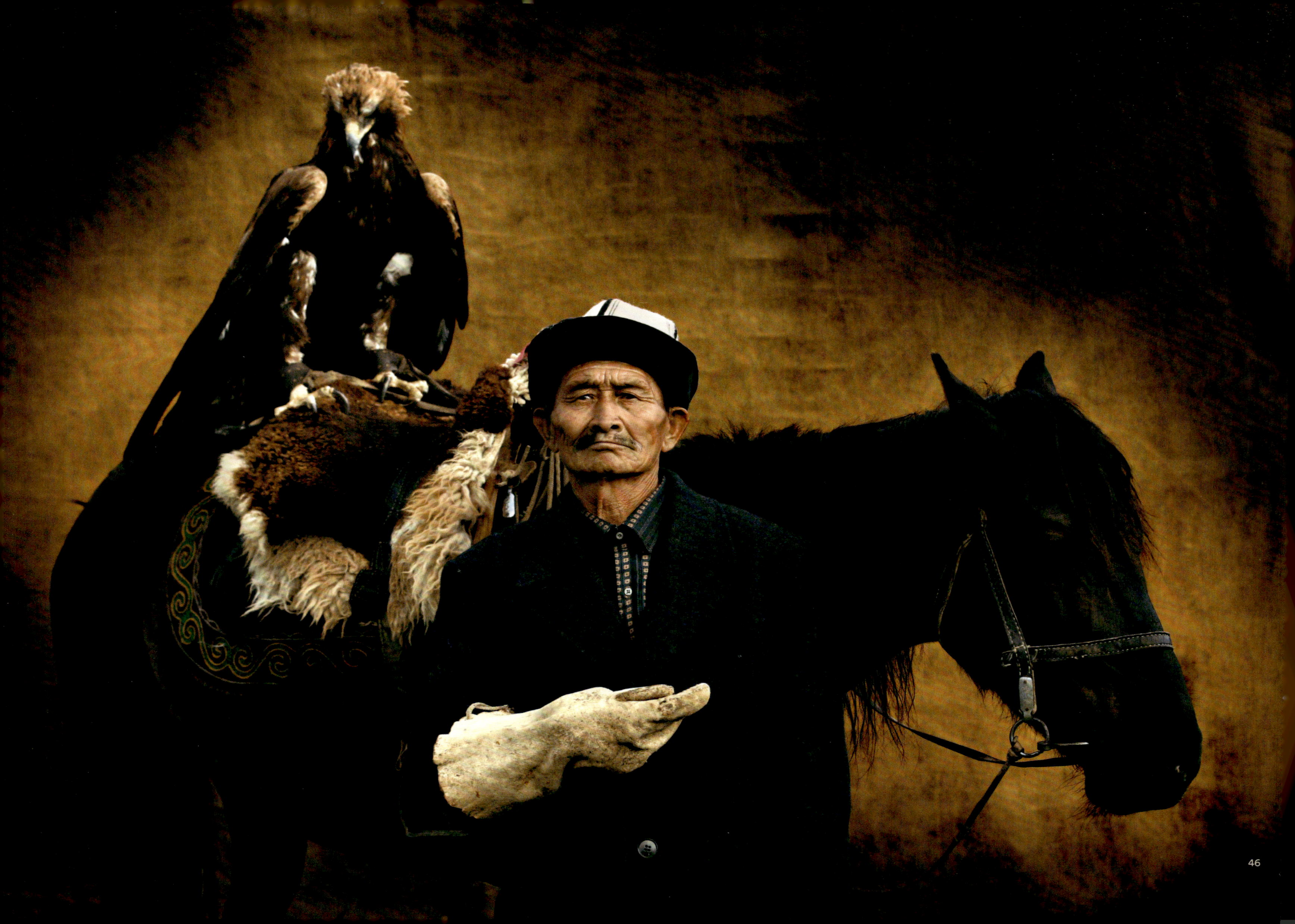

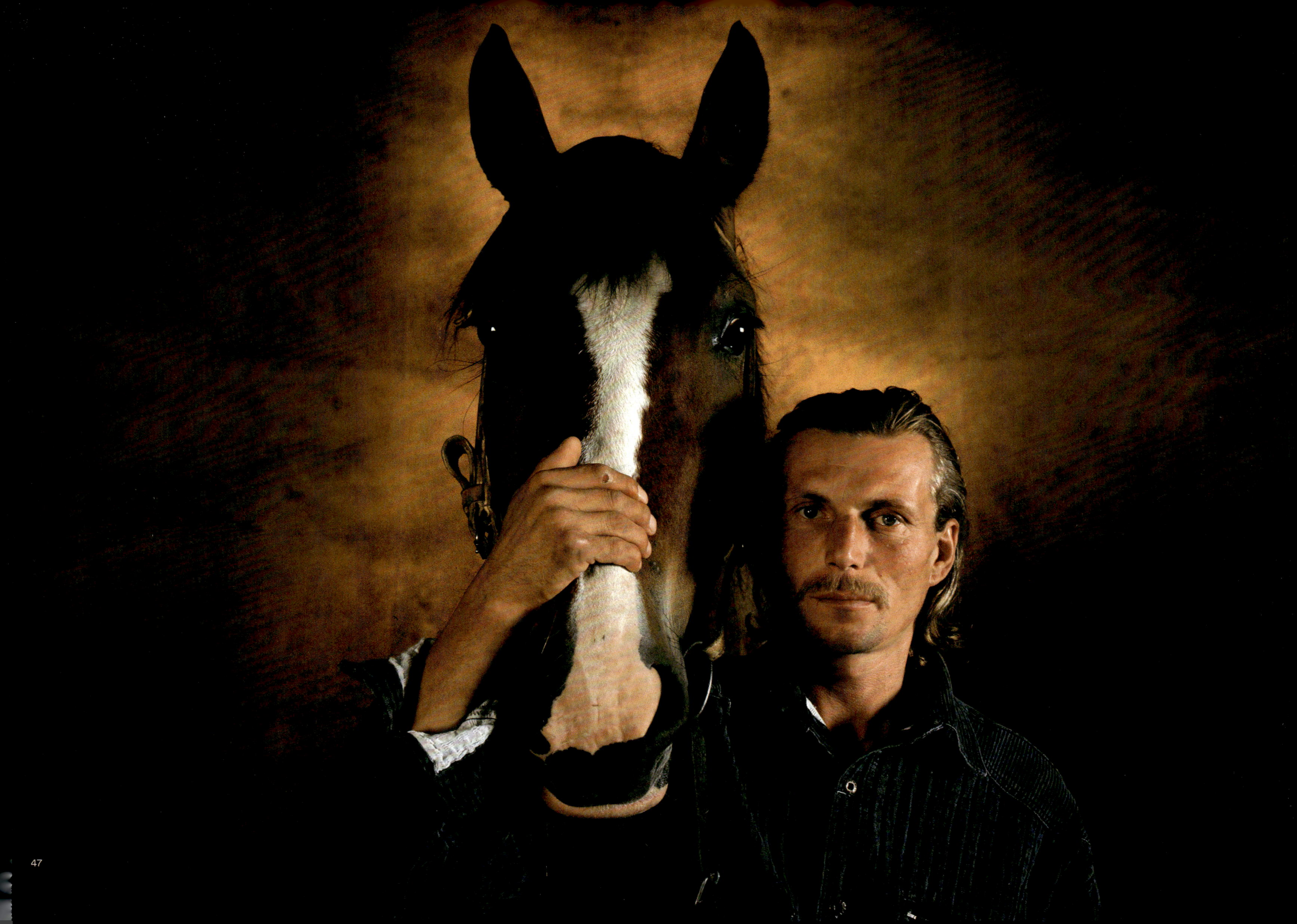

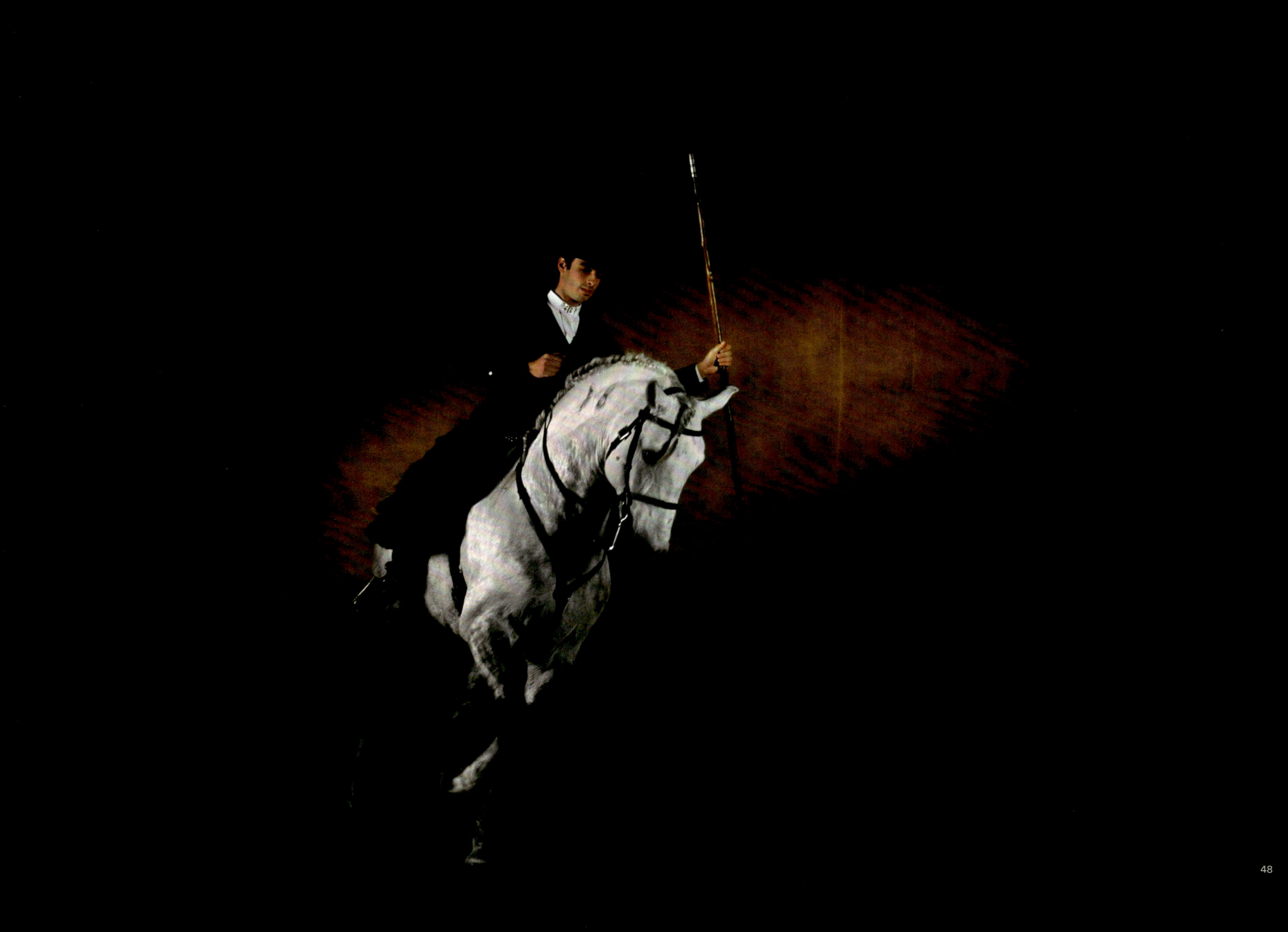

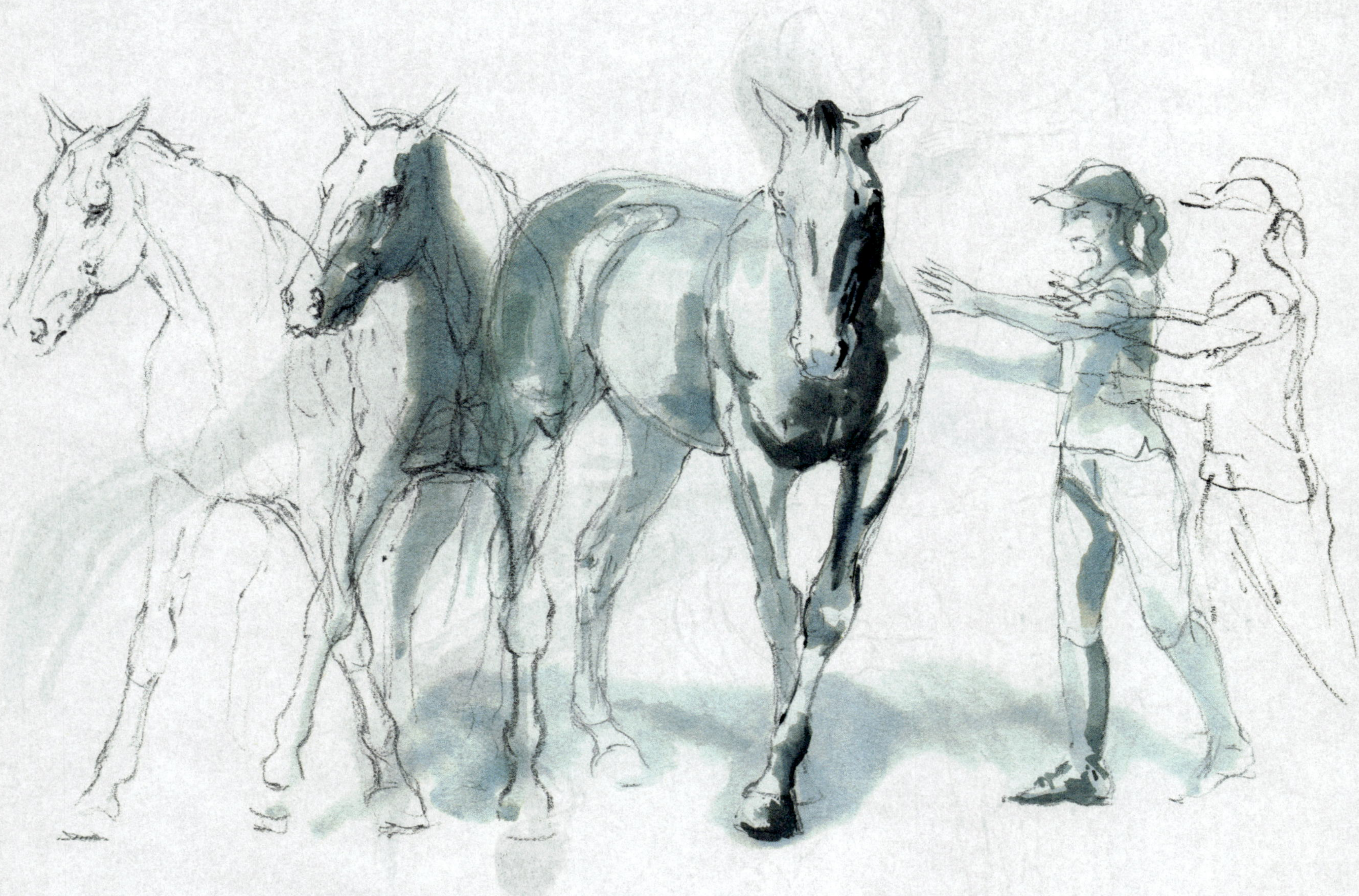

Demandez, laissez faire.

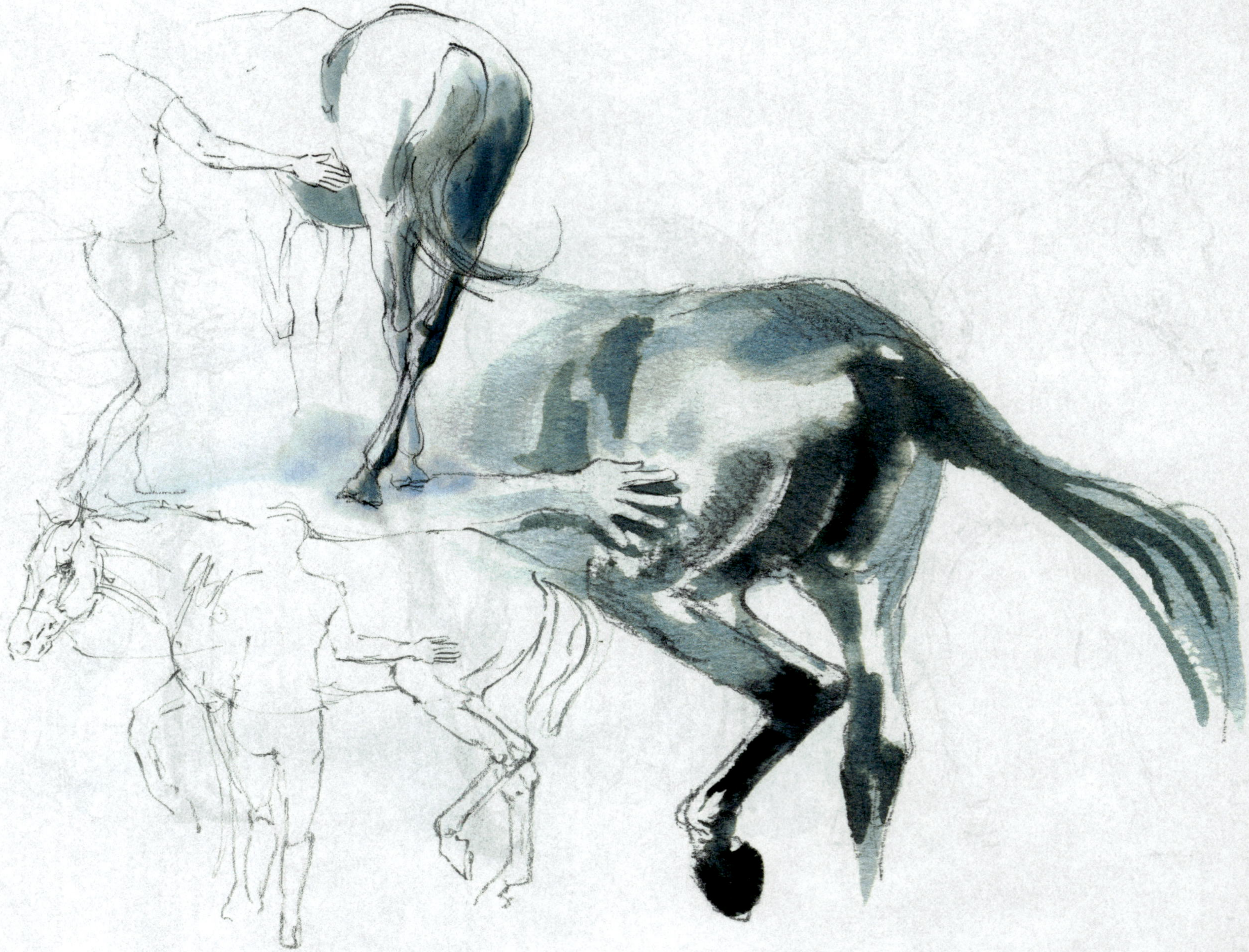

Mettre de la vie dans les pieds du cheval.

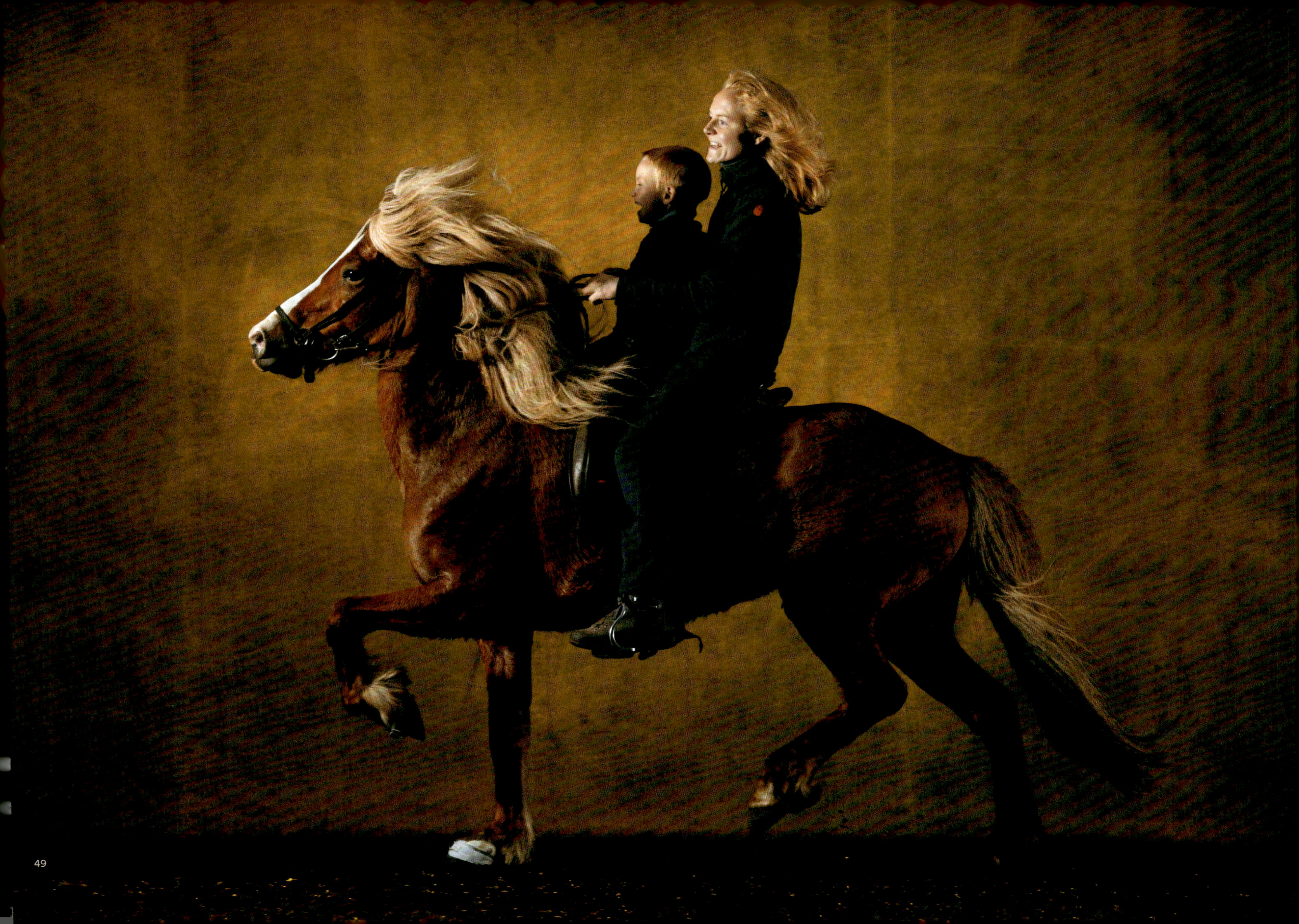

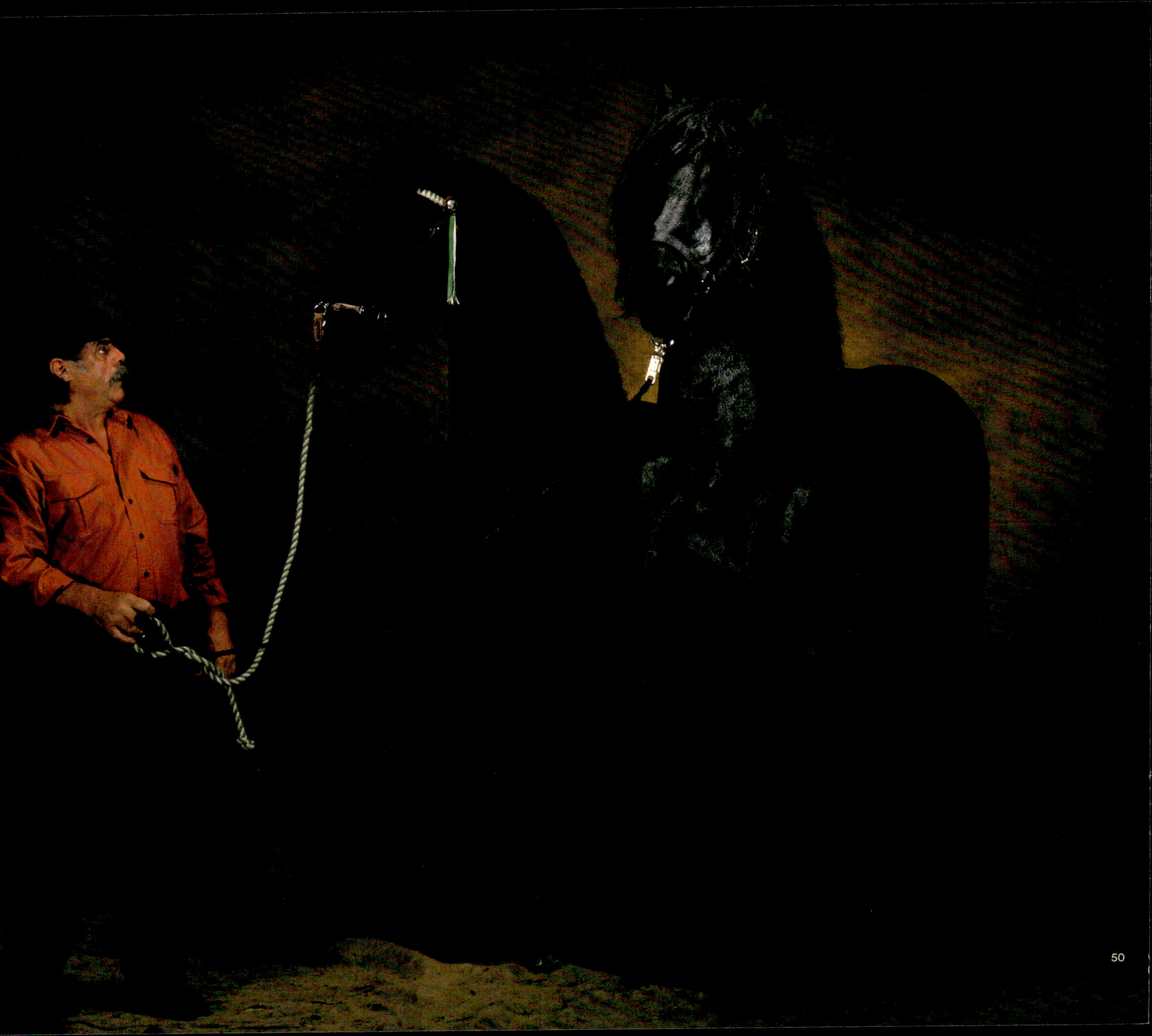

Pour certains, le rêve précède la rencontre, surgi de la fréquentation des récits, des comptines, des images et des mythes. Pour d'autres, le cheval est un compagnon quotidien, à la ferme, dans les prés, les pâturages alentour. Il a toujours été là, habitant la terre natale. Très tôt, sans trop savoir pourquoi, c'est à ses côtés que l'on projette des fuites, des conquêtes, des envolées, que l'on fomente des rêves plus grands que la réalité. Parce qu'il a ce don de filer avec grâce. Parce qu'il a été taillé pour s'échapper – échappée belle. Parce qu'il accompagne les voyageurs, bergers, vachers et autres solitaires, les nomades et les gitans, Quichotte et les chevaliers, il attise la fièvre vagabonde.
On s'imagine avec lui par les routes.
Et il suffit parfois d'un tour dans les bois sur son dos, d'un tour de quartier, d'un tour de piste, pour se sentir follement libre.

Il n’y a de relation vraie que lorsqu’une partie de nous s’en trouve irrémédiablement changée. Collision, friction, tension, émulation, remise en question, passion. La relation nous met en mouvement, opère en nous ce léger déplacement, une inflexion du regard sur le monde, la manière de s’y tenir. Il en est des relations humaines comme de celles entre humains et chevaux. Elles ne nous laissent pas indemnes.

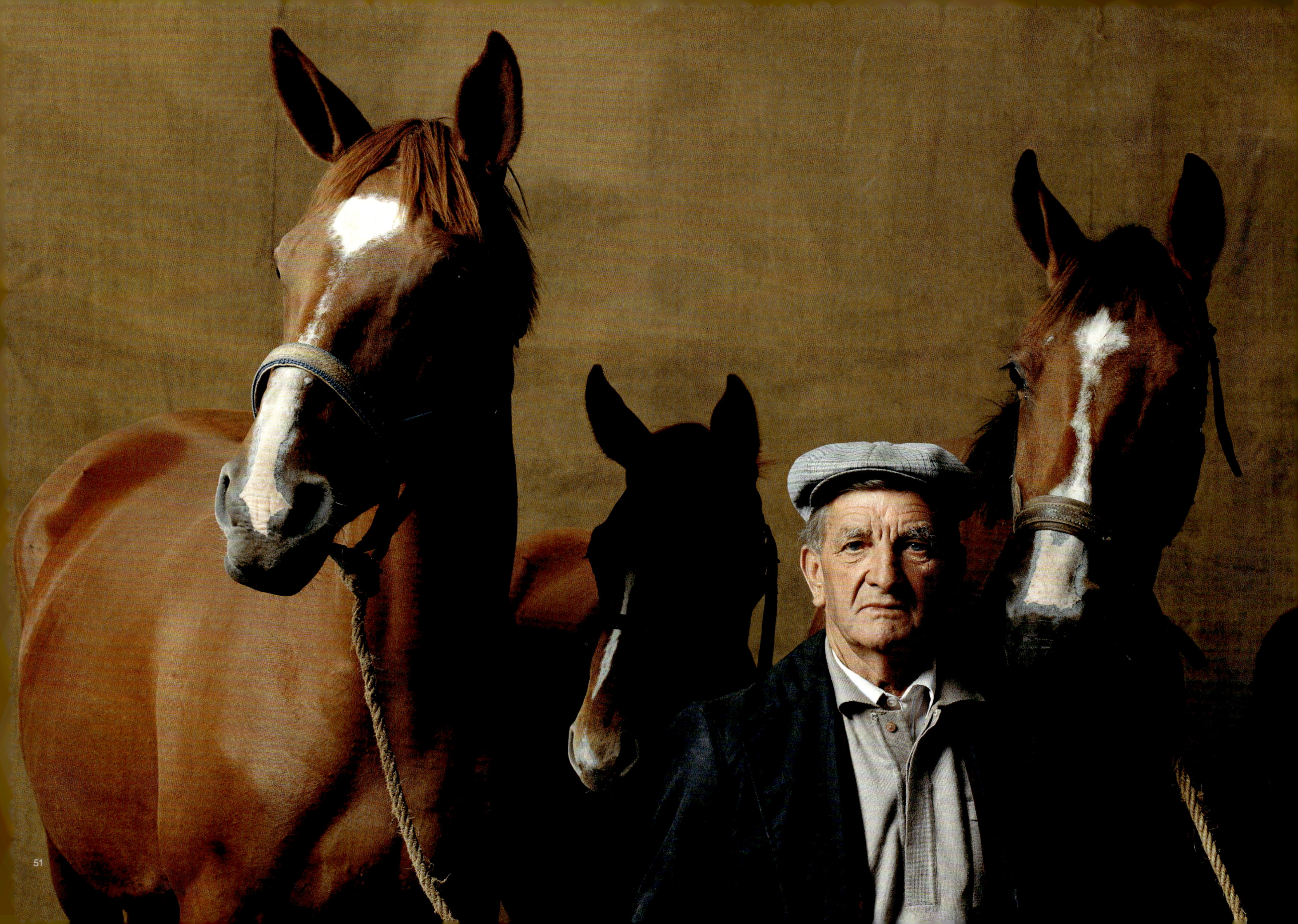

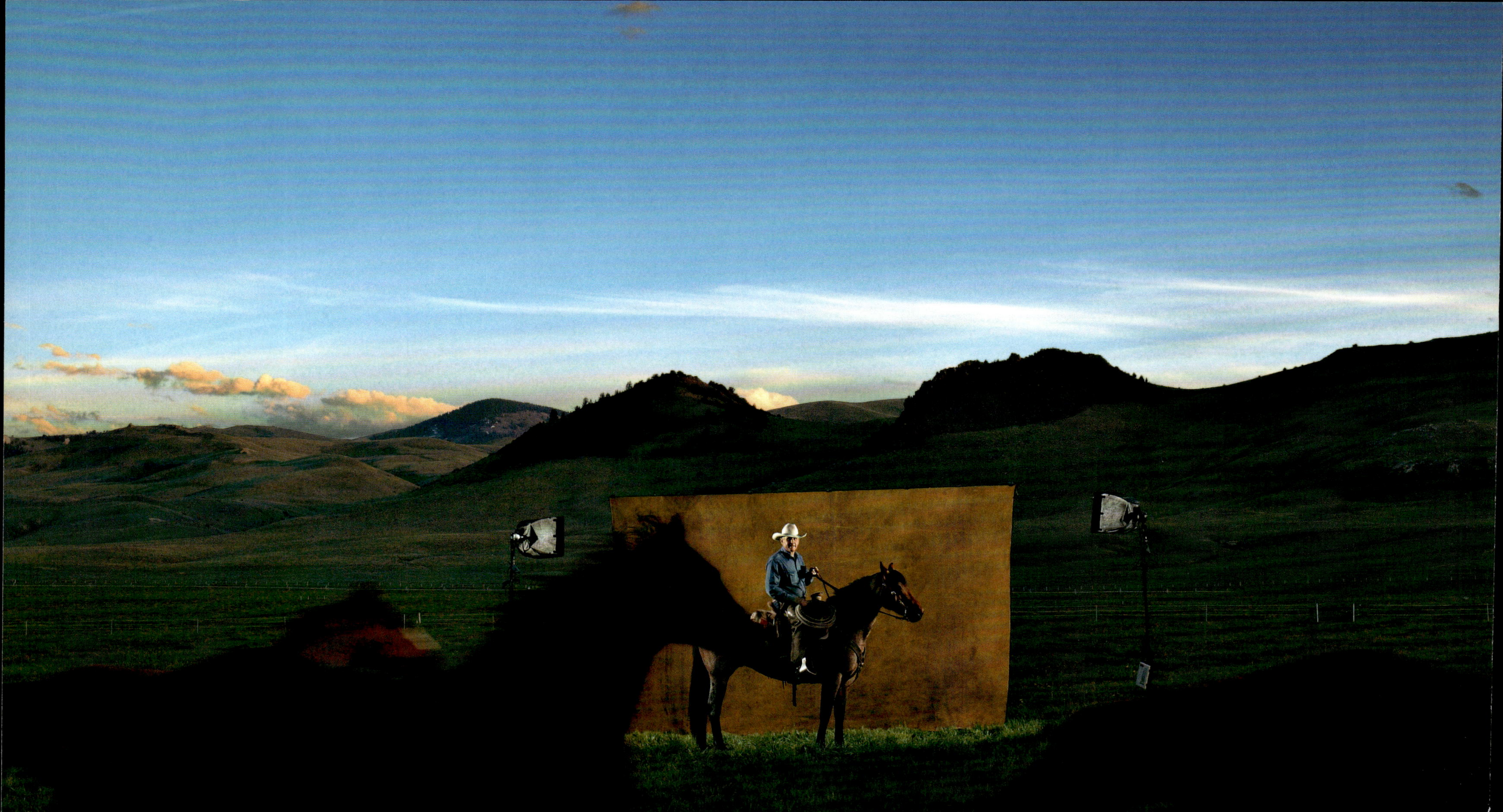

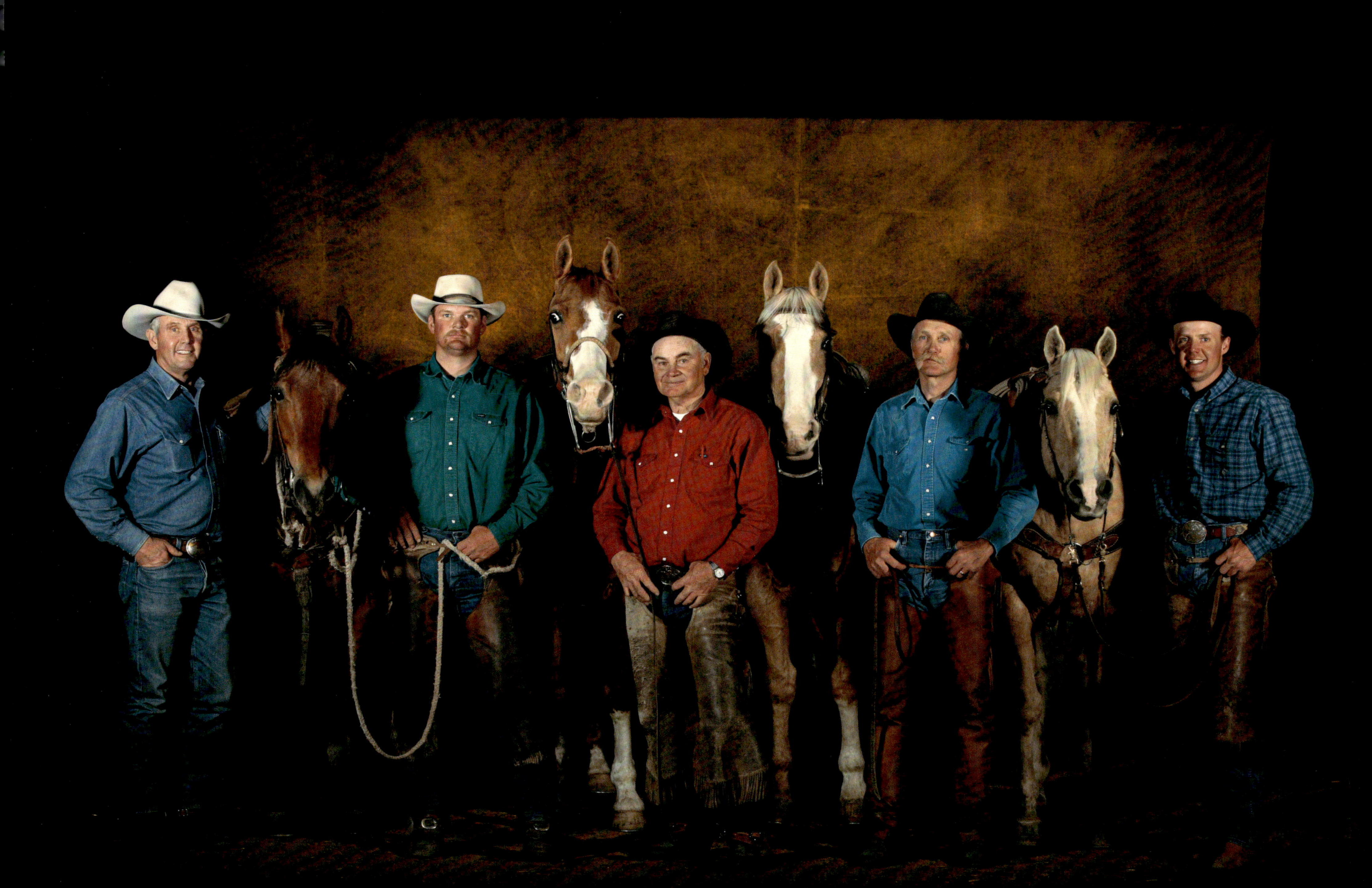

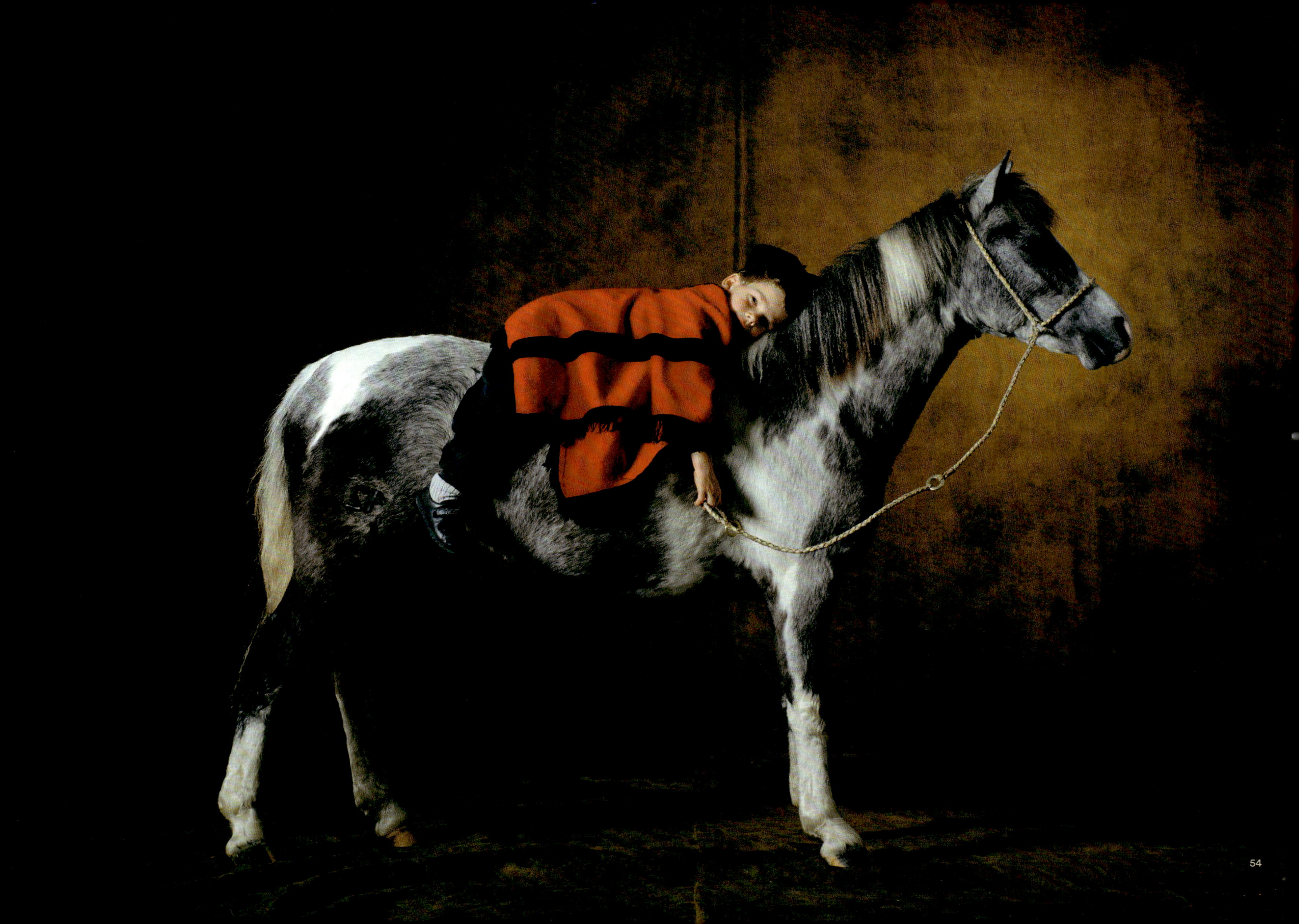

Les chevaux
nous relient à l'enfance.
À la part d'instinct,
la part animale, de laquelle
toute la société conspire
à nous éloigner.
Ou plus loin encore,
à la toute petite enfance.
Au langage d'avant les mots,
quand nous n'avions que
le corps pour exprimer,
que les sensations pour
appréhender le monde.

Il en est des chevaux
comme des humains,
partageant labeur et existence,
il en est des trop nourris,
seuls et malheureux dans
leur box fastueux, des frêles,
menant joyeusement la vie
bohème, des laborieux,
aux corps marqués par
le travail, des énervés et
des passifs, des tendres
et des fanfarons. Nul animal
n'a, comme le cheval, épousé
le destin des hommes.

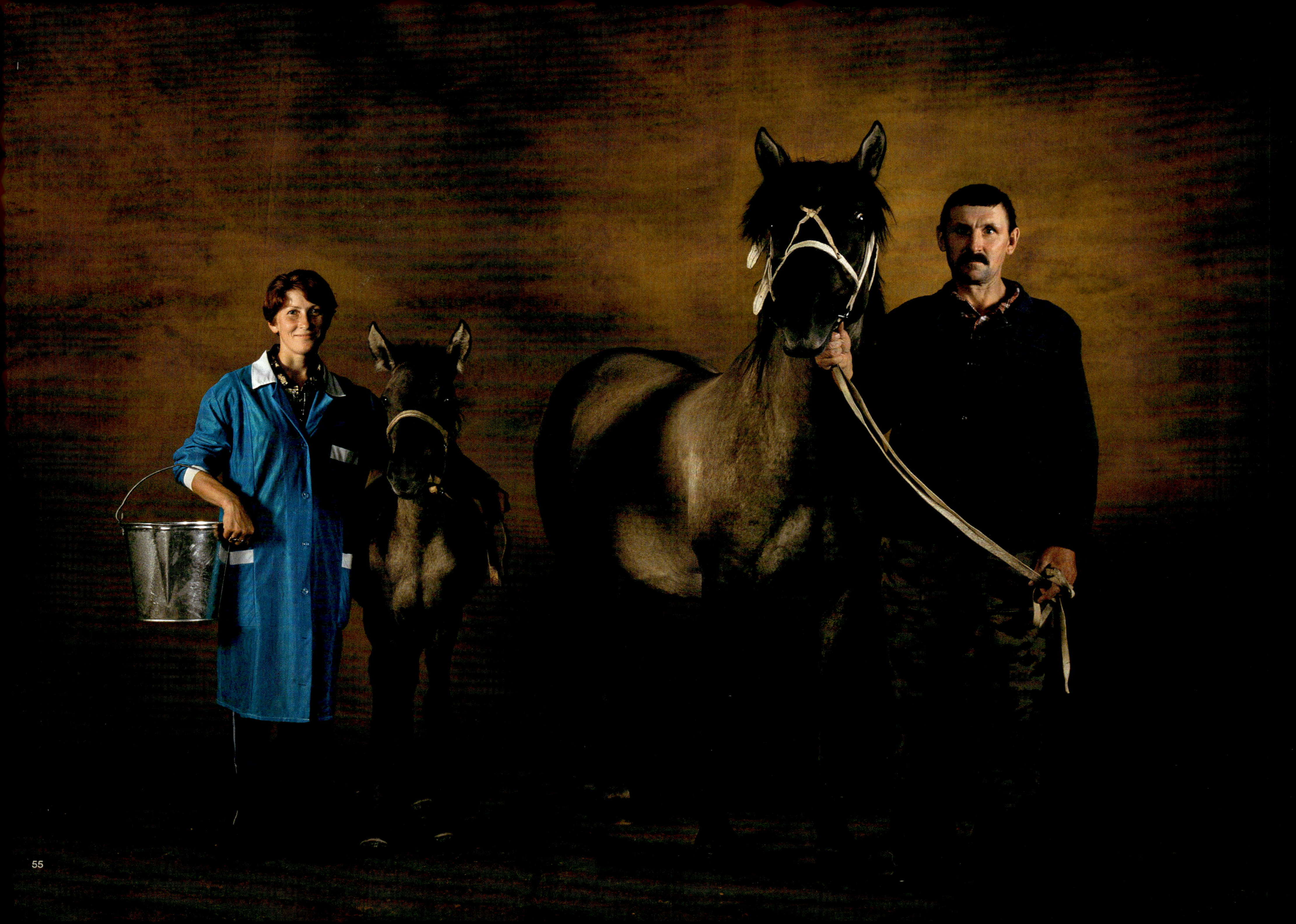

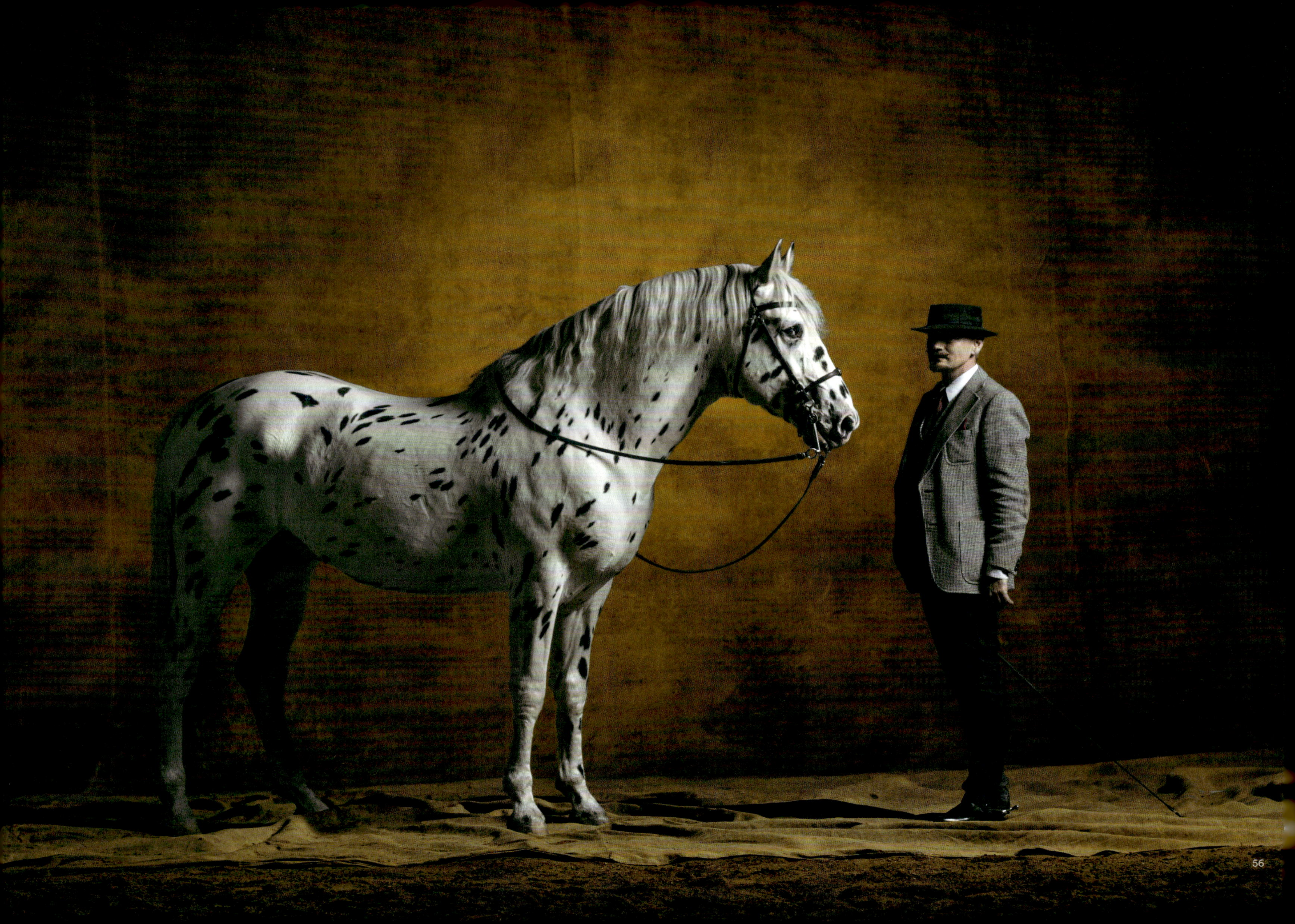

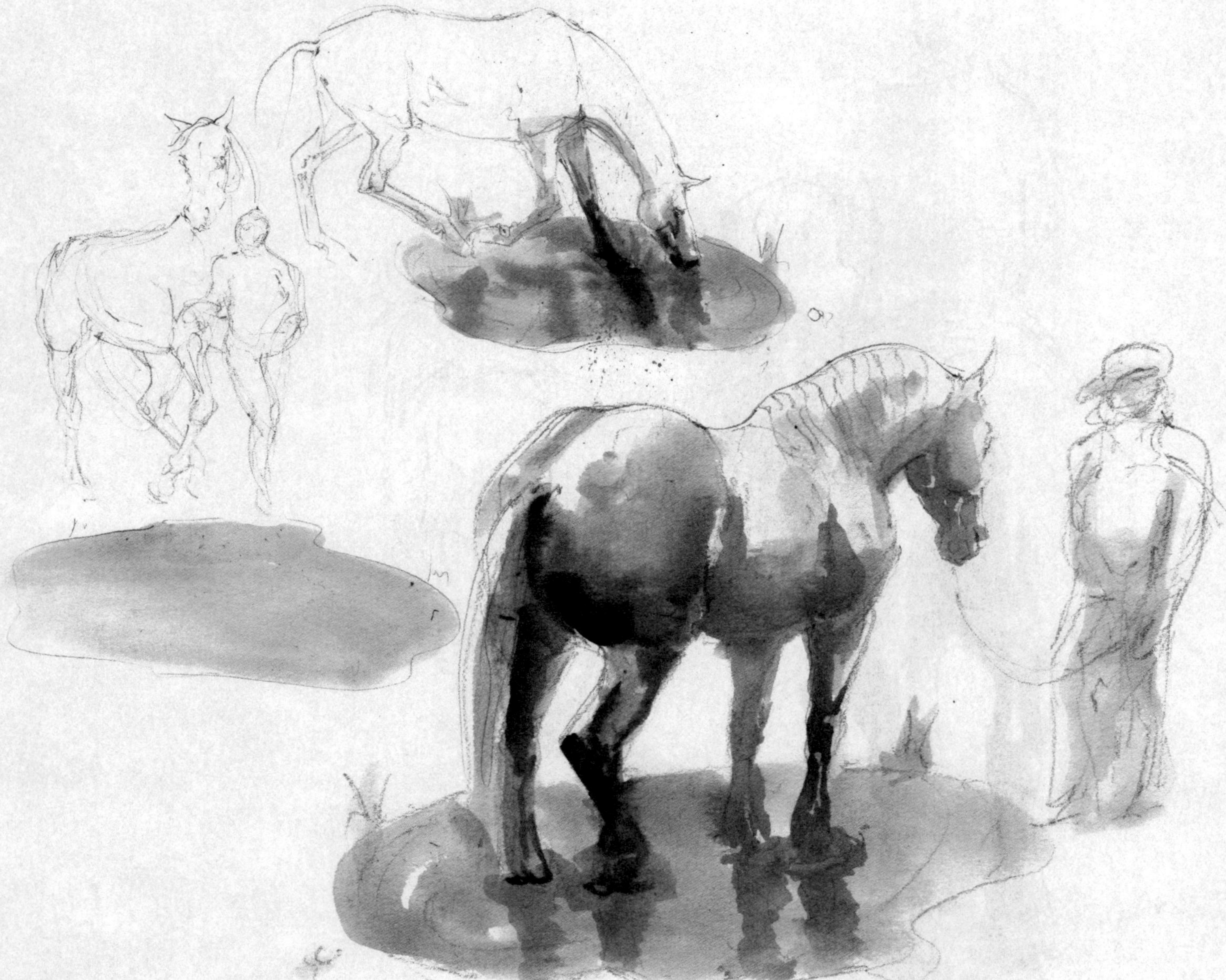

Accepter de perdre du temps pour en gagner.

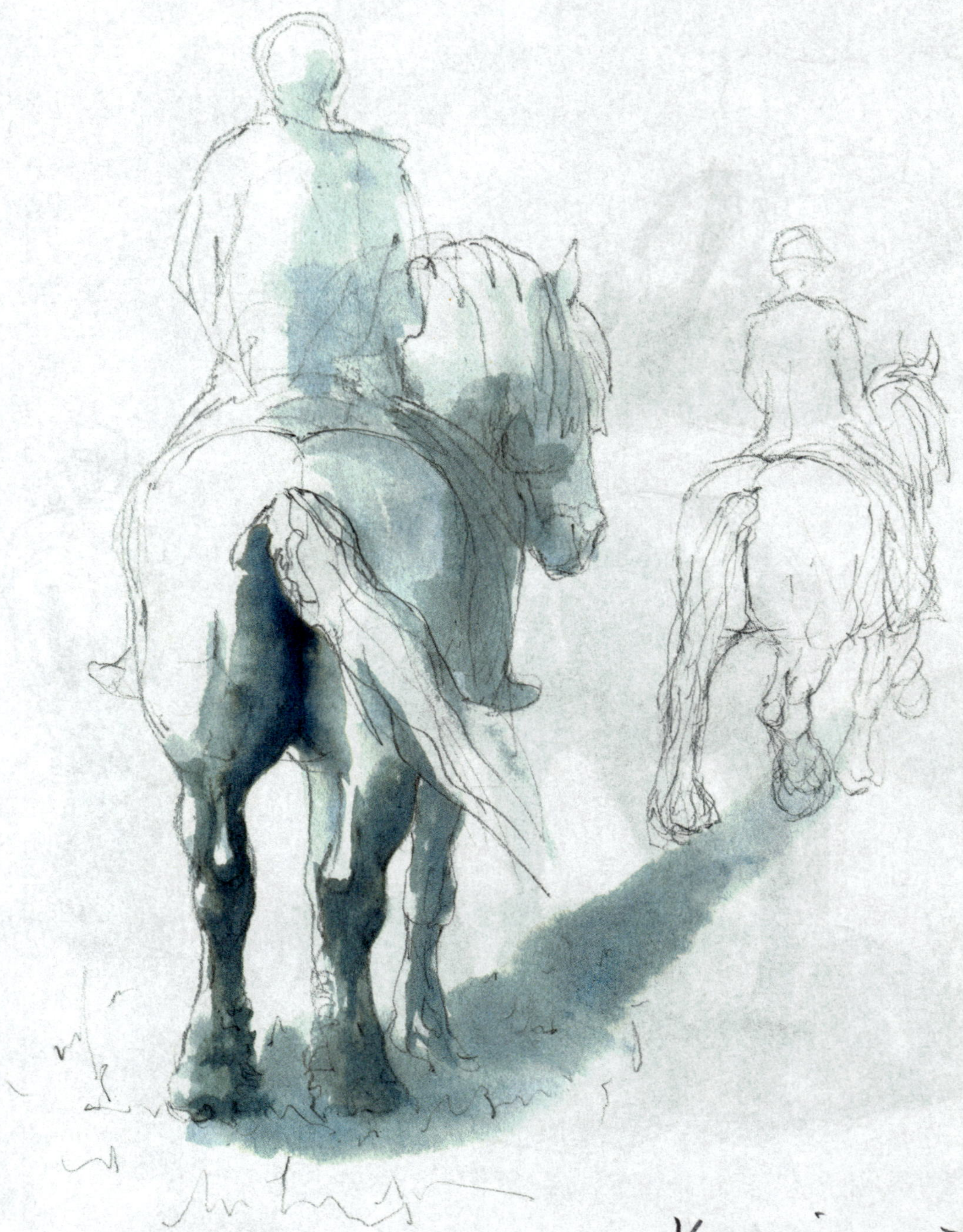

Vous irez où vous regardez.

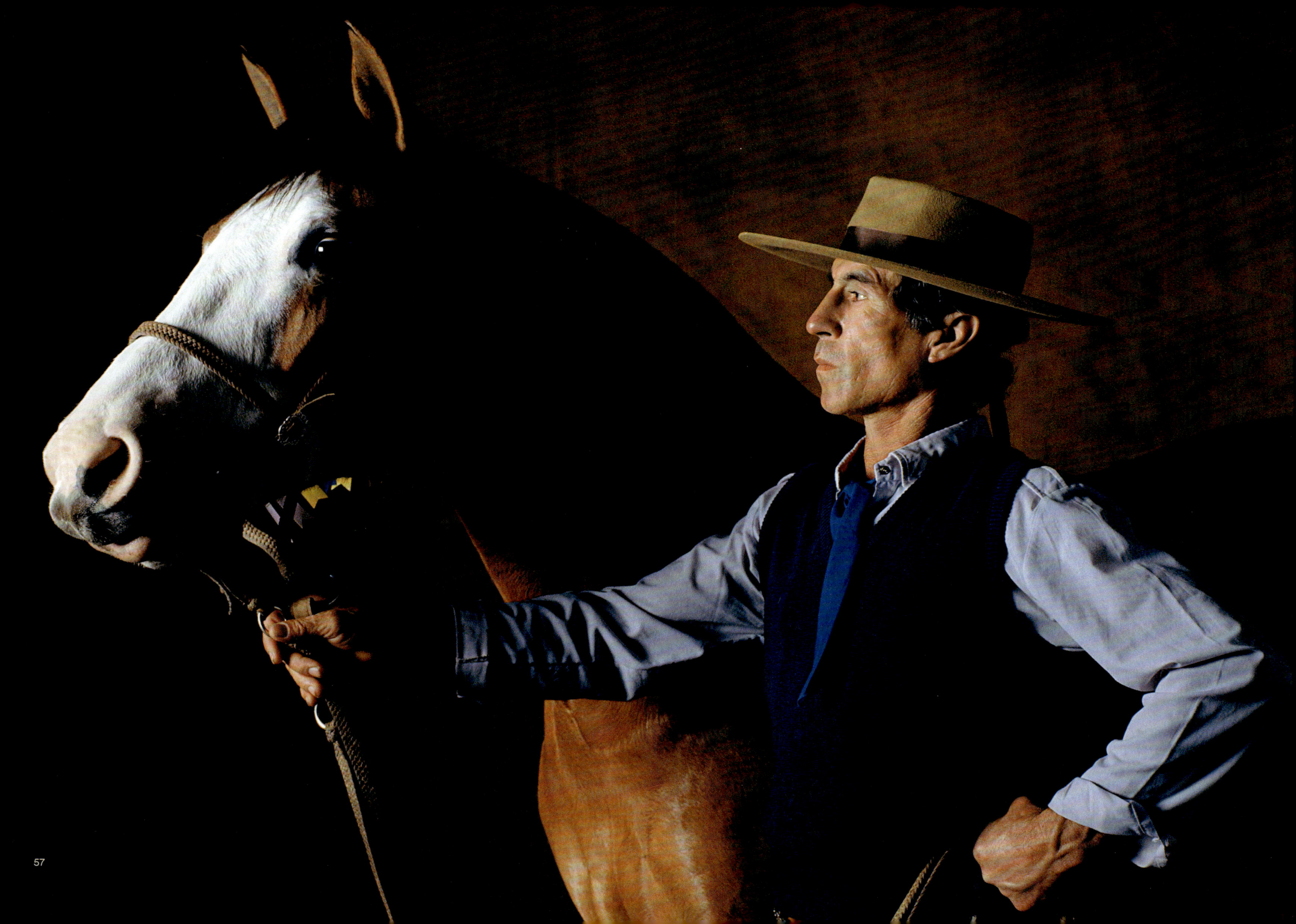

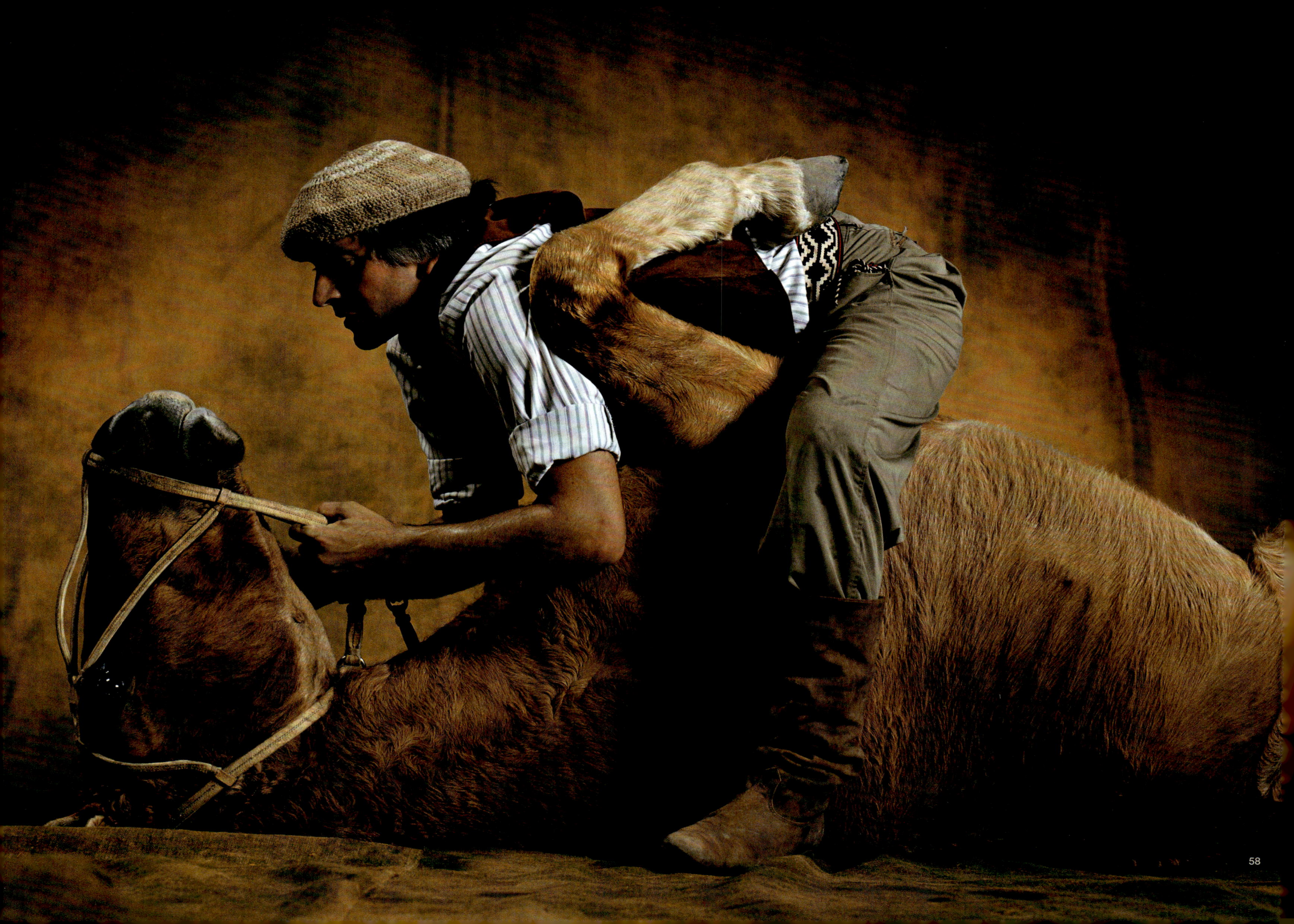

À s’imprégner si fort
de l’odeur du cheval
– chaude, soyeuse, puissante –,
on finit par croire
qu’il s’agit de la nôtre,
et aussitôt se sentir investi
d’une force tranquille.

Il y a des premières fois
chaotiques, d'autres plus
évidentes, des coups de foudre,
des paires qui s'assemblent,
d'autres qui dissemblent
– ne parle-t-on pas de couple
homme-cheval ?
Ceux qui se trouvent,
se perdent, se frôlent
et se rencontrent.
Et les chevaux de nos vies
hantent nos nuits avec la force
des grandes amours.

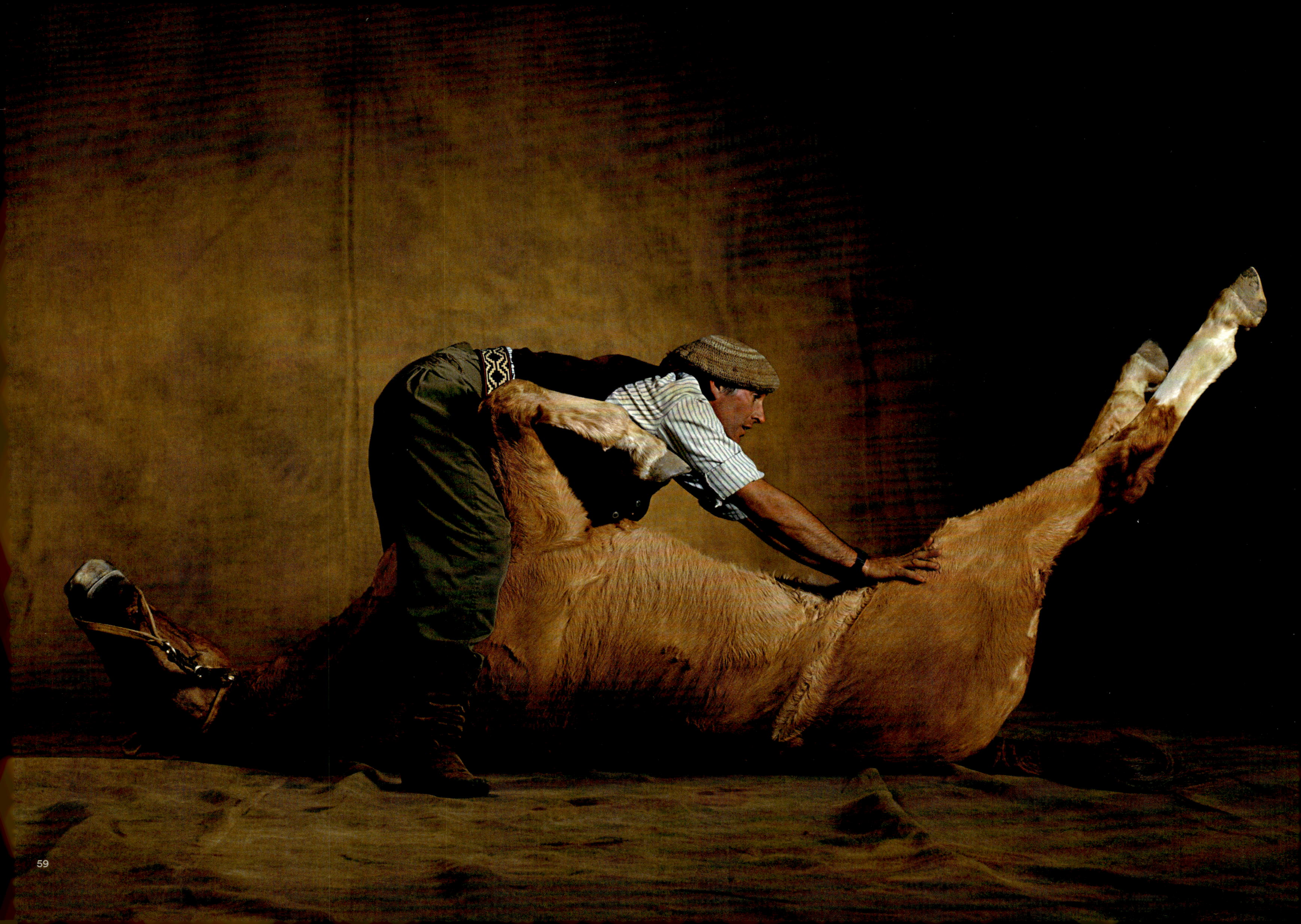

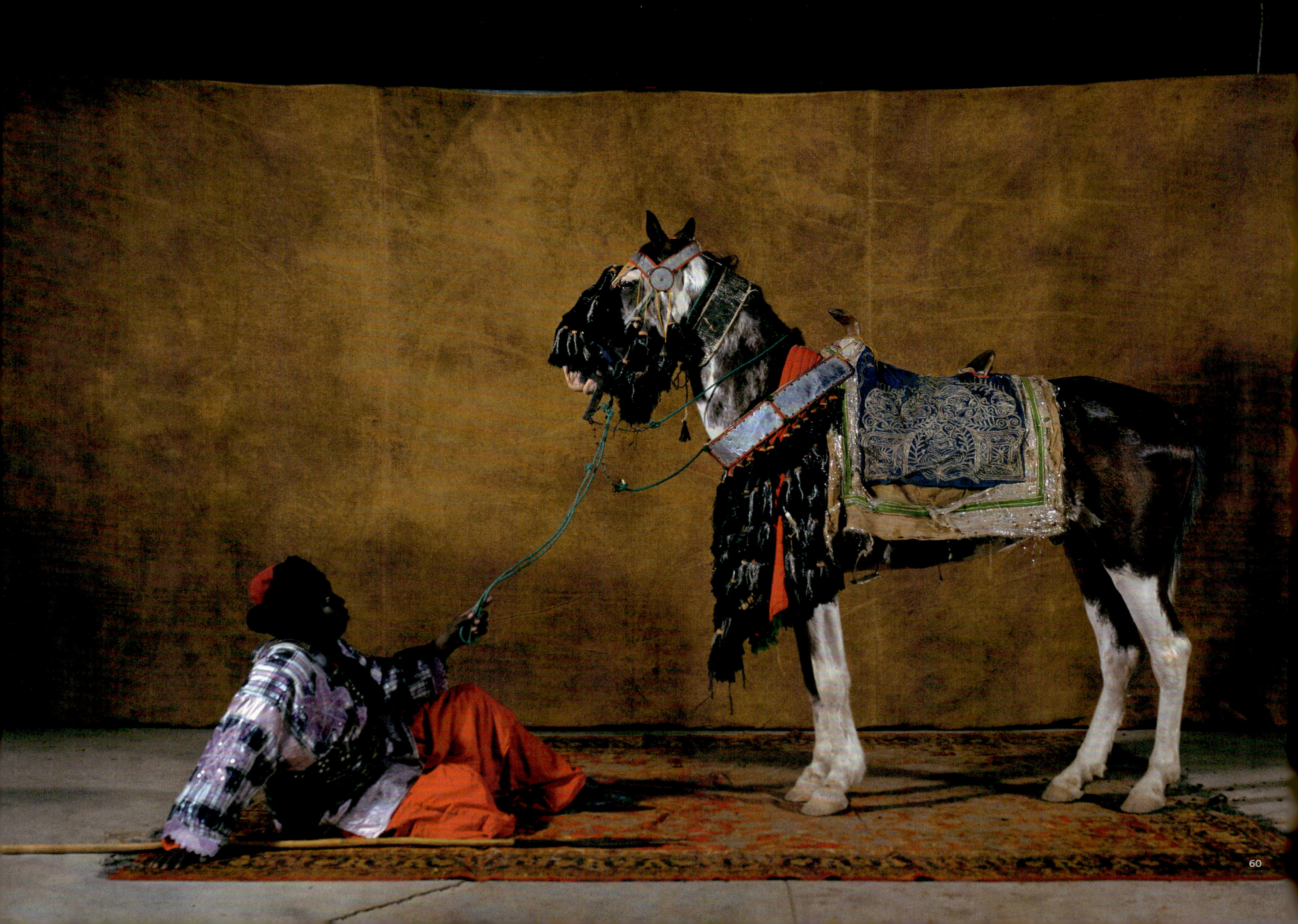

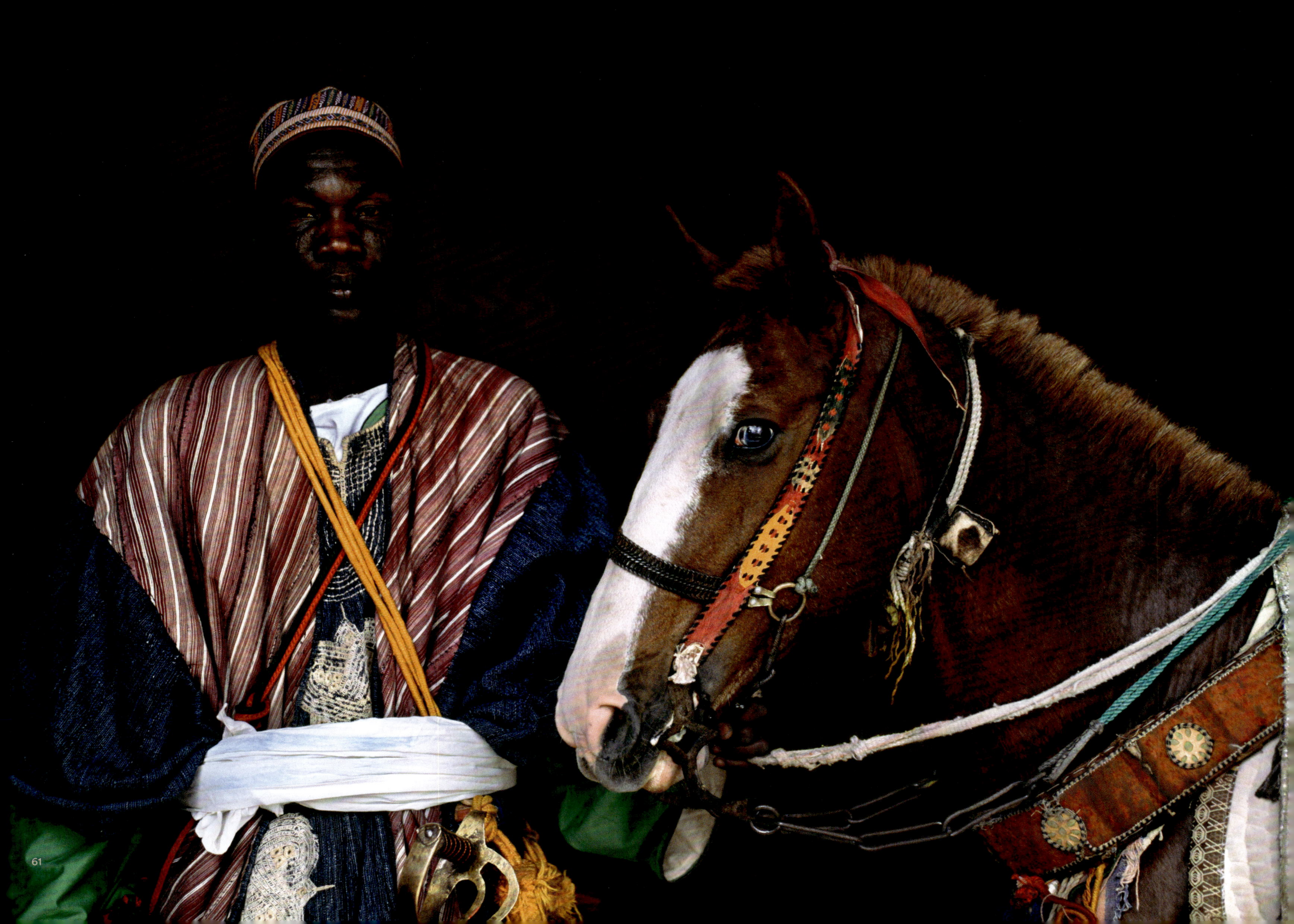

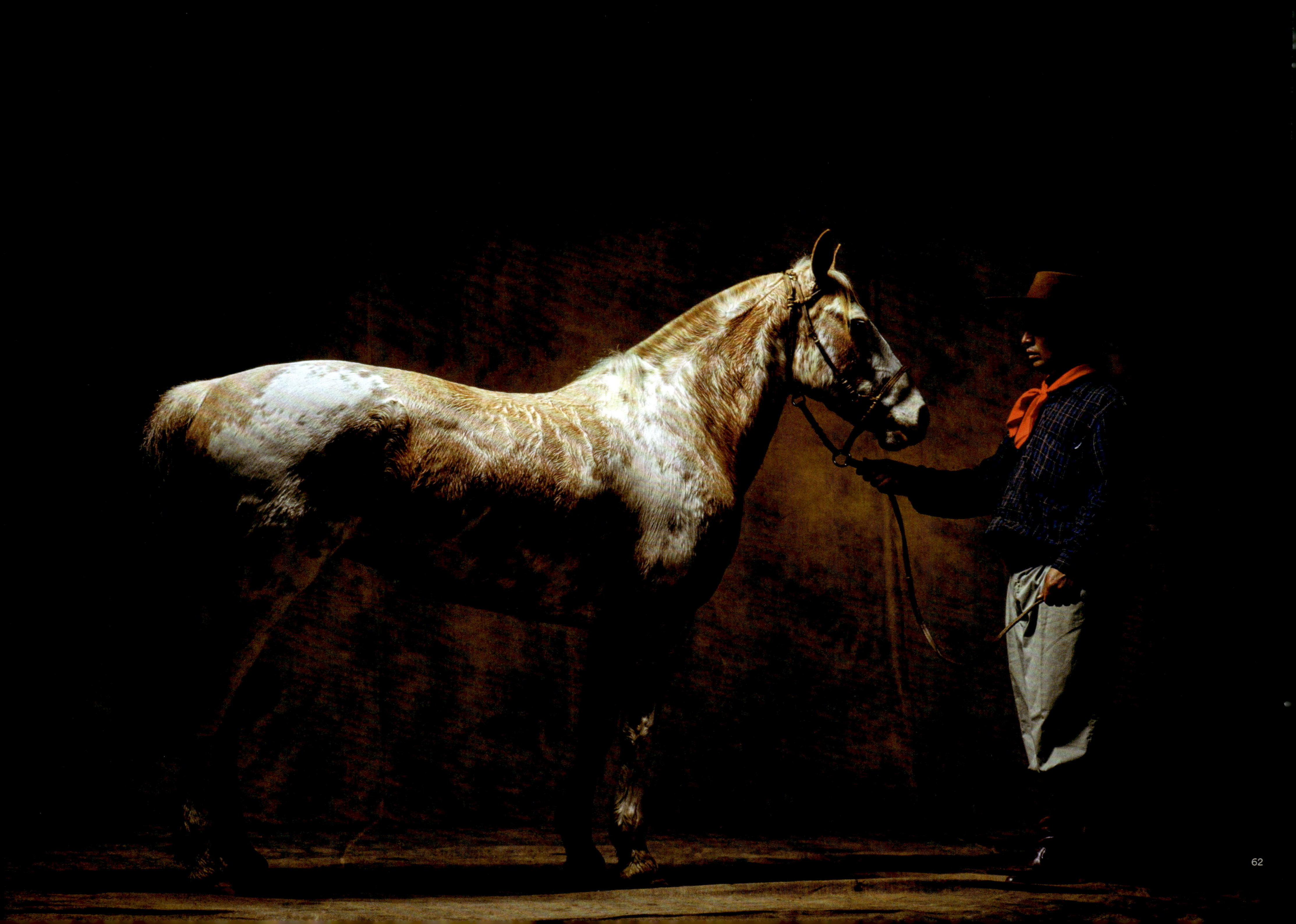

Qu'on s'interroge sur ta faculté
immense à coopérer.
Qu'on ne la juge jamais acquise.
Qu'on soit reconnaissant pour
la force que tu nous prêtes.
Pour la délicatesse qui te caractérise.
Qu'on te traite en retour comme
un compagnon précieux.
Qu'on t'honore, qu'on te choie.
Mais surtout, qu'on respecte
ta nature d'équidé, d'herbivore
des plaines sociable.
Qu'on te laisse vivre ta vie de cheval.

Un,
deux,
trois,
quatre.
La bonne distance.
La juste distance qui te sépare
de l'obstacle. Tu prends ton élan.
C'est ton garrot qui s'élève au plus haut.
Impulsion. Plus aucun membre
ne touche le sol. Moi au plus près
de l'horizontale que forme ton corps.
Les sabots antérieurs repliés sous
ta masse ont déjà franchi la barre.
Nos regards convergent, loin.
Les oreilles sont pointées.
Tu amorces la réception. Postérieurs
déployés haut. Et déjà, en quelques
foulées, nous voilà loin. Ramenés au sol.
Et dire que je croyais m'envoler.

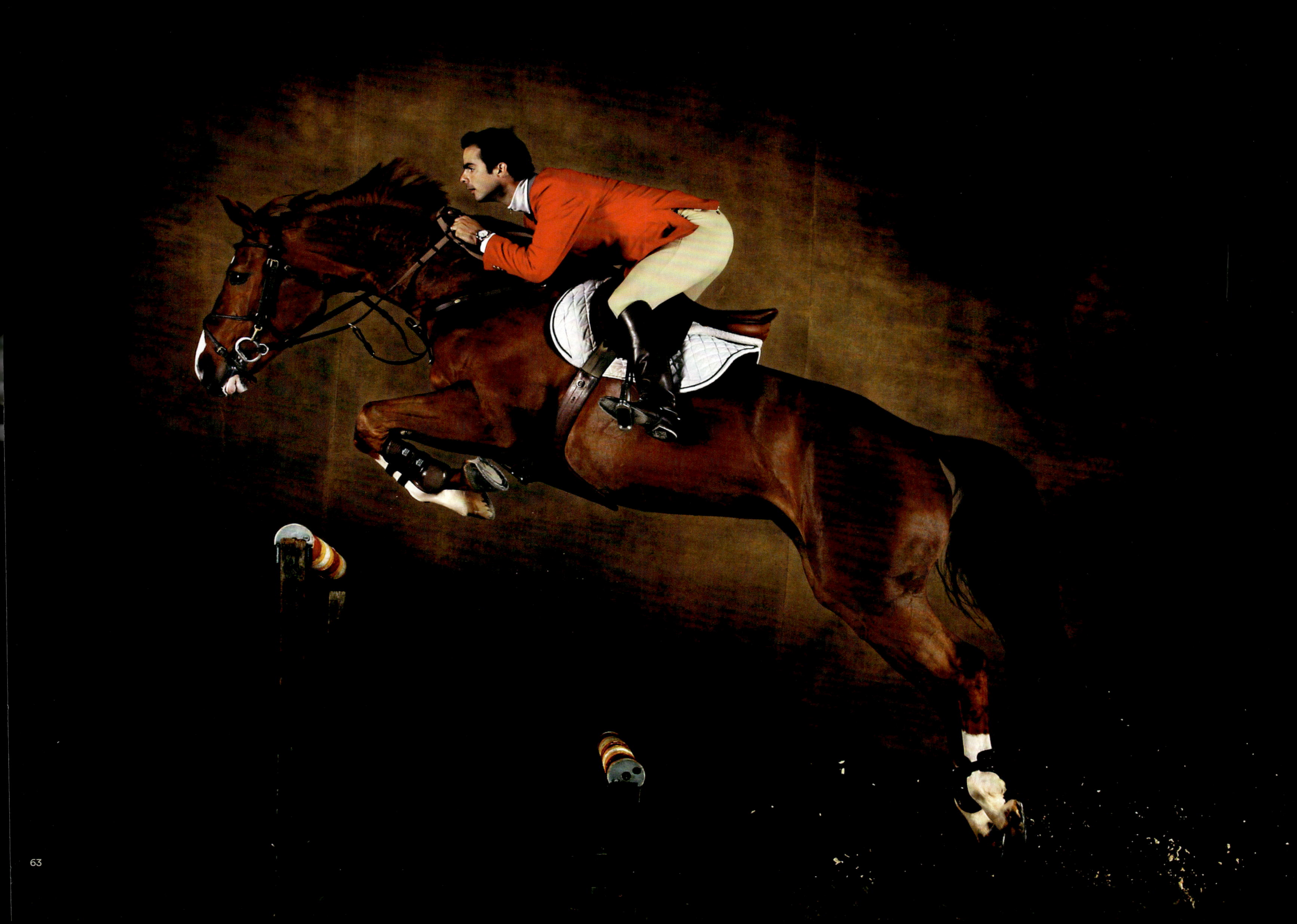

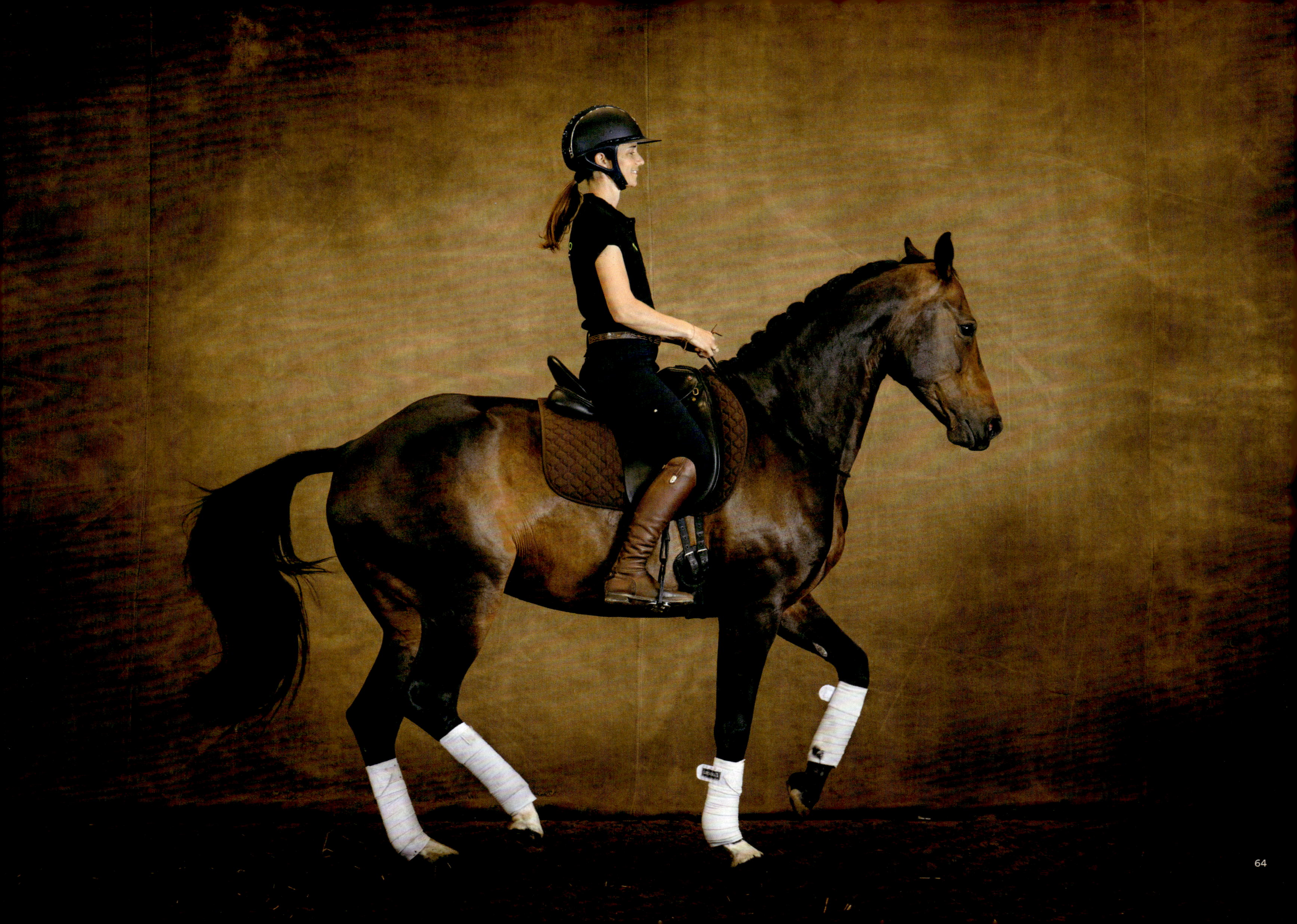

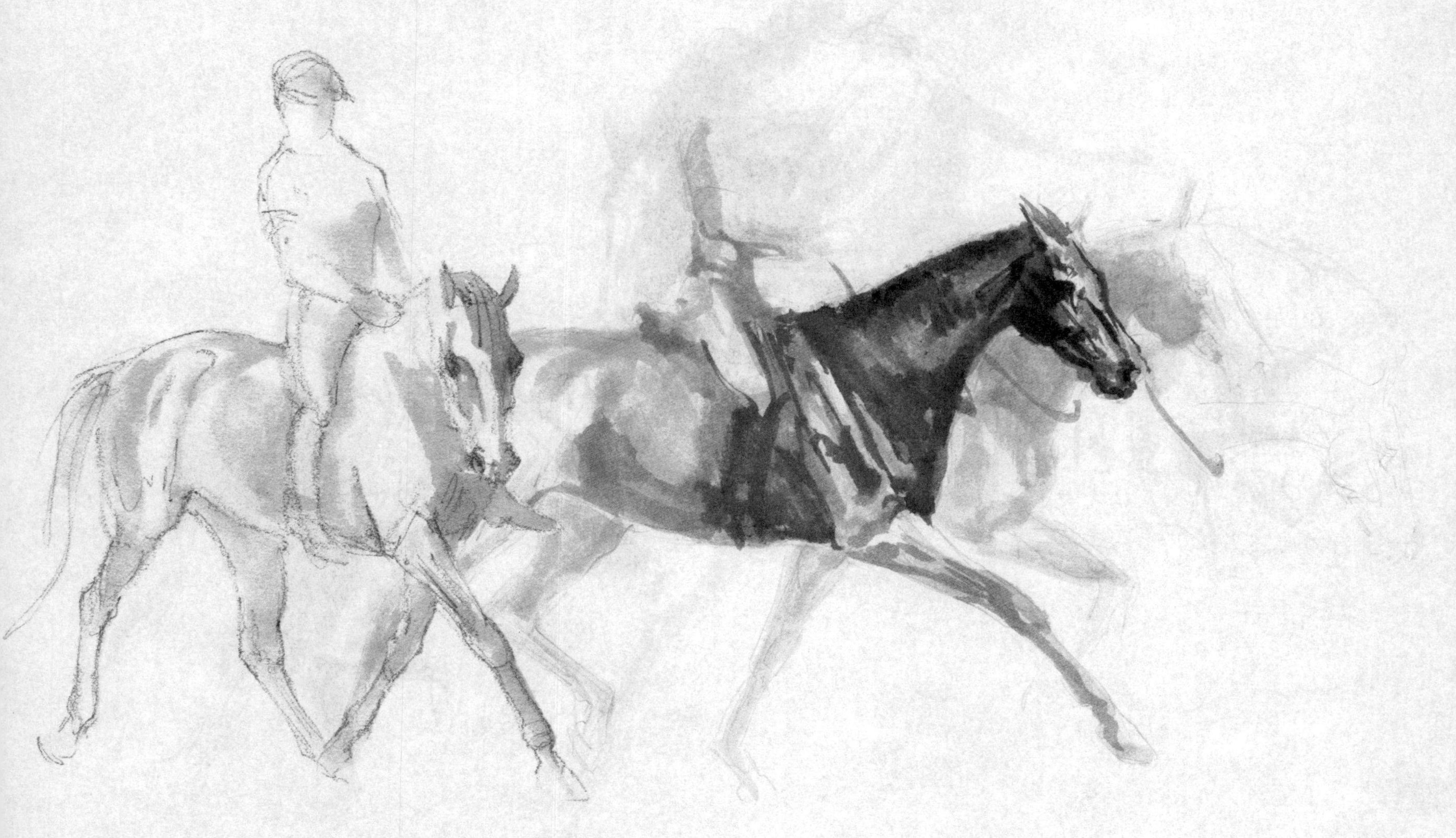

Chercher la progression vous mènera à la perfection.

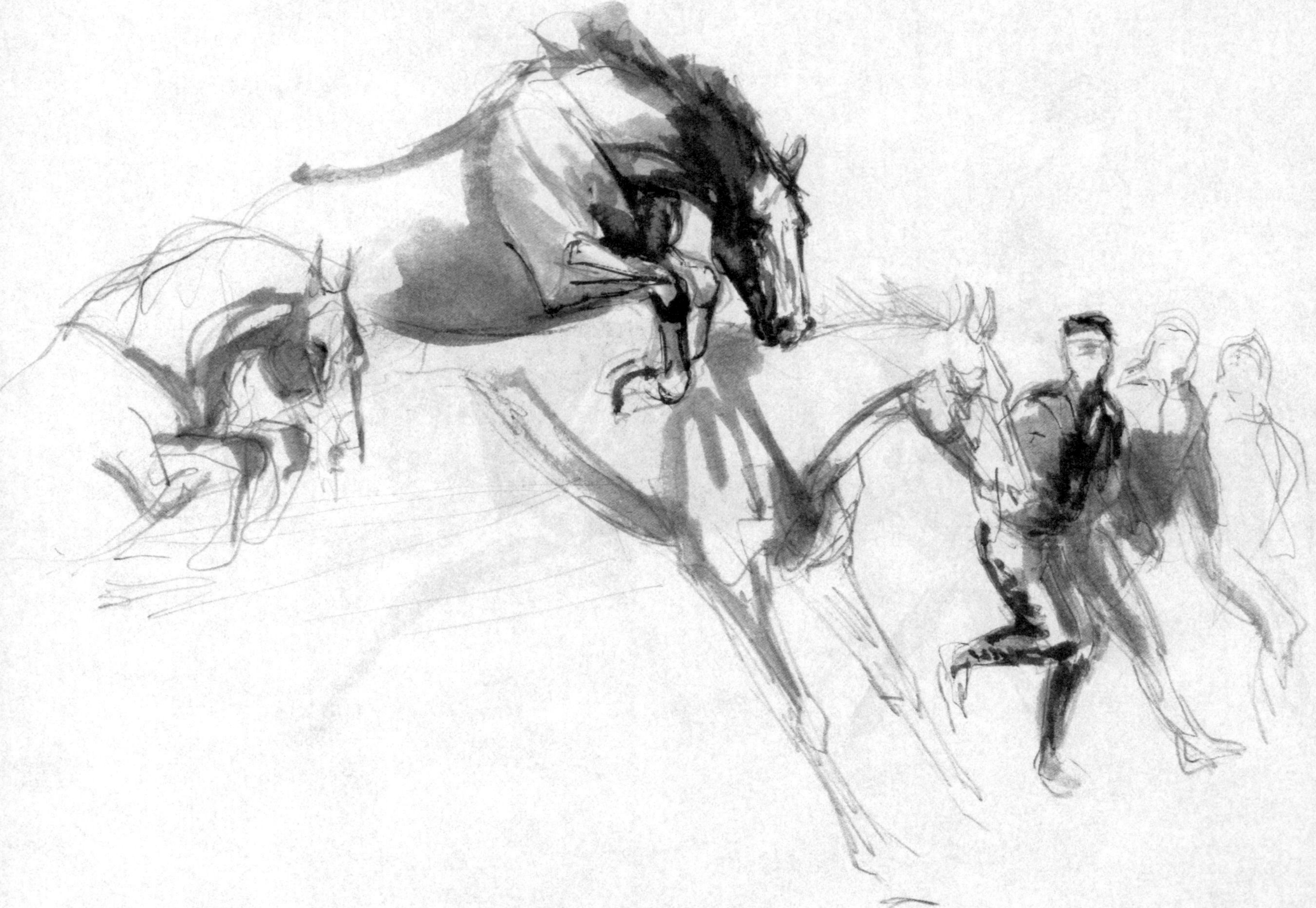

Suivre une sensation.

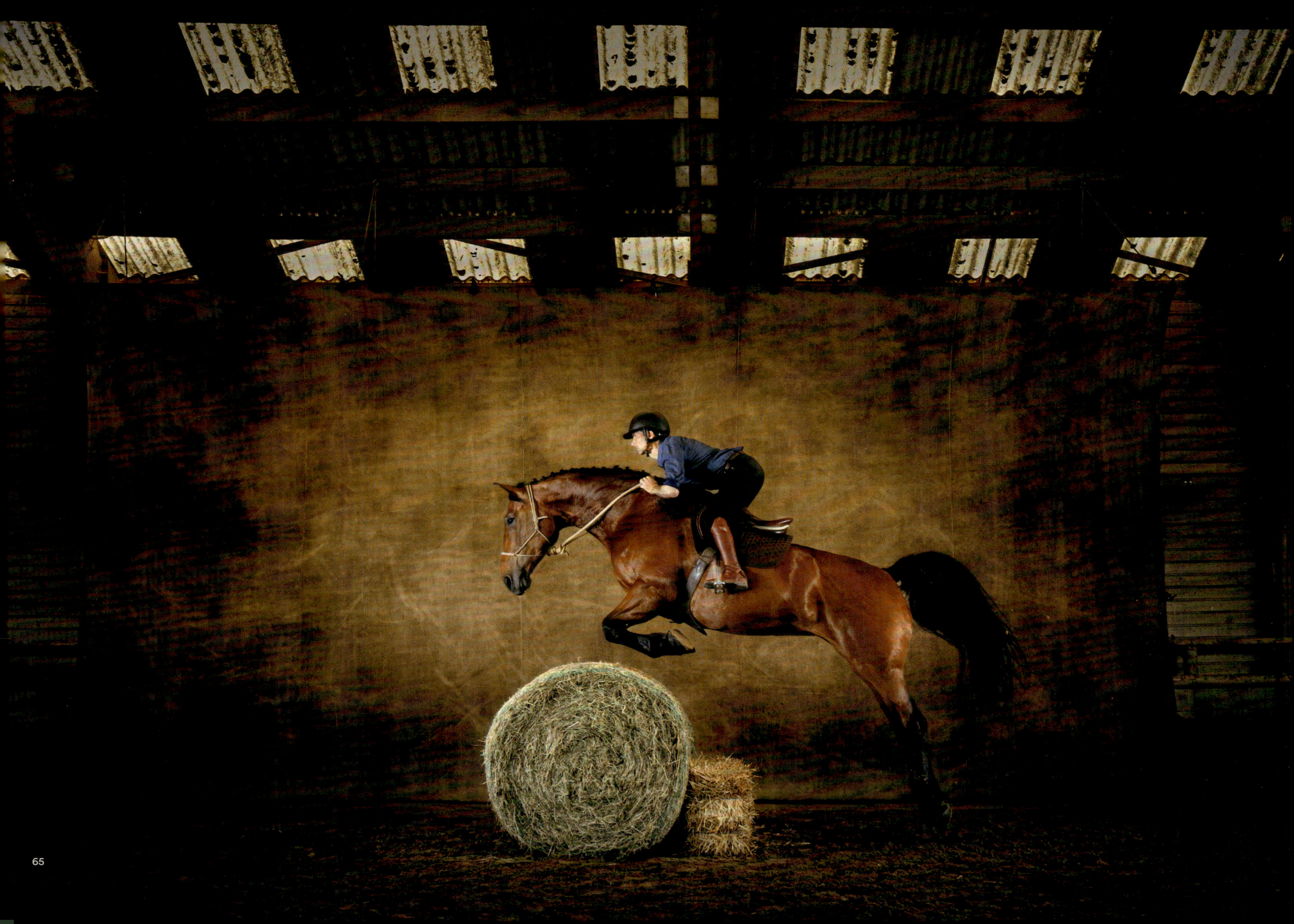

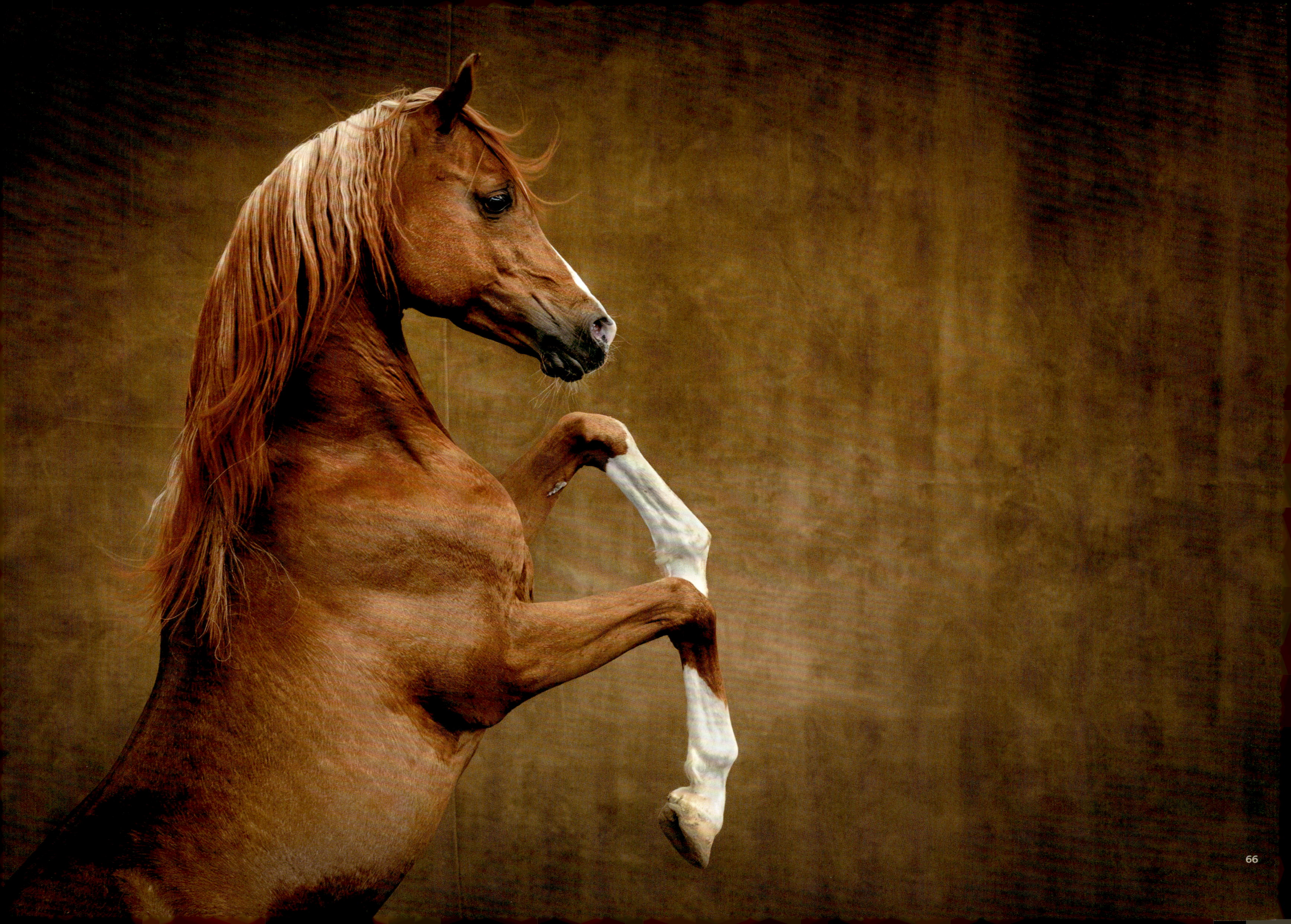

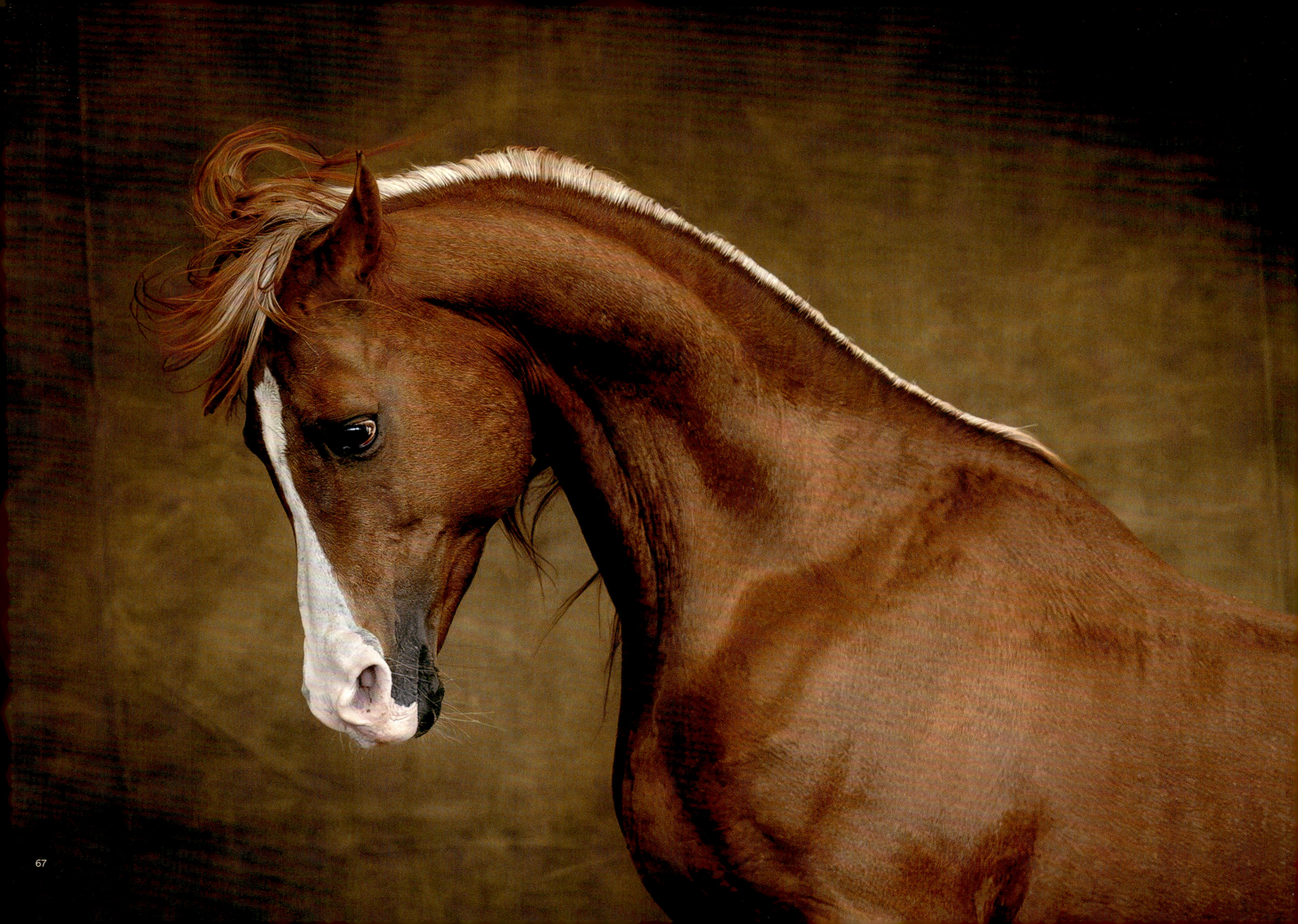

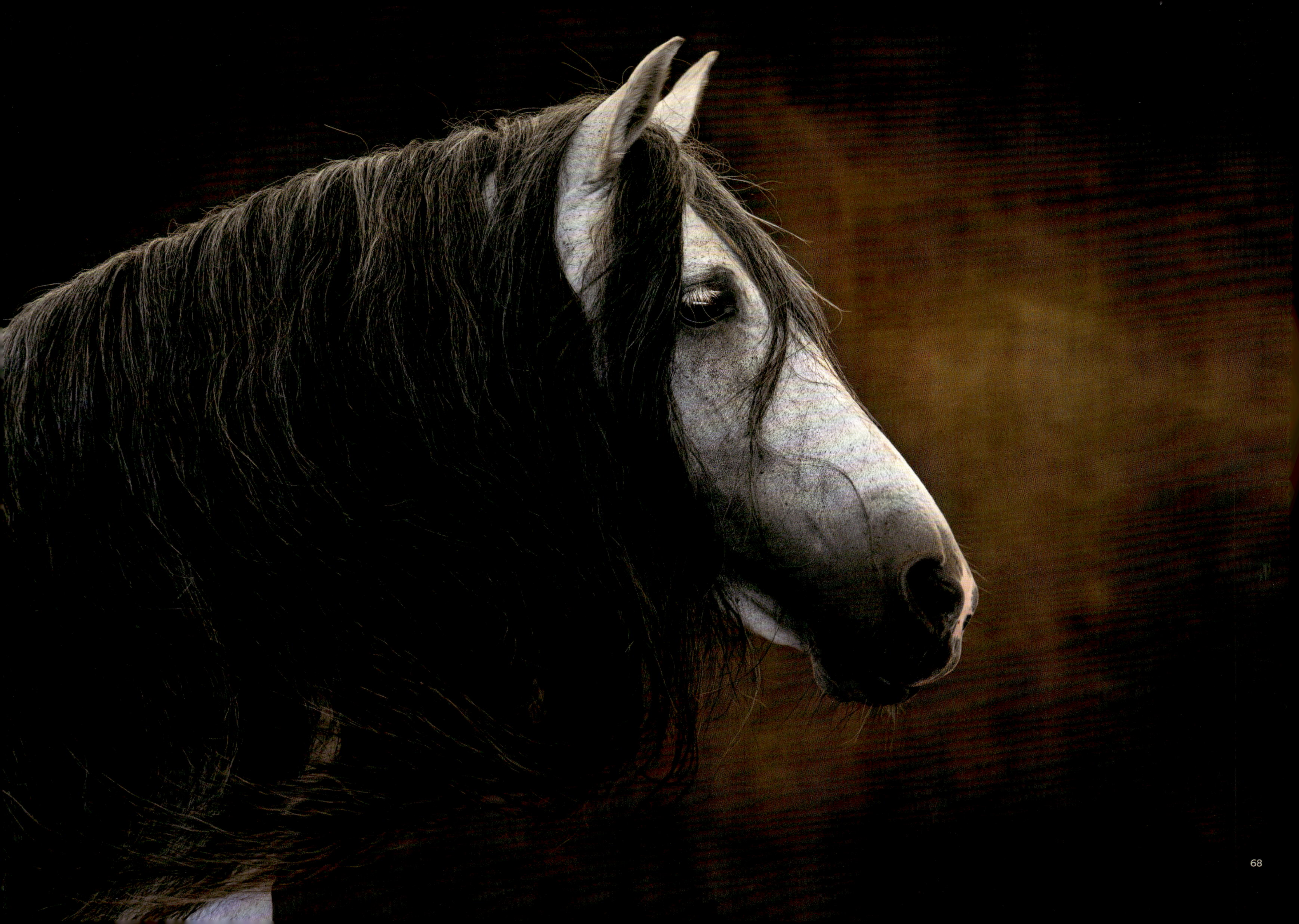

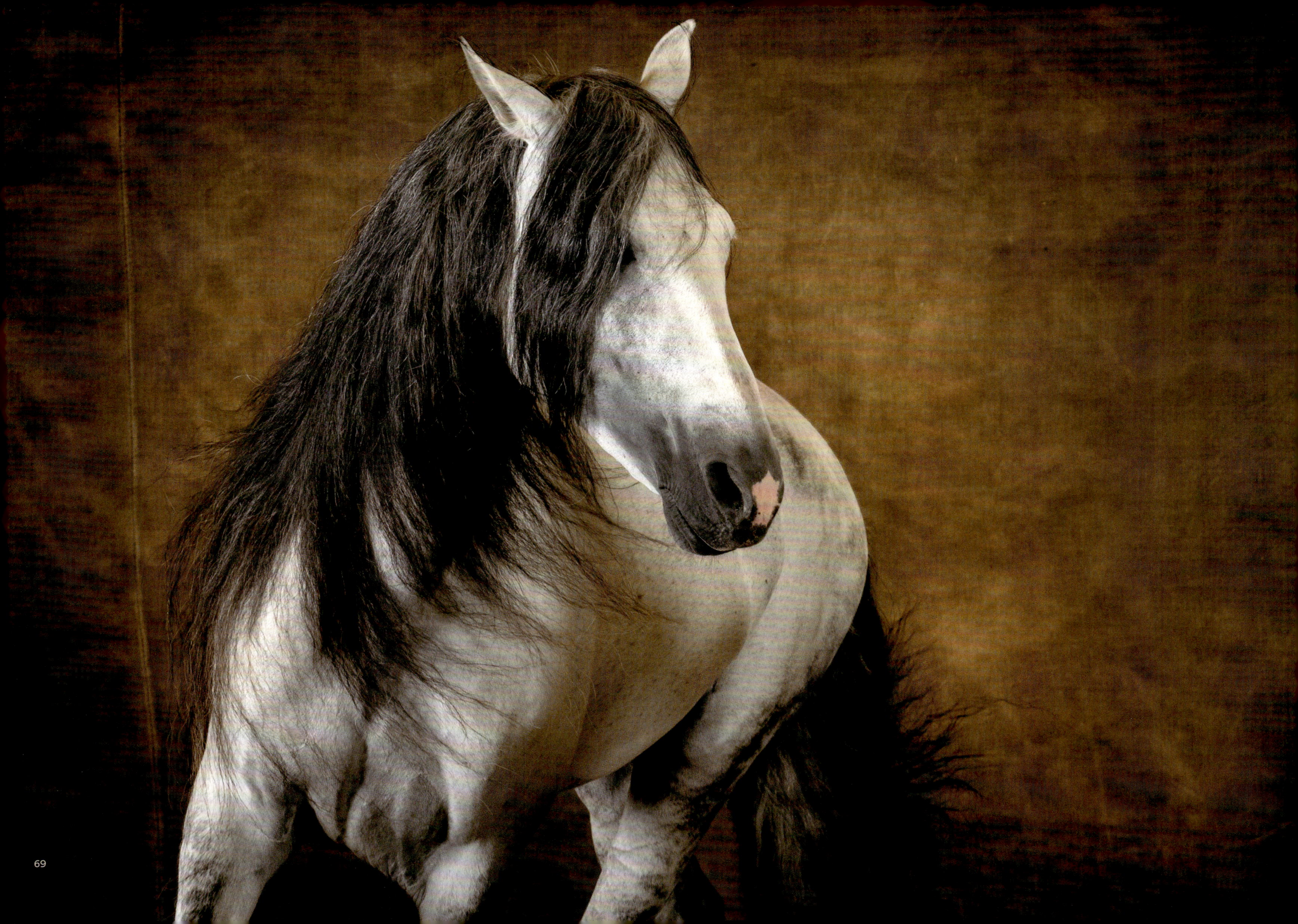

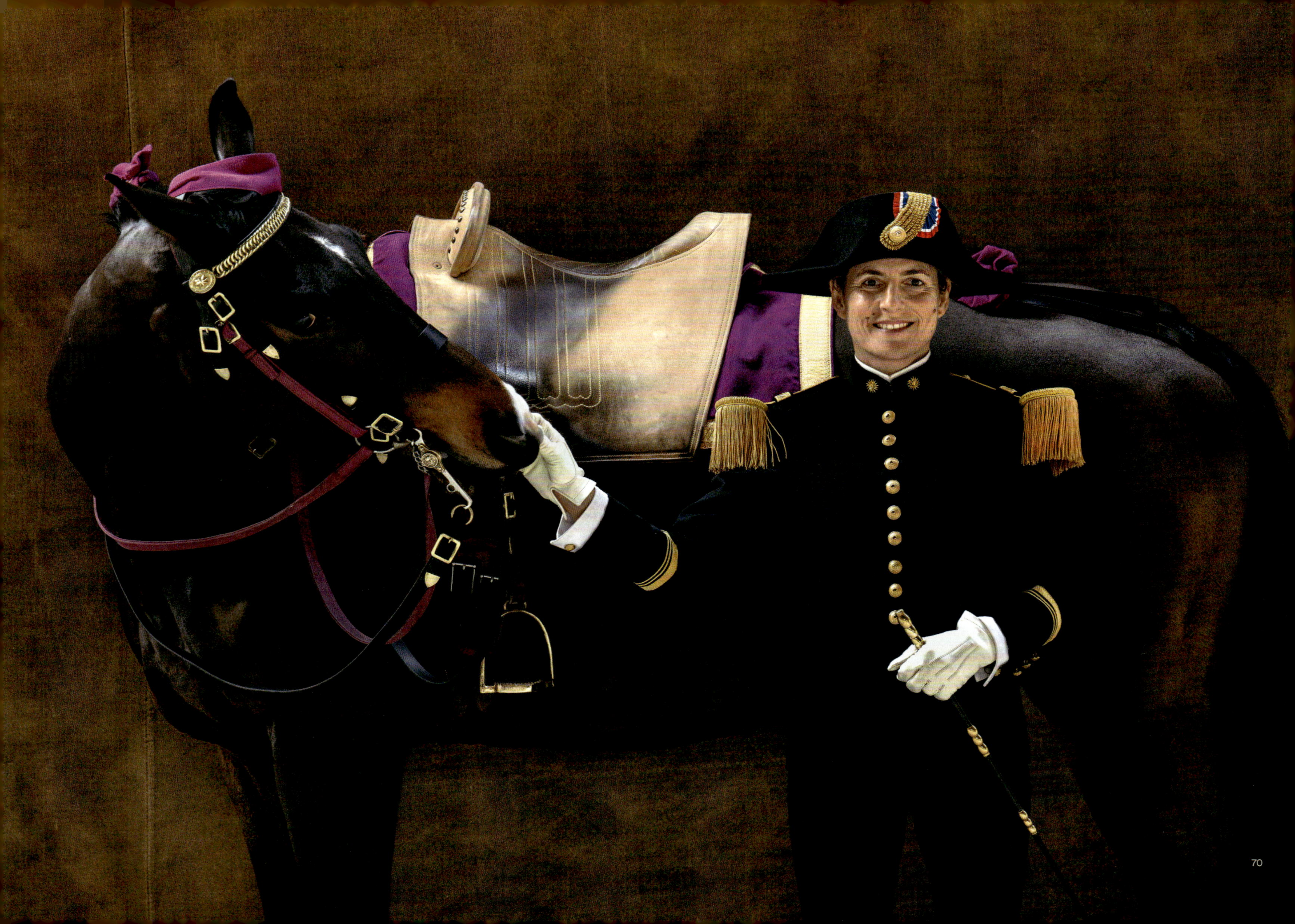

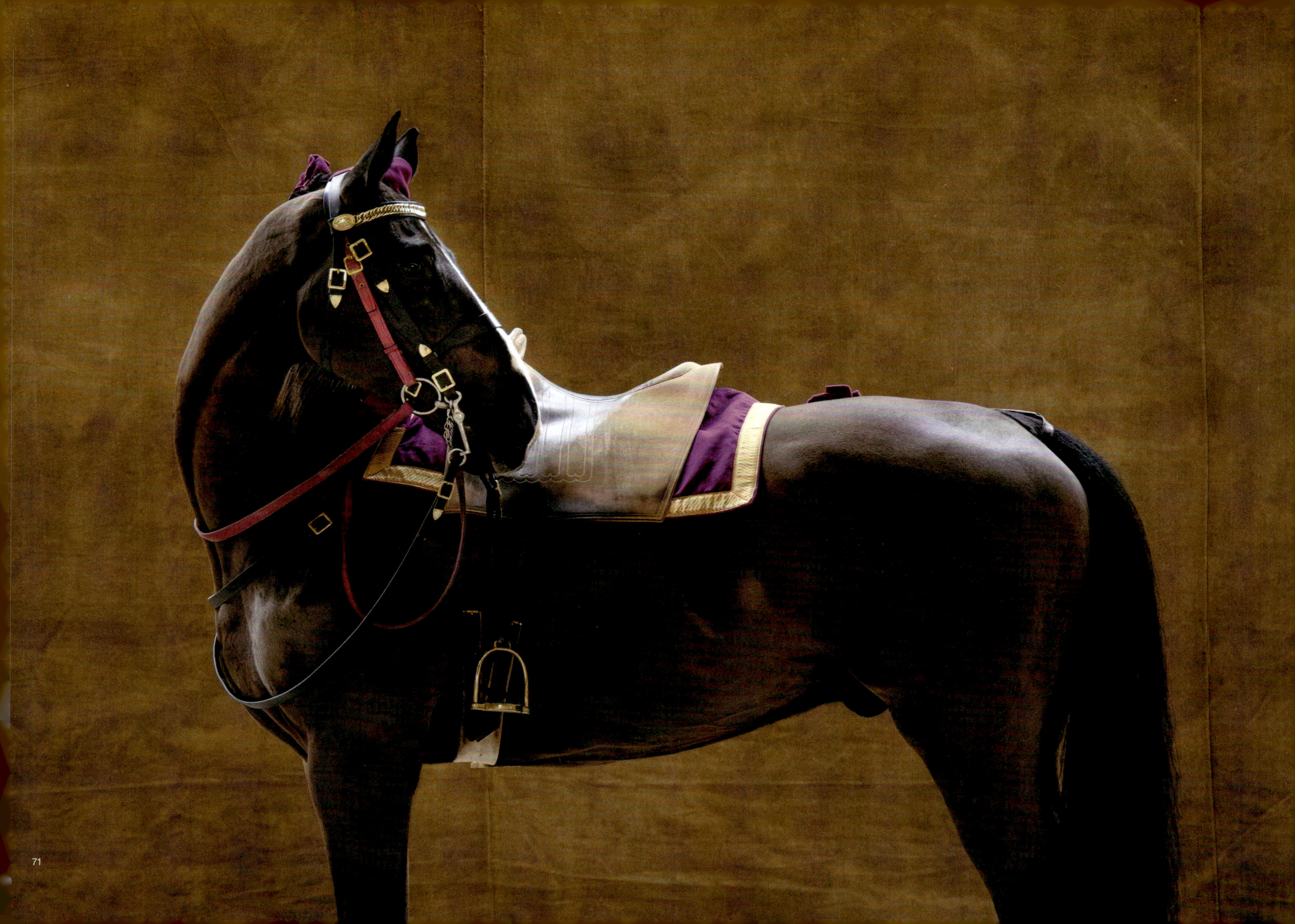

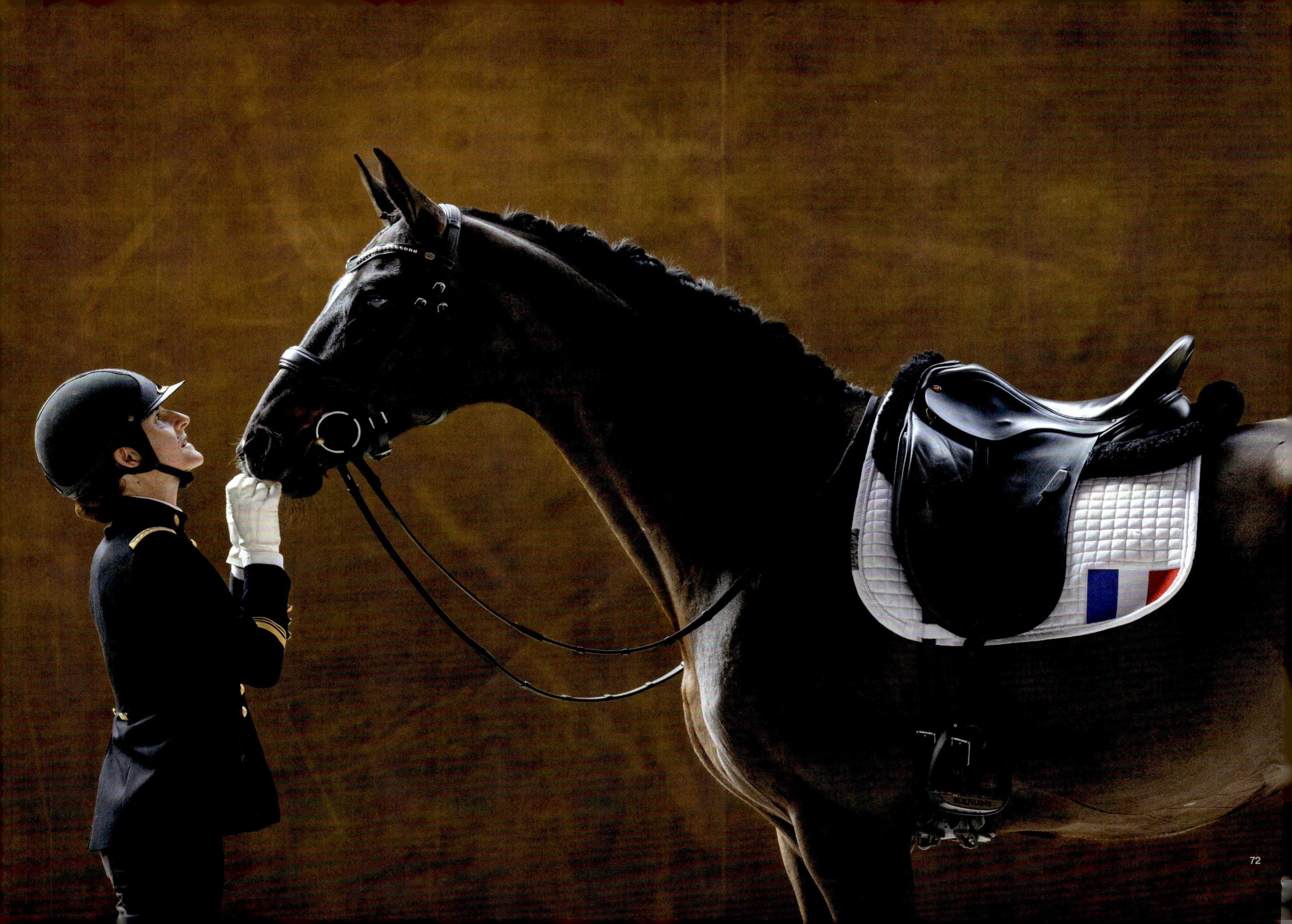

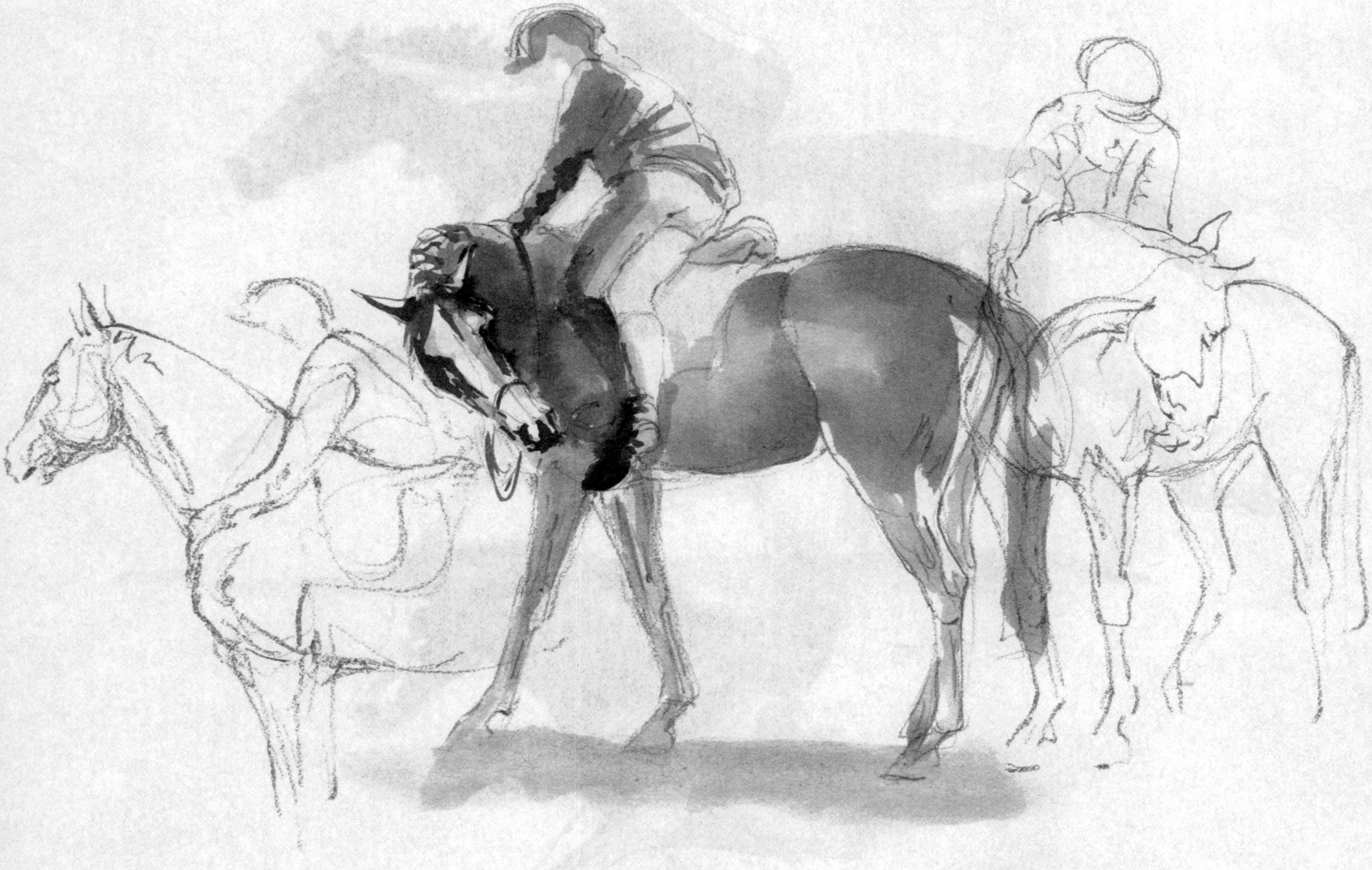

Croyez en votre cheval, ainsi il peut croire en vous.

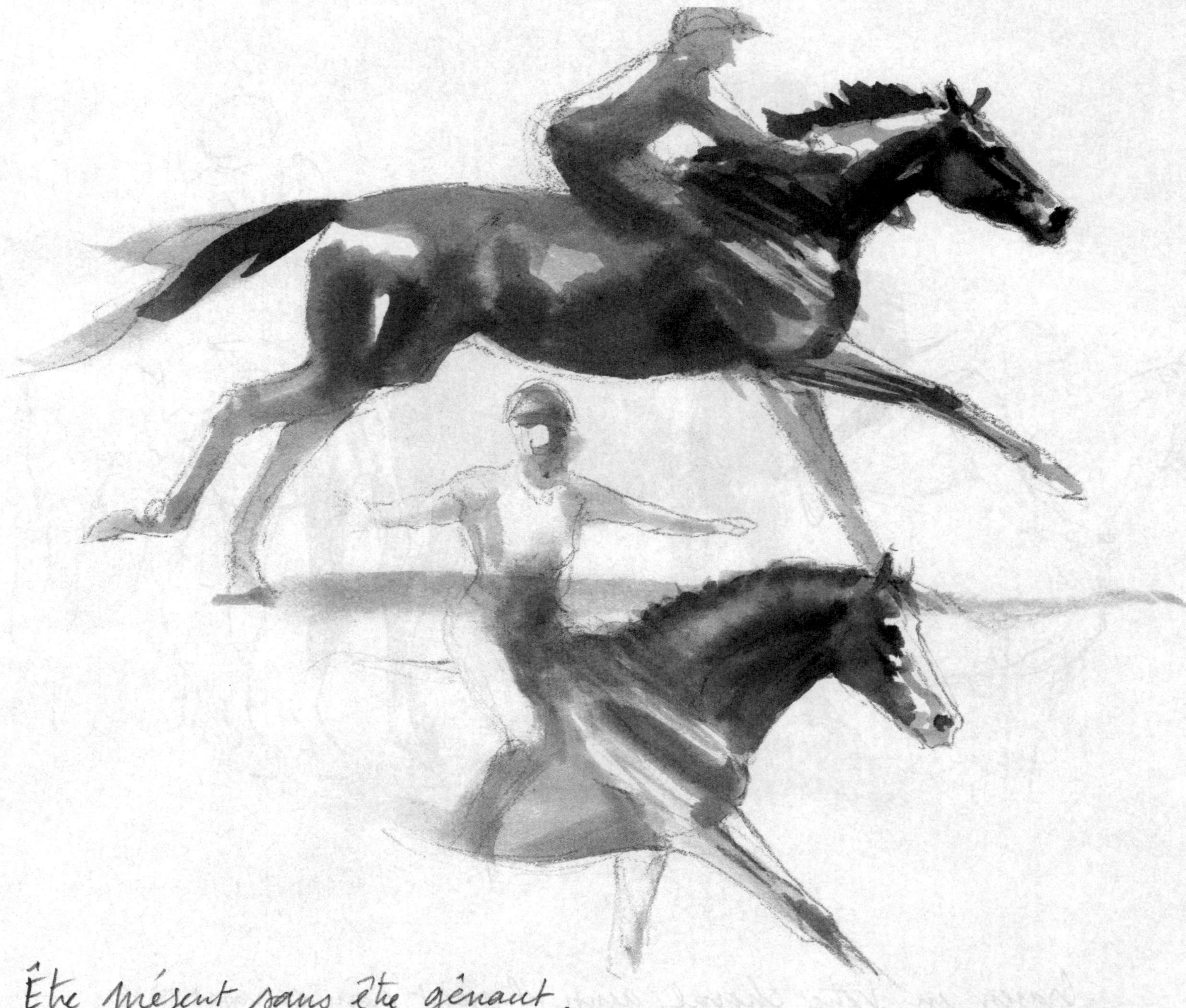

Être présent sans être gênant.

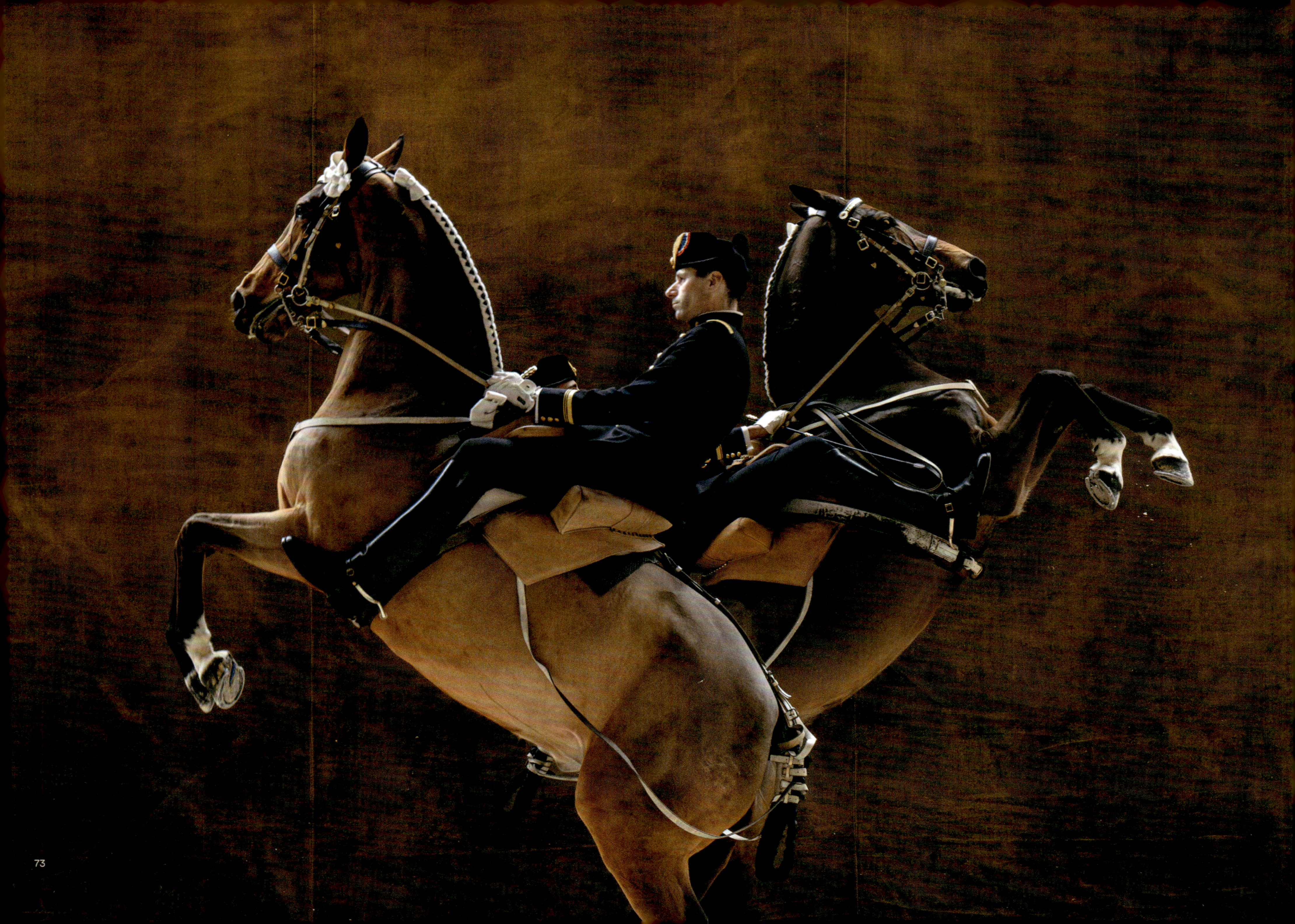

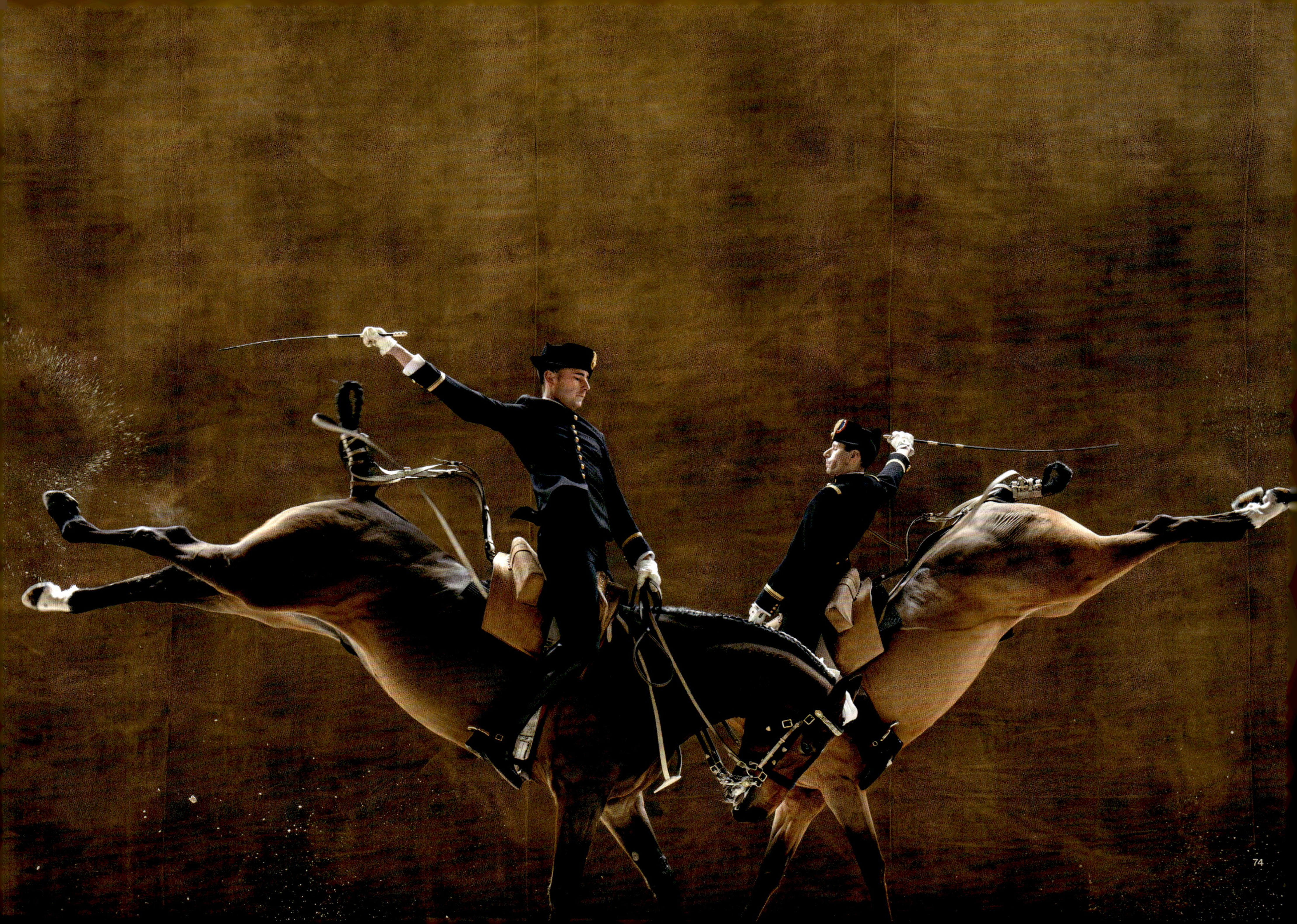

Ce que l'on nomme assiette,
l'art de faire corps, une qualité
d'équilibre en mouvement.
La nature même de l'équitation.
Prenez cette étrange situation.
Un animal en chevauche un autre,
lui enjoignant de se mouvoir dans
une direction, une allure et une posture
données. Et le bassin du cavalier,
ses fesses, ses cuisses, au contact
de l'animal, tout son corps
accompagnant le balancier. Ce que
l'on nomme une bonne assiette.
La propension d'un corps à épouser
le mouvement d'un autre avec fluidité.

C'est plus qu'un binôme,
un corps hybride,
un cheval-homme,
silhouette dans la pampa,
la steppe, sur une piste de dressage,
dans un champ de labour.
Un humain et un équidé qui,
se rencontrant un jour,
font corps, œuvre et vie commune.

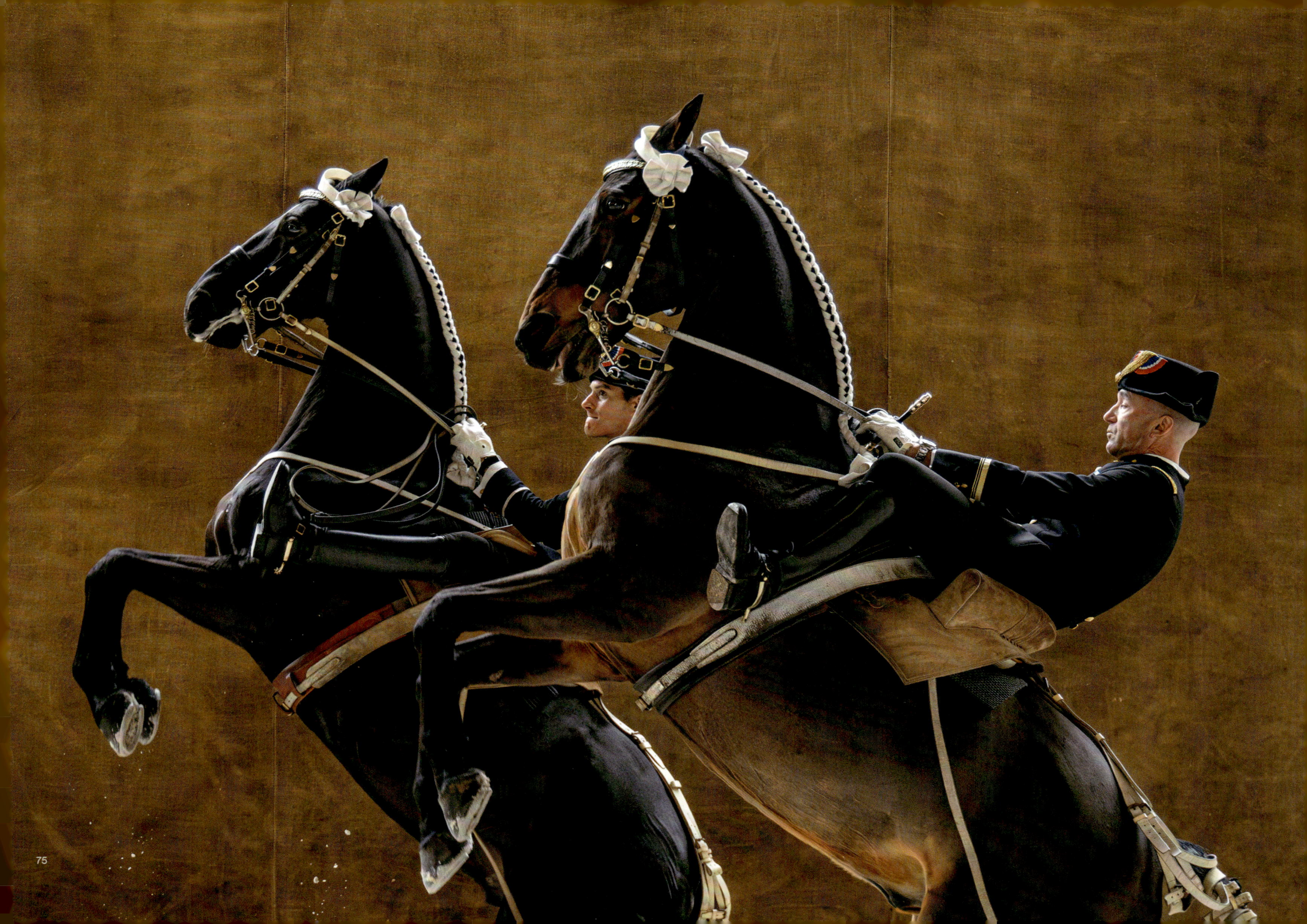

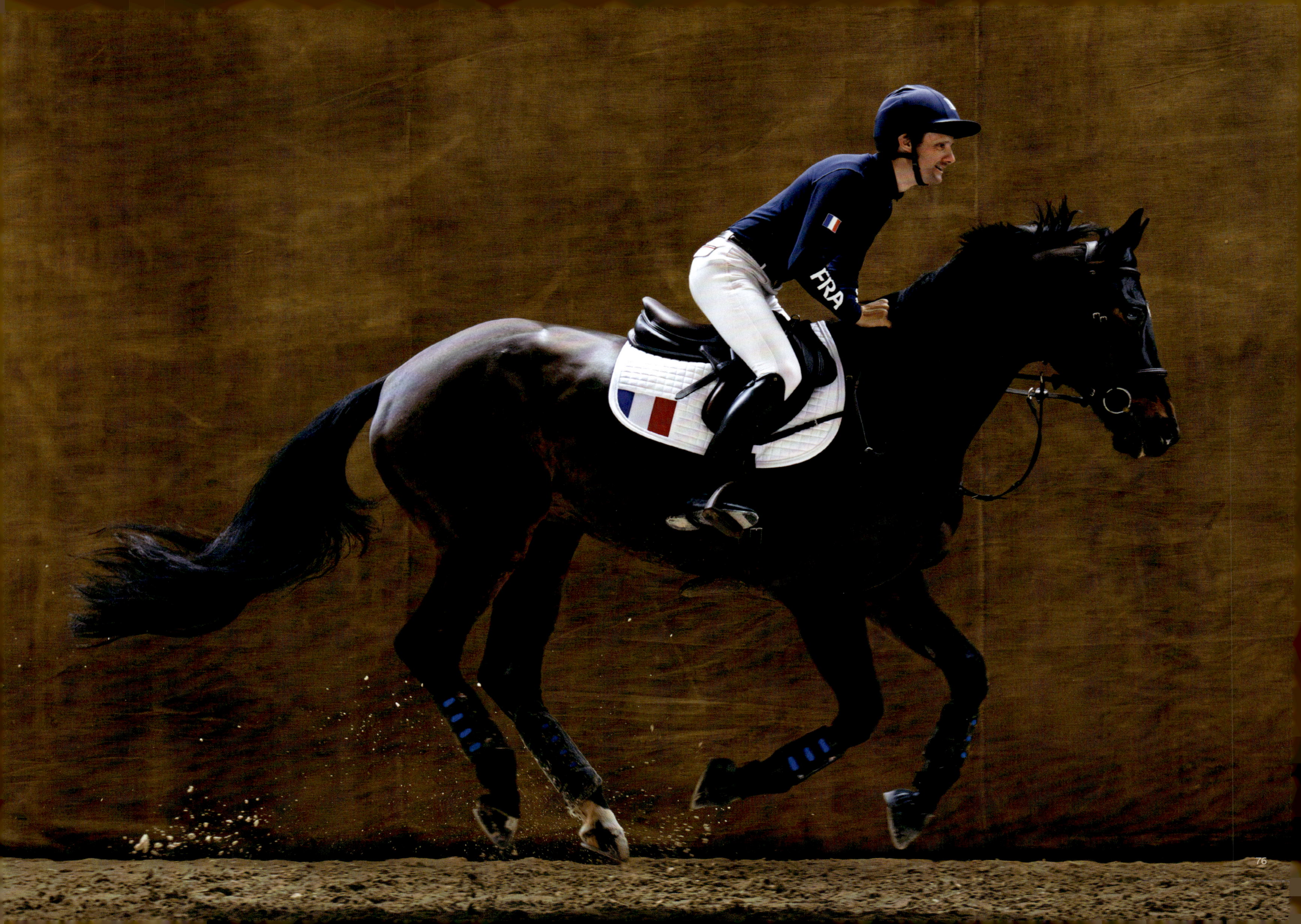
FRA

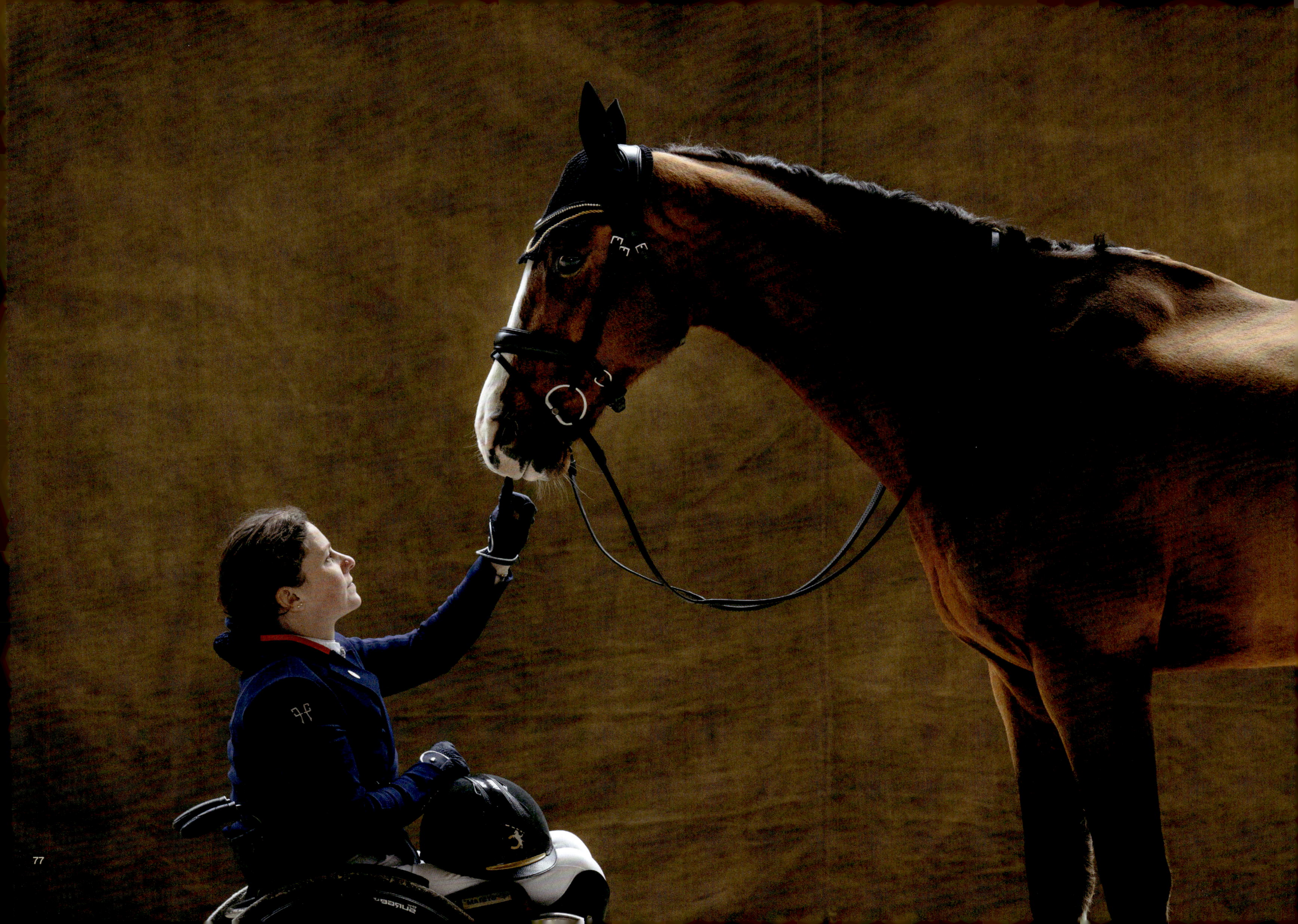

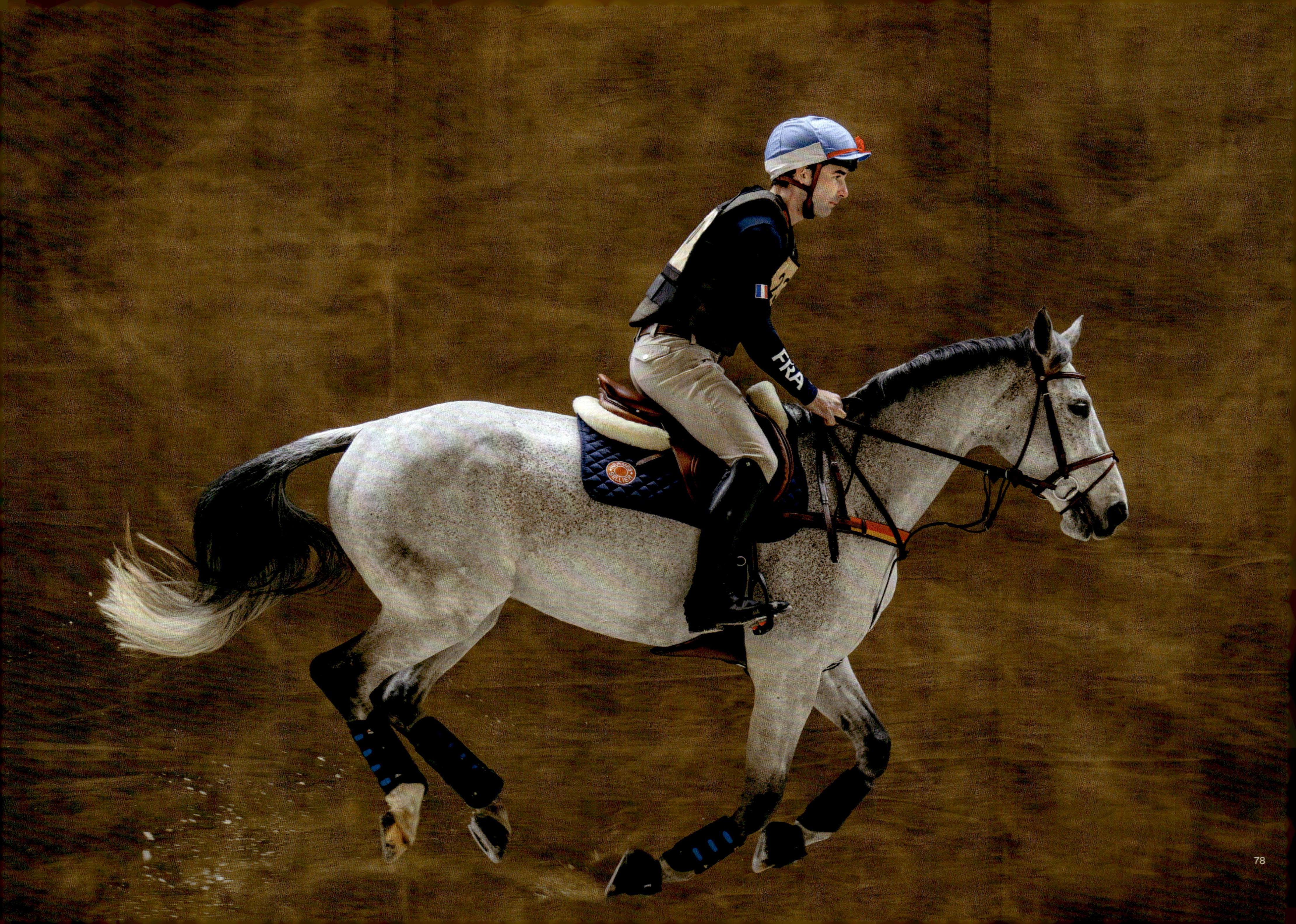
FRA

La relation au cheval est constituée de vertiges et de remises en question, de chutes et de vacillements intérieurs. À pied ou en selle, au propre comme au figuré, ce n'est qu'en acceptant de tomber mille fois et mille fois se relever, de dépasser les peurs et les idées reçues, de se reconnaître ignorant et de s'interroger toujours, que l'on s'en montre digne.

L'horizon de notre histoire, c'est devenir cheval. On dit qu'il y a des hommes de cheval, des femmes de cheval. C'est inexact. Il y a aussi des hommes-chevaux, des femmes-chevaux, ceux qui, s'investissant auprès des équidés, ont brouillé les limites de leur identité. Se sont escrimés à voir cheval, sentir cheval, bouger cheval, si bien que leurs gestes, leurs sensations, leur regard sur le monde en sont bouleversés.
Devenir cheval, consentir à oublier un peu l'humain en soi.

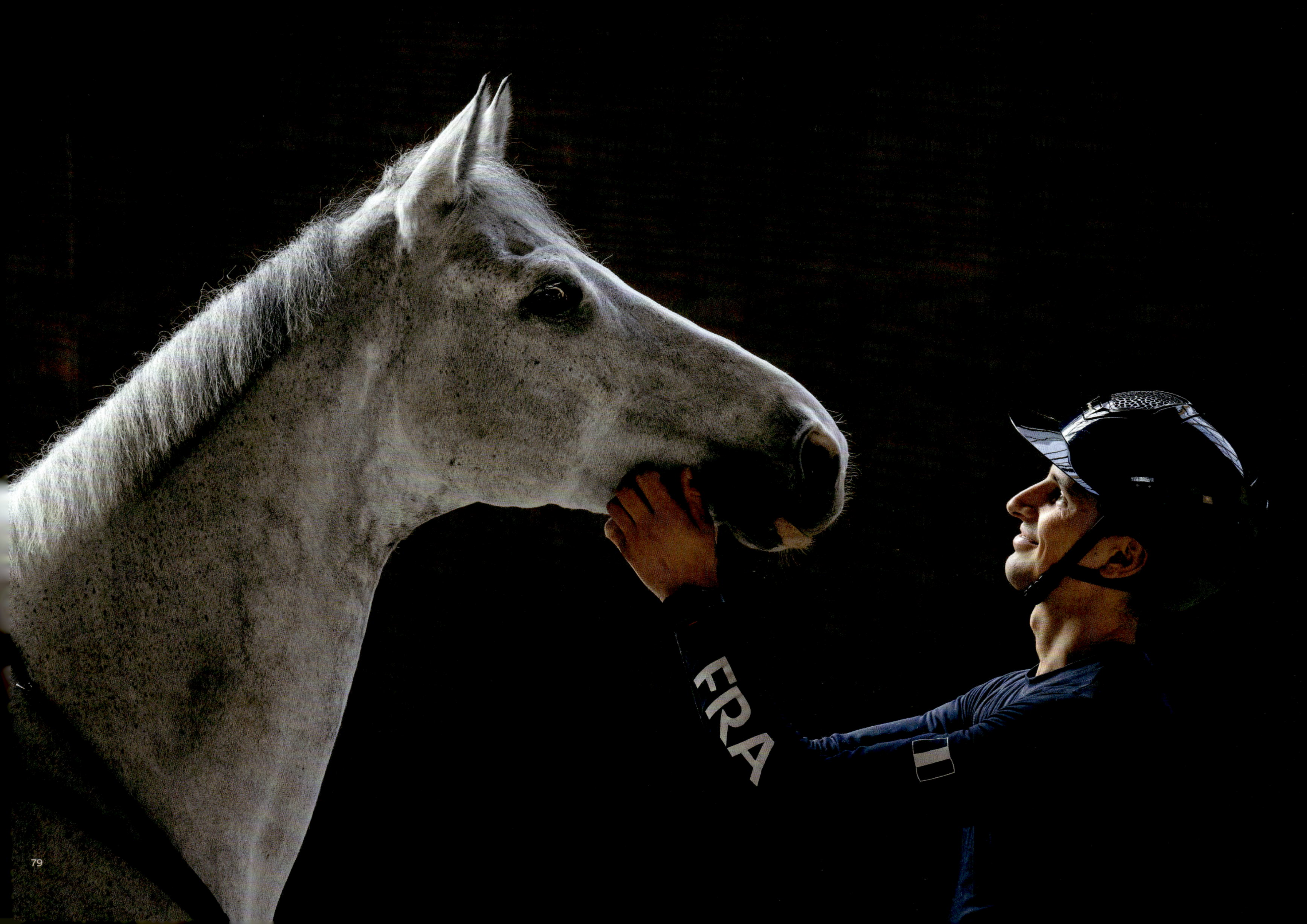
FRA

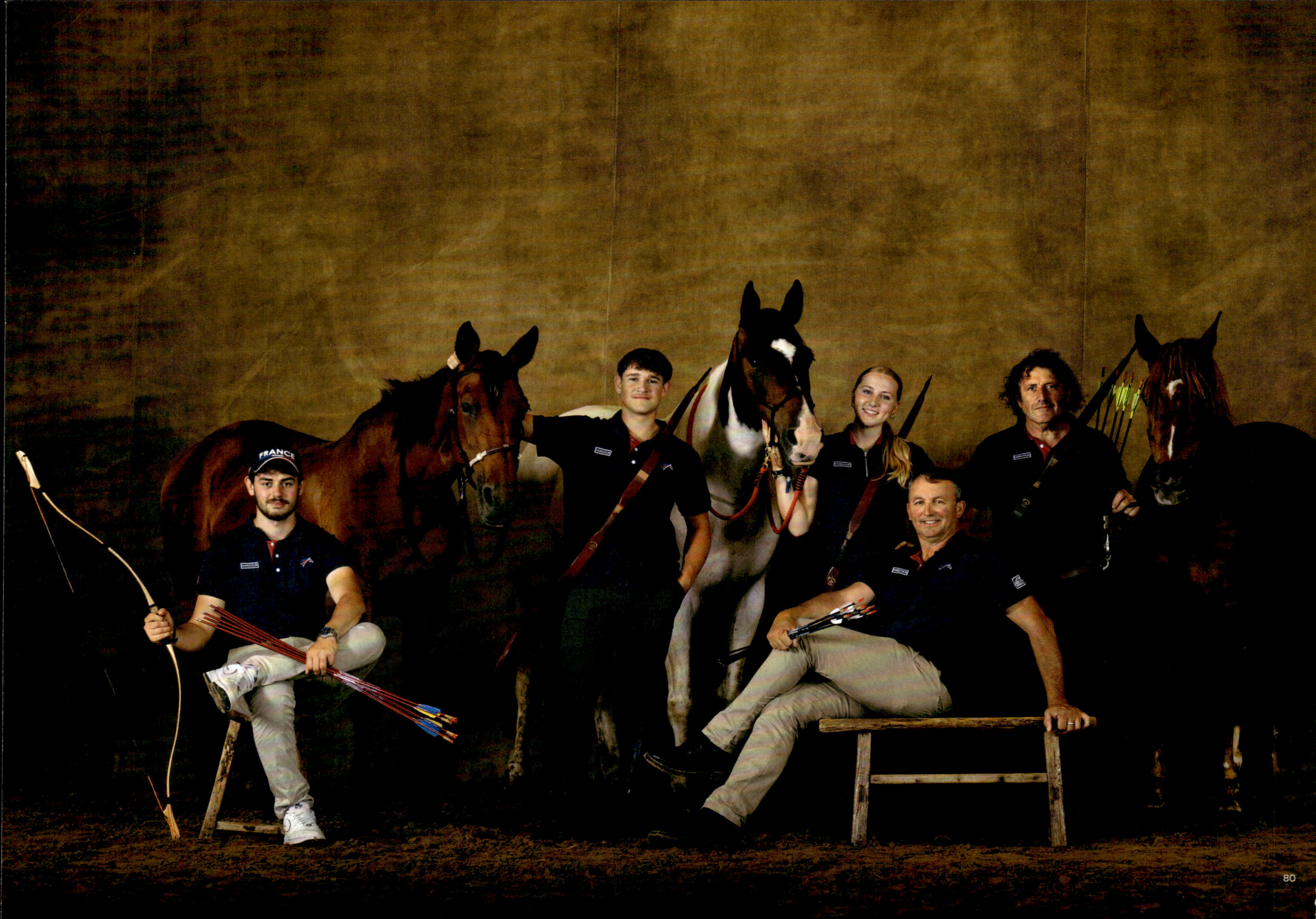
FRANCE

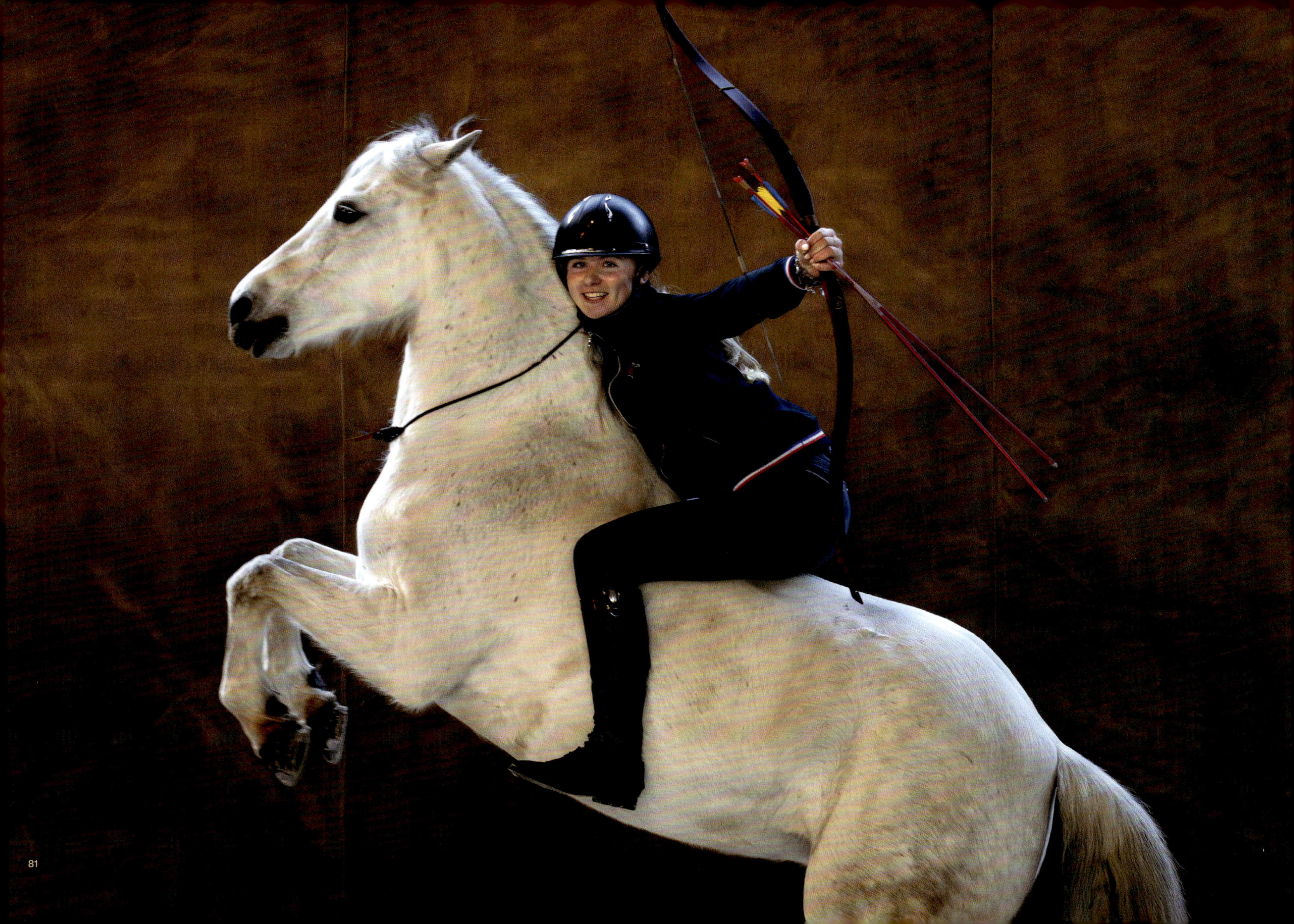

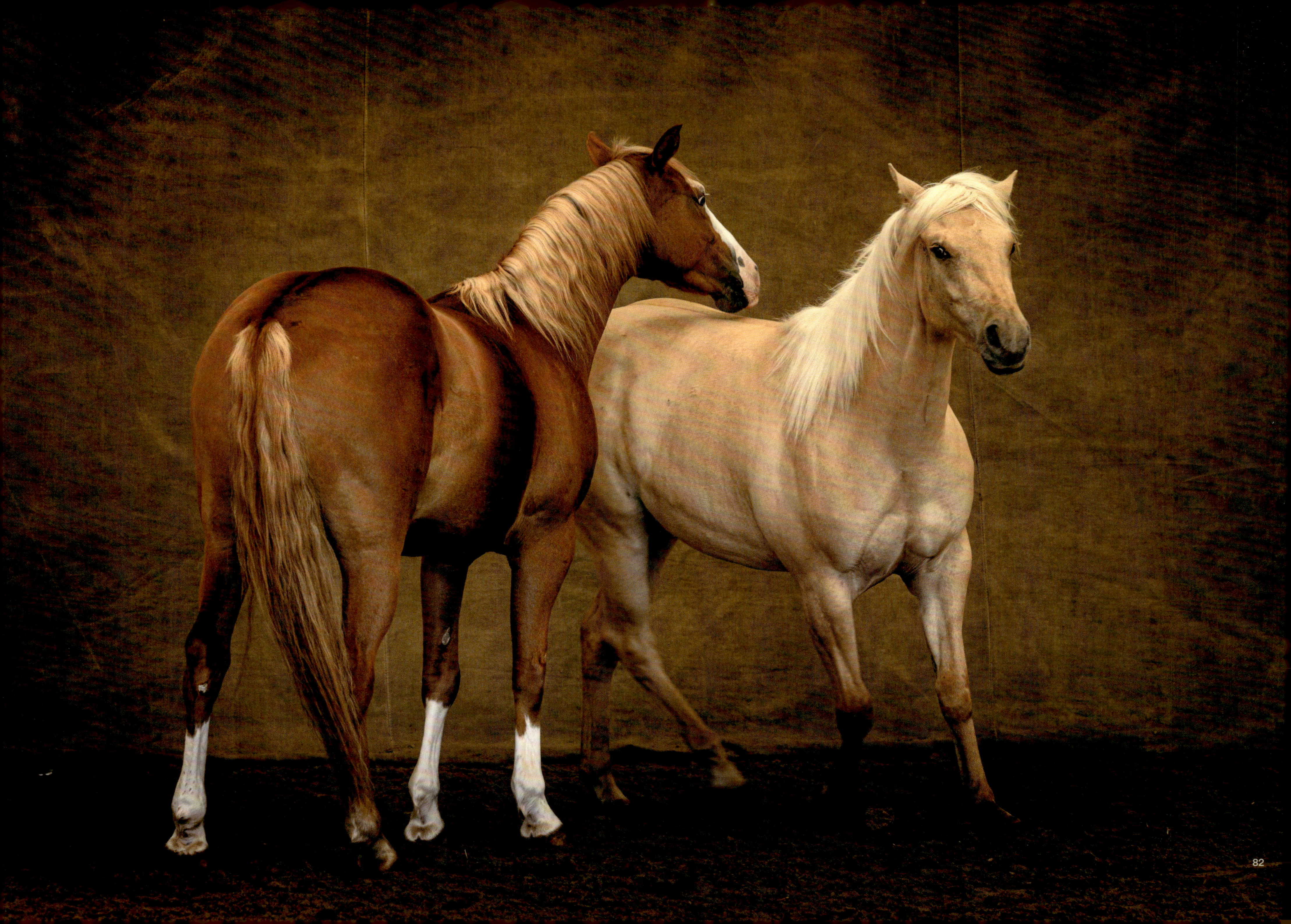

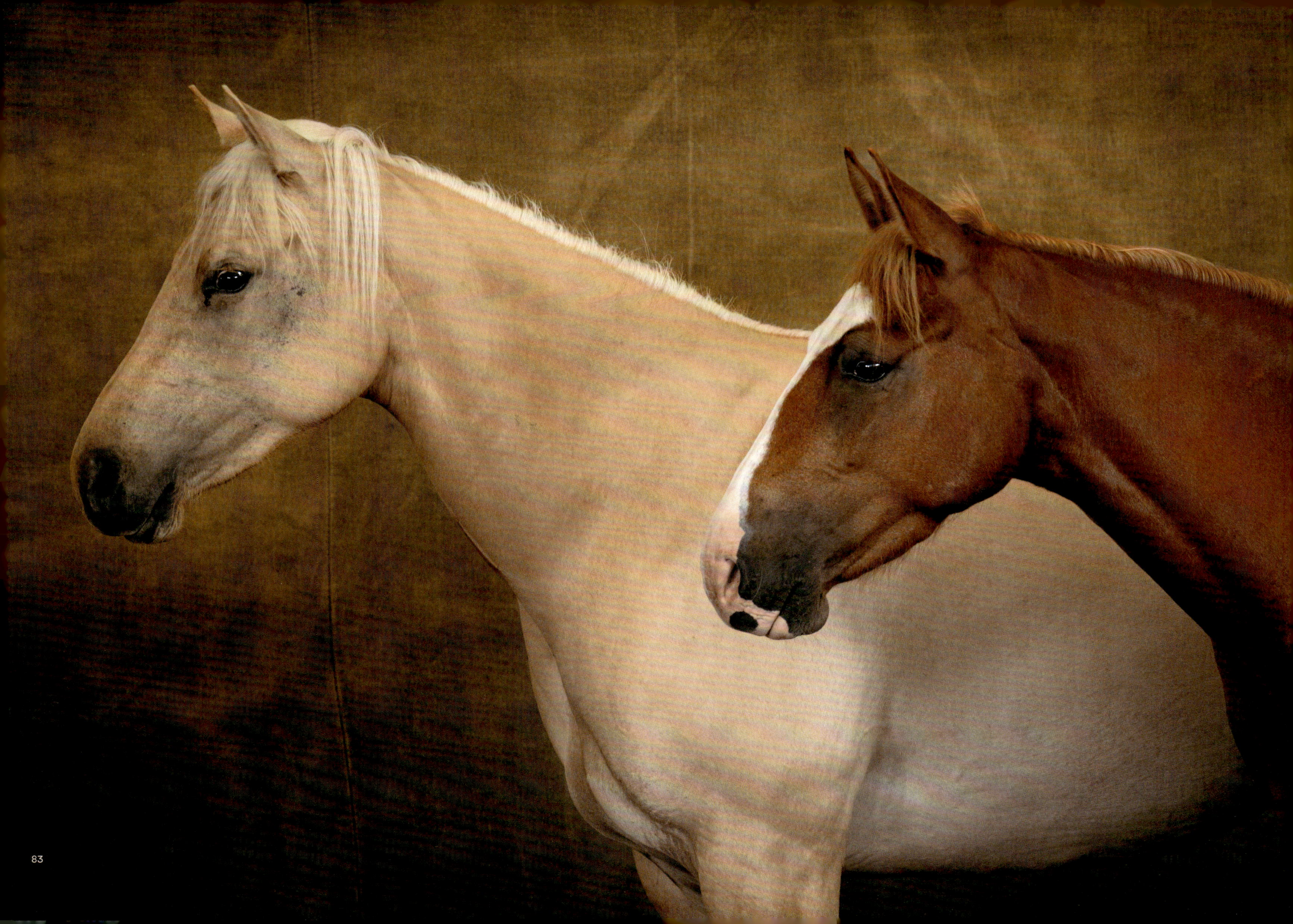

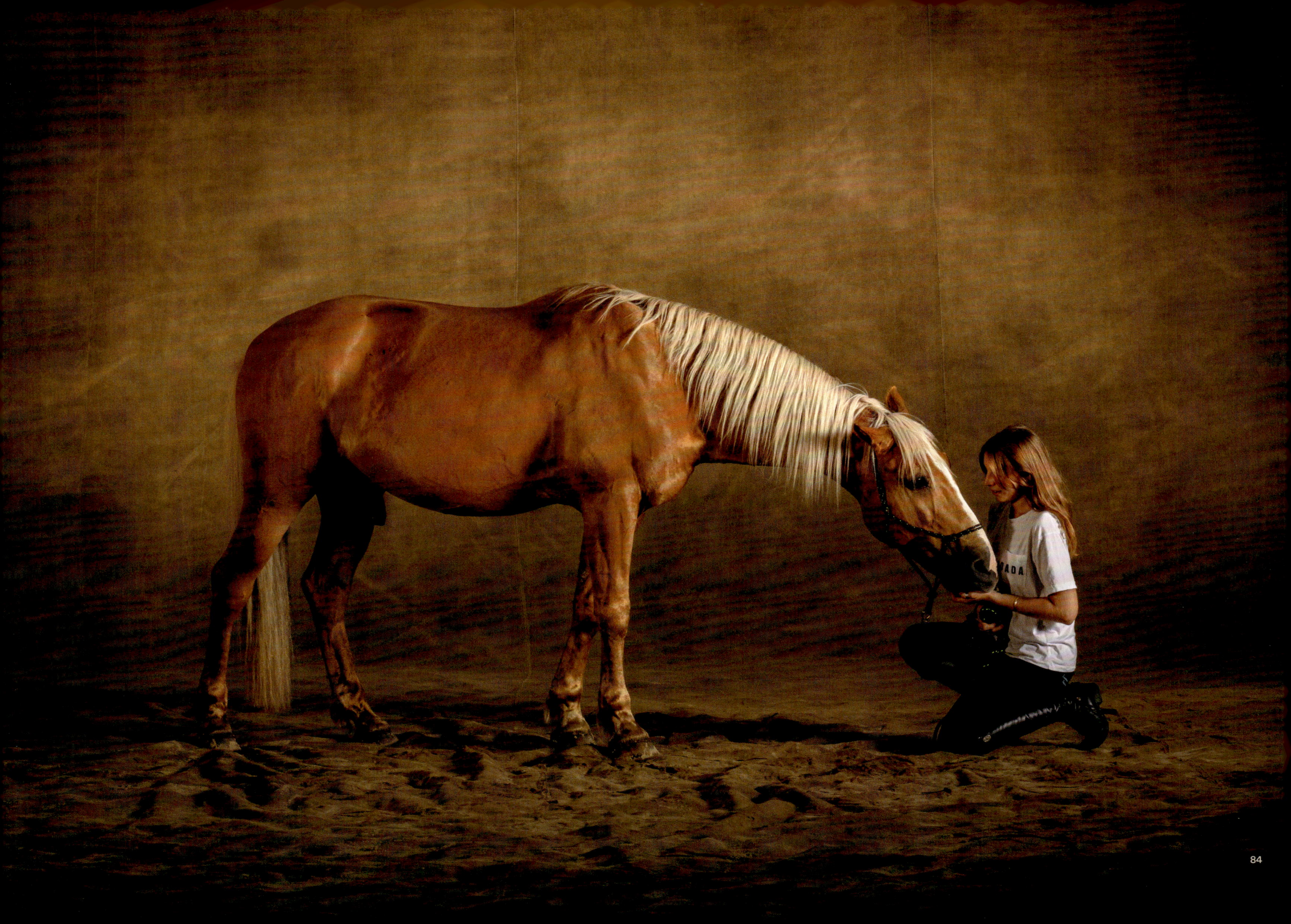

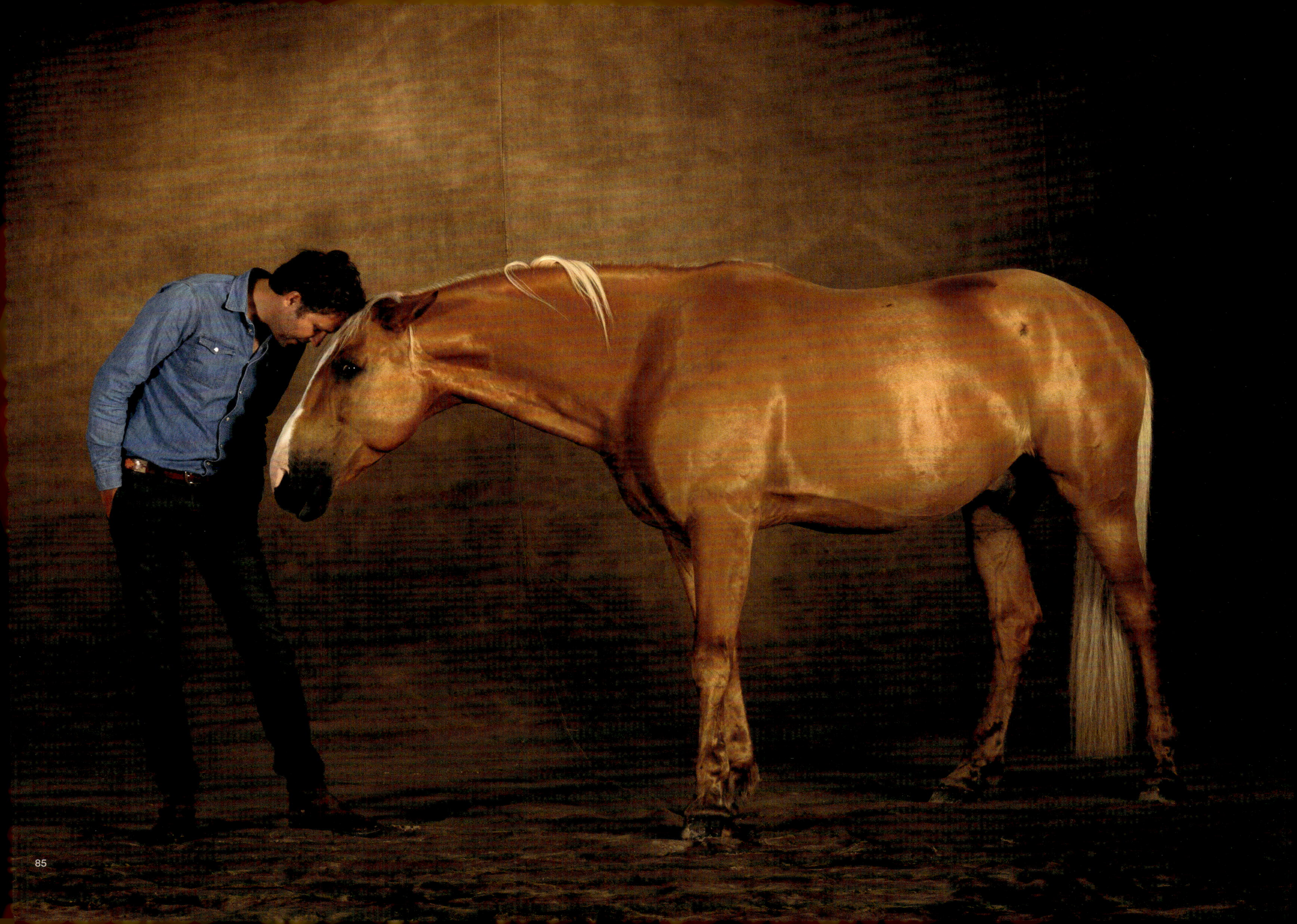

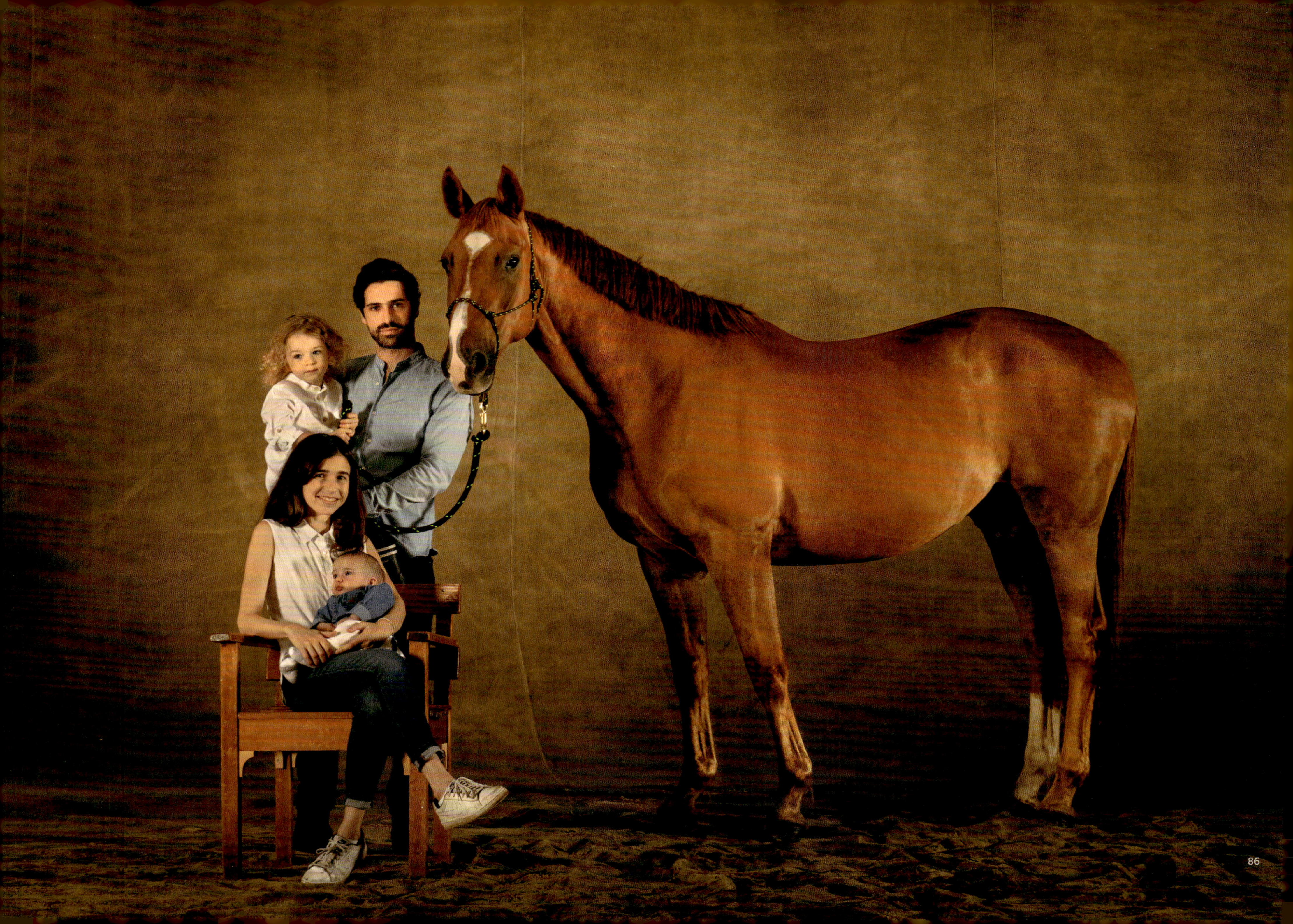

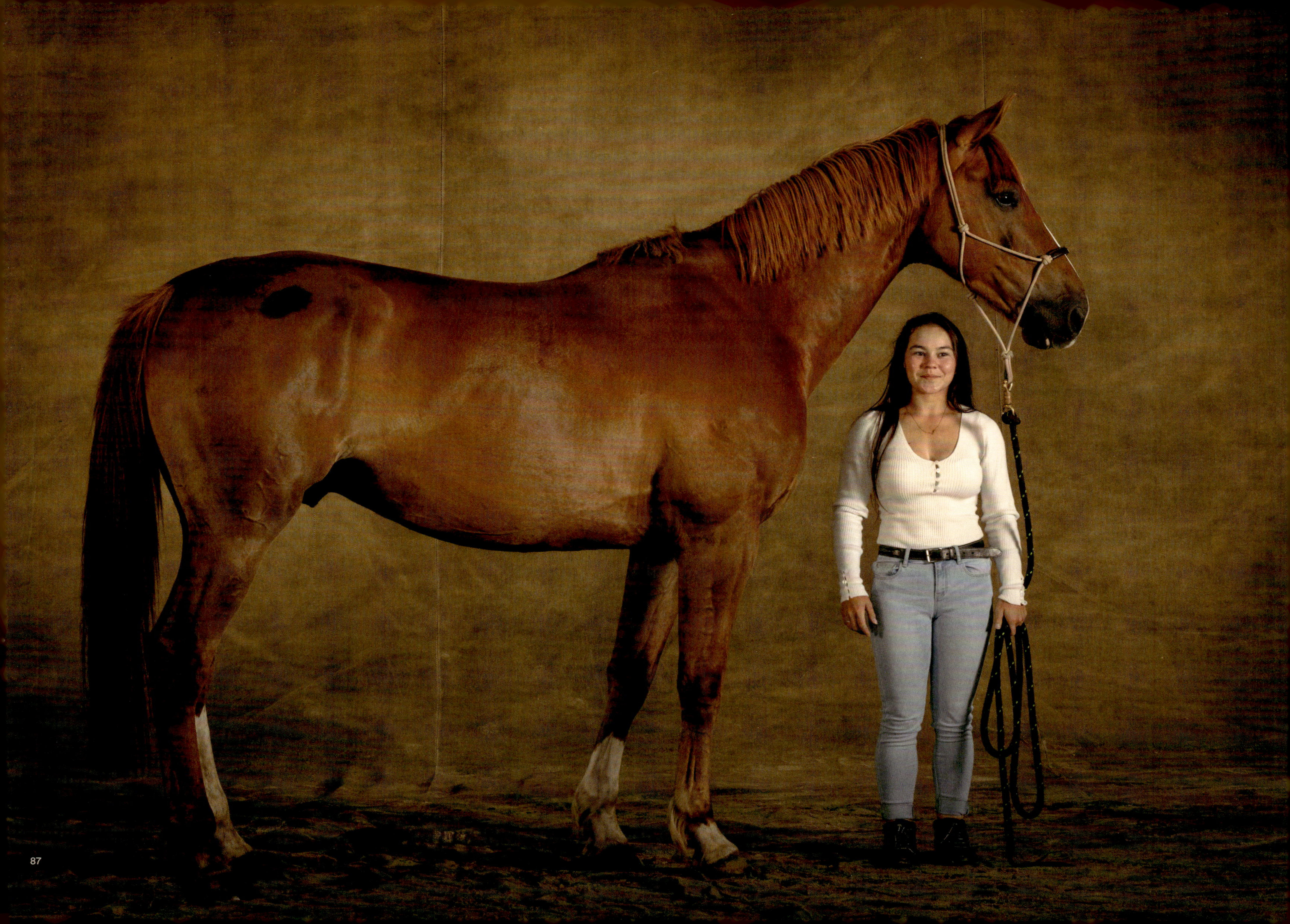

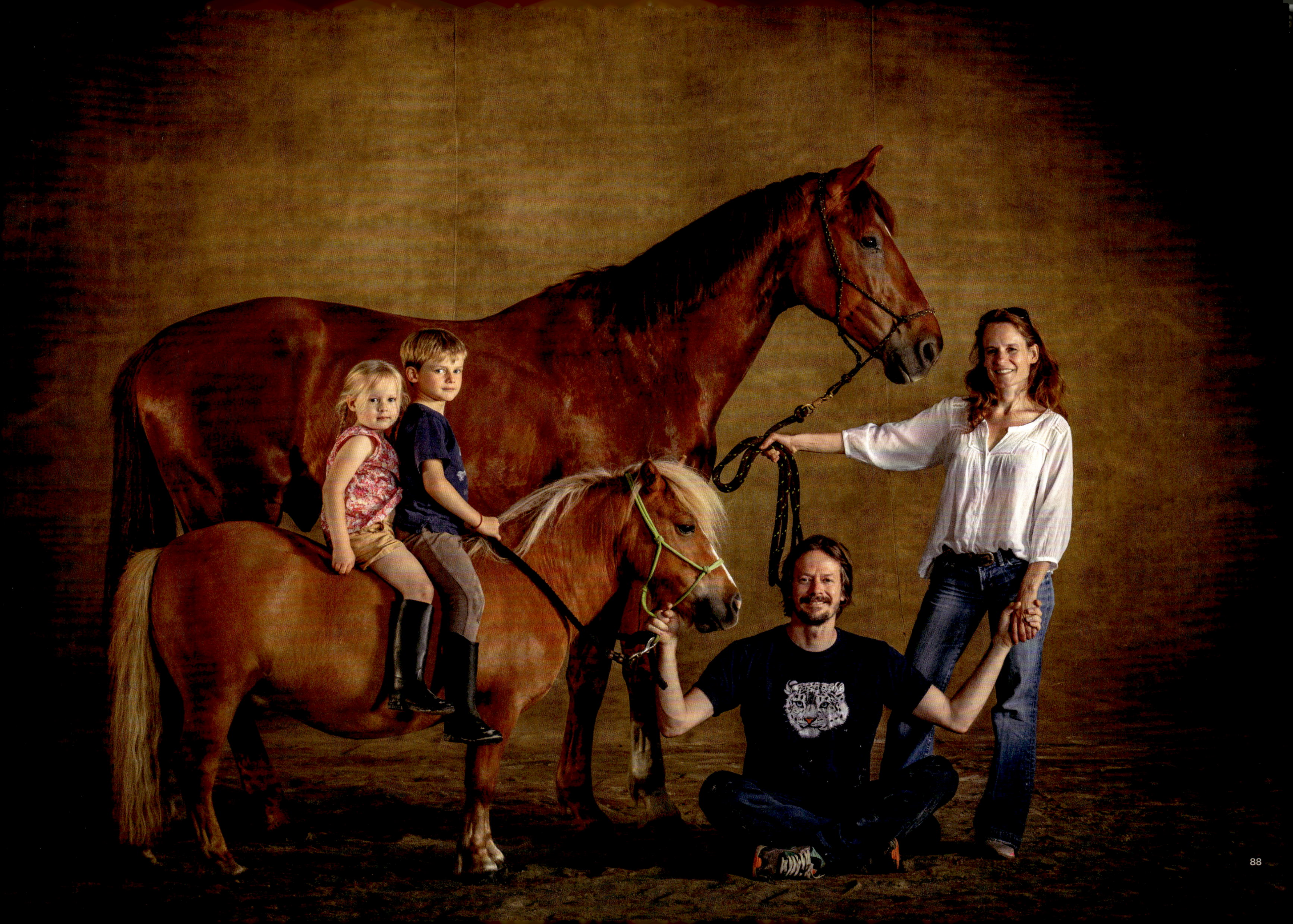

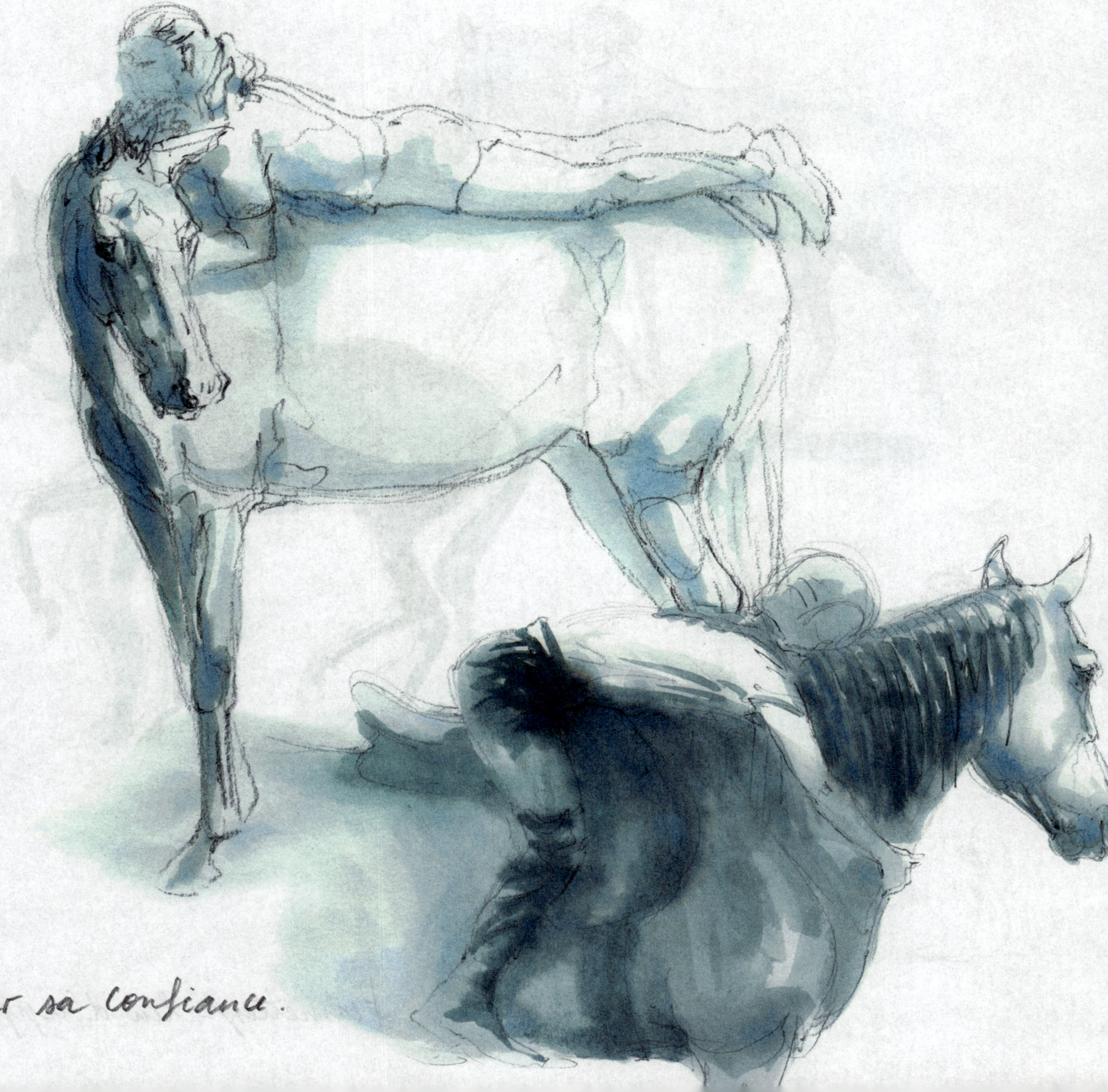

gagner sa confiance.

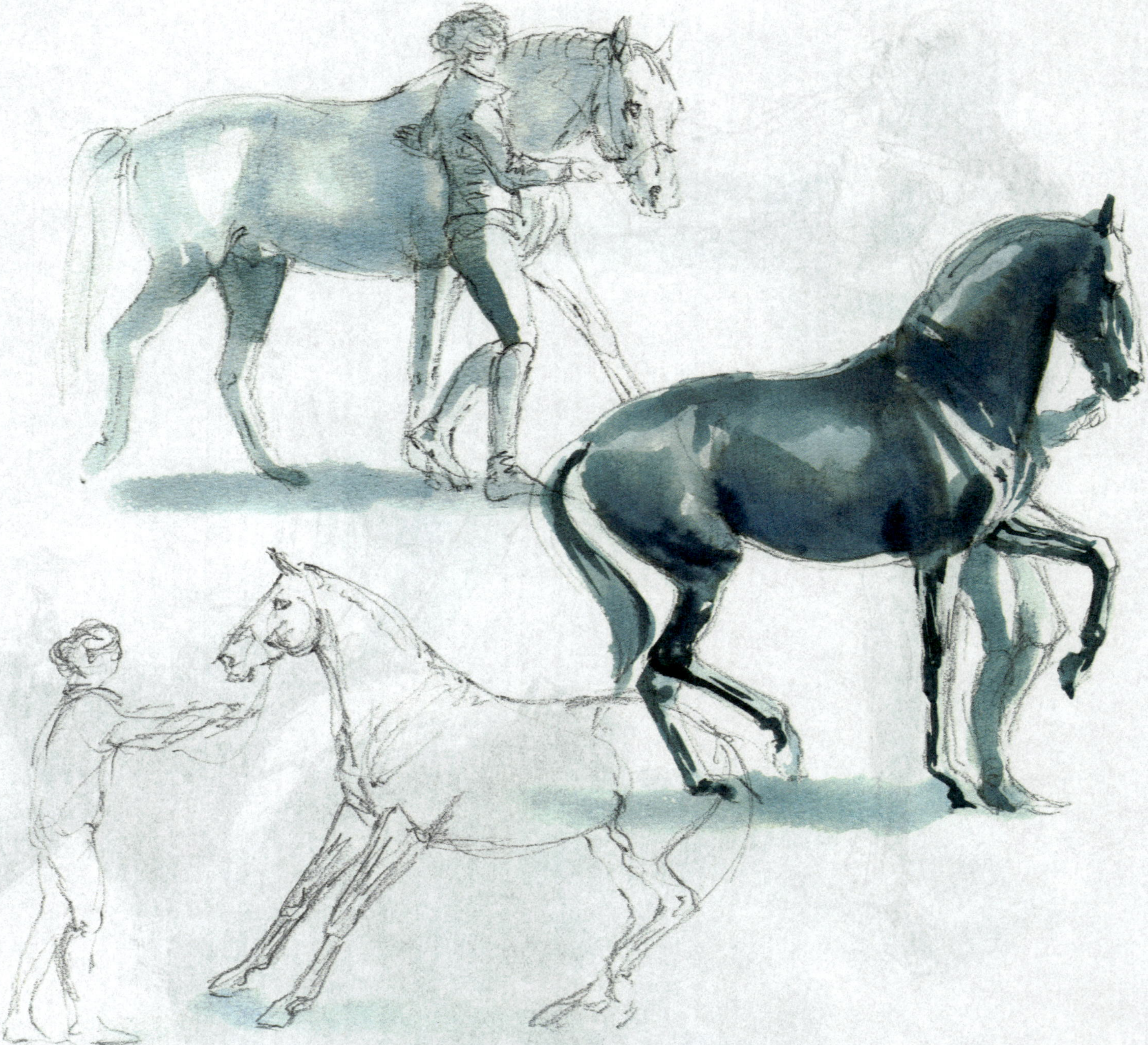

Permettez-lui d'apprendre.

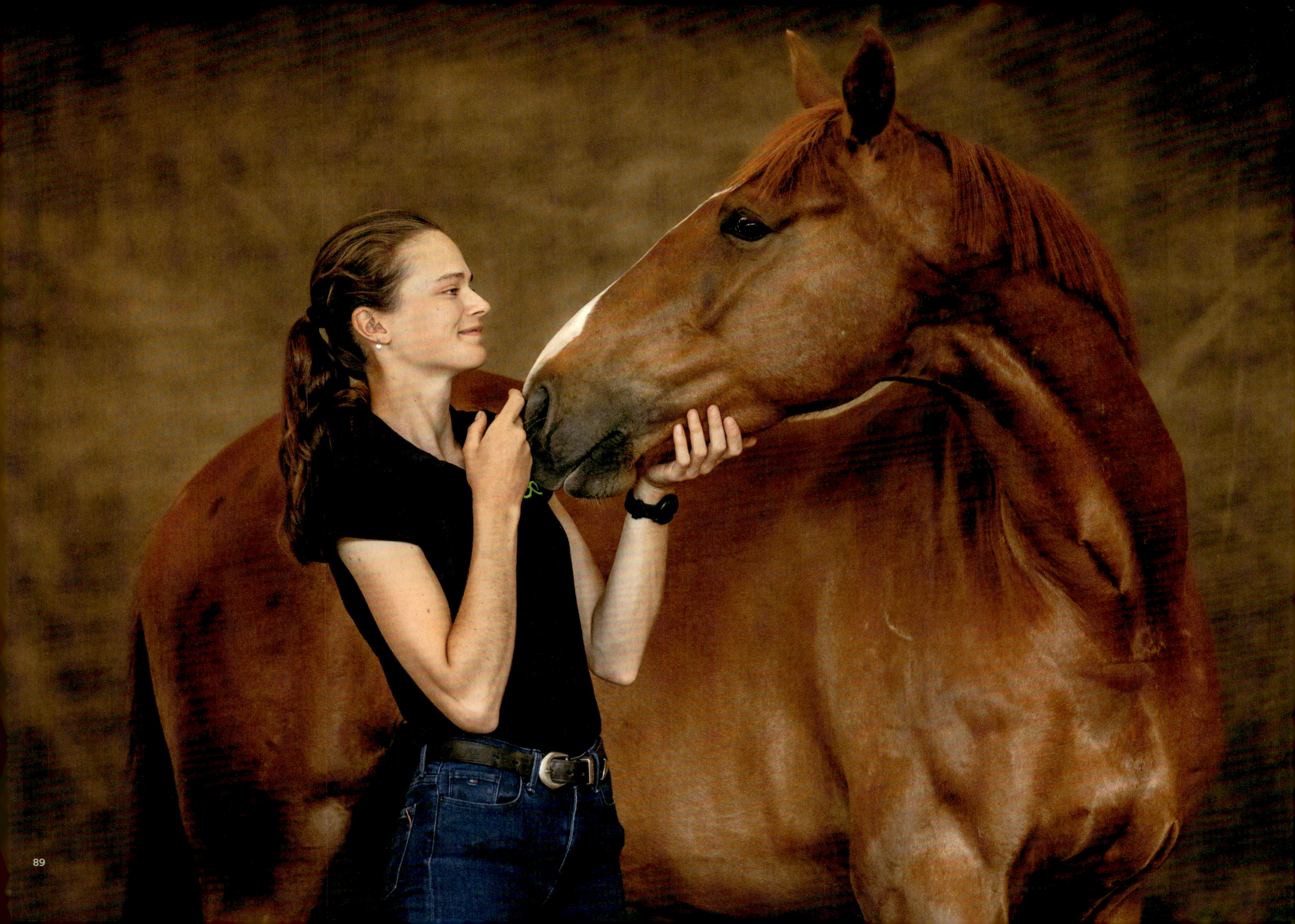

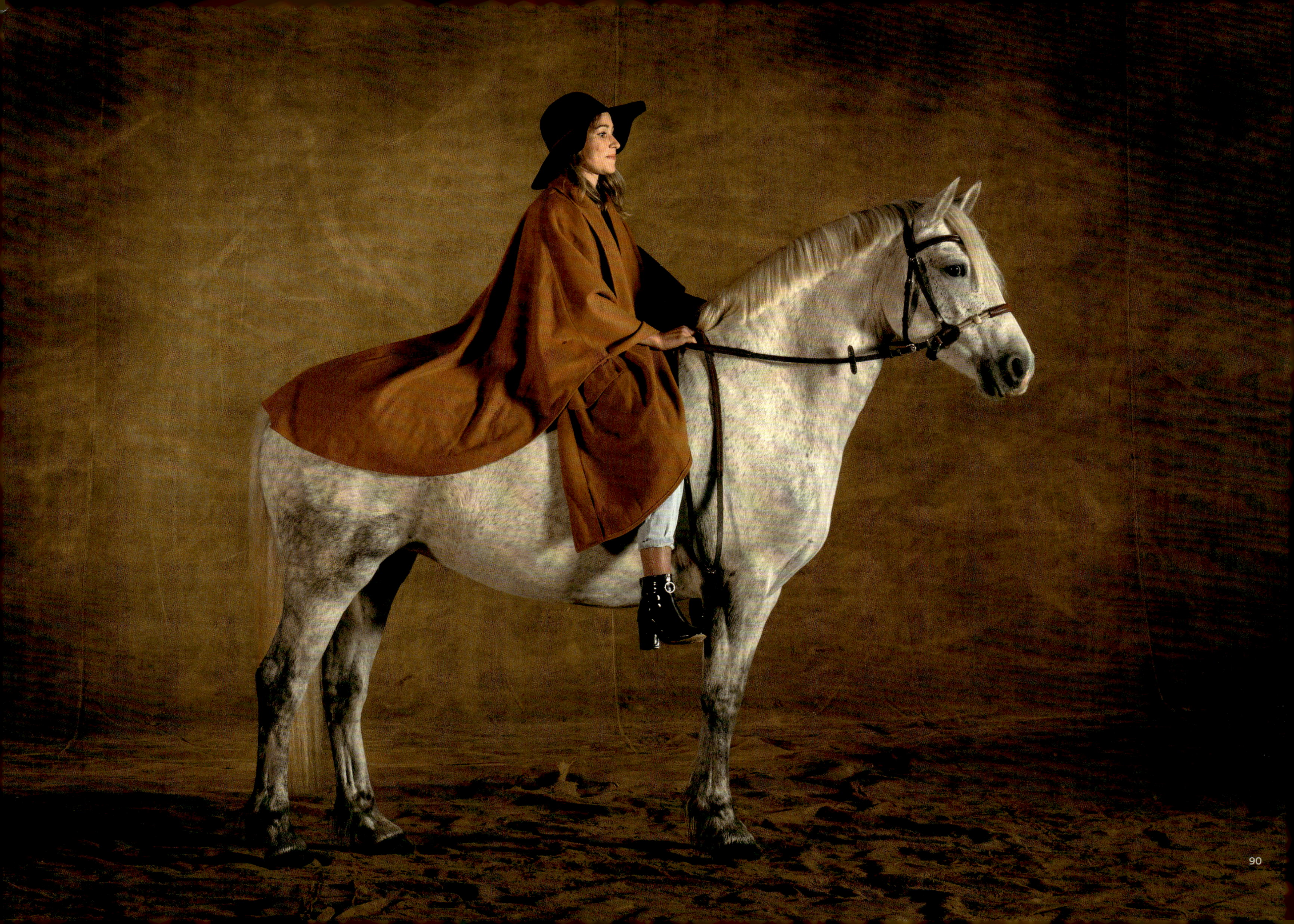

Souvent, je te parle en chemin, sans savoir si les mots se forment vraiment sur mes lèvres ou demeurent à l'état d'intention. Peu importe, car ils ne sont d'aucune utilité face aux échanges intempestifs mais silencieux que nous entretenons. Je te raconte l'euphorie d'arriver au sommet d'un col, l'ennui des droites qui lui succèdent. Je clame la joie de repartir chaque matin, maintenant que le corps, rompu à l'exercice, va par les pleins et les déliés du Caucase. Je marmonne les petites choses du quotidien, les détails du paysage, les itinéraires qui s'ouvrent à mesure que nous avançons. Mais je t'écoute aussi, je veille à ce que le rythme des pas engouffrés dans les miens soit régulier, ne témoignant d'aucune boiterie ni résistance, que ta respiration soit sereine. Je sens à l'odeur de la sueur âcre quand l'effort est plus soutenu et que la longe se tend entre nous. Et parfois, je te flatte l'encolure. Il m'arrive de chantonner, pour qu'à l'intonation de ma voix, tu saches qu'il n'y a pas de raison d'avoir peur de ce camion. Je t'admoneste d'un accent grave, lorsqu'à l'approche d'un autre cheval, tu te mues en furie. Mais, bien vite, le ton de ma voix s'adoucit de nouveau. Je sens au trépignement des sabots la tension palpable, lorsqu'à l'entrée d'un village, les odeurs d'autres animaux t'assaillent, distinctes les unes des autres : l'effluve de la basse-cour, l'odeur d'une jument, d'un vieux taureau; alors qu'elles m'apparaissent en un bouquet olfactif grossier, un pot-pourri de senteurs confuses. Nos sens humains sont bien pauvres.

Il n’y a rien de plus doux
que la peau de ton nez,
cette surface dénuée de poils,
ou presque, qui encercle
les naseaux, la commissure
des lèvres. Et alors que
je la caresse du bout des doigts,
tu soupires, fermes les yeux.
Et la pulpe de mon index
couche une vibrisse sans
que tu t’en défendes, tout entier
acquis à la cause de mes mains.

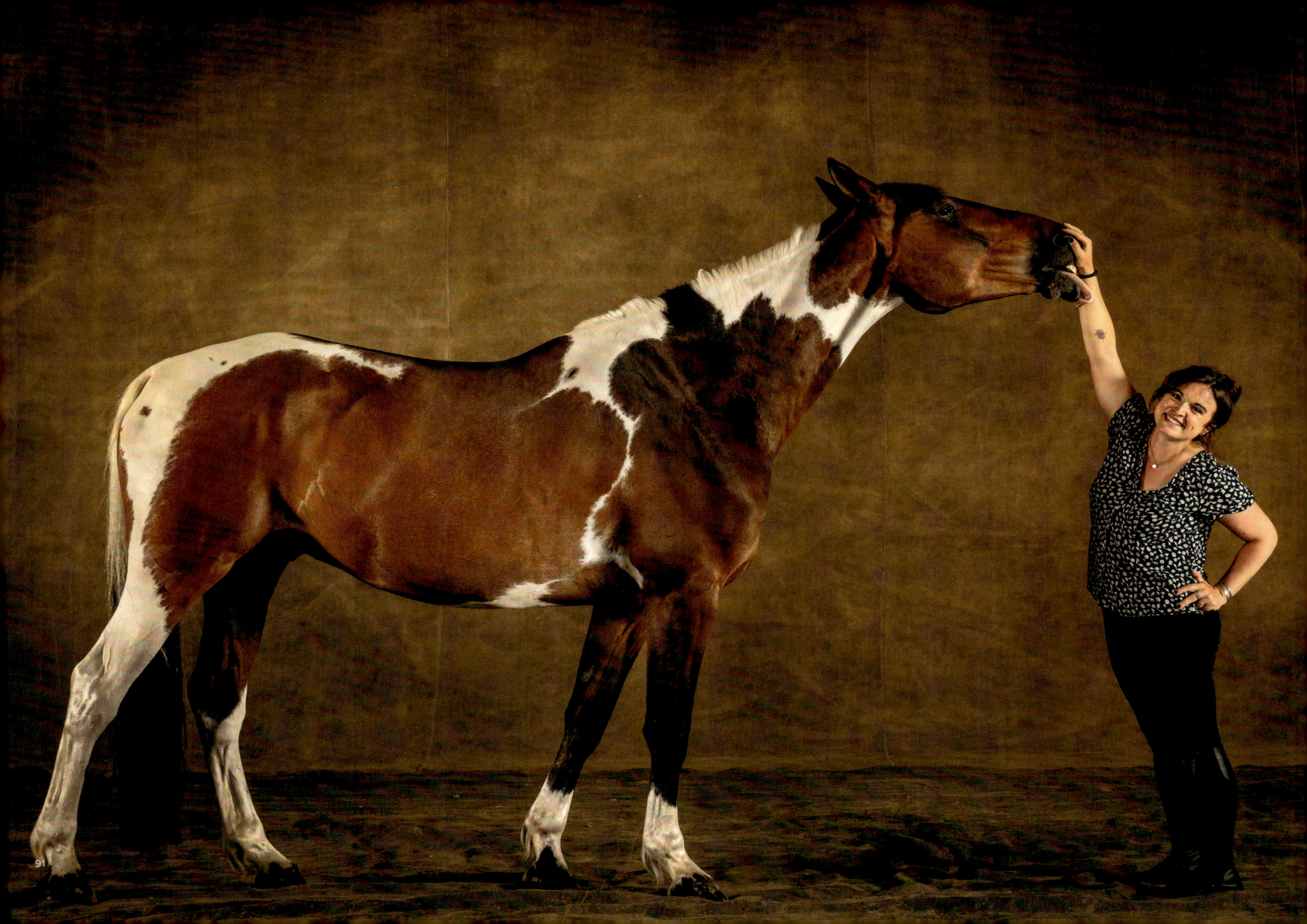

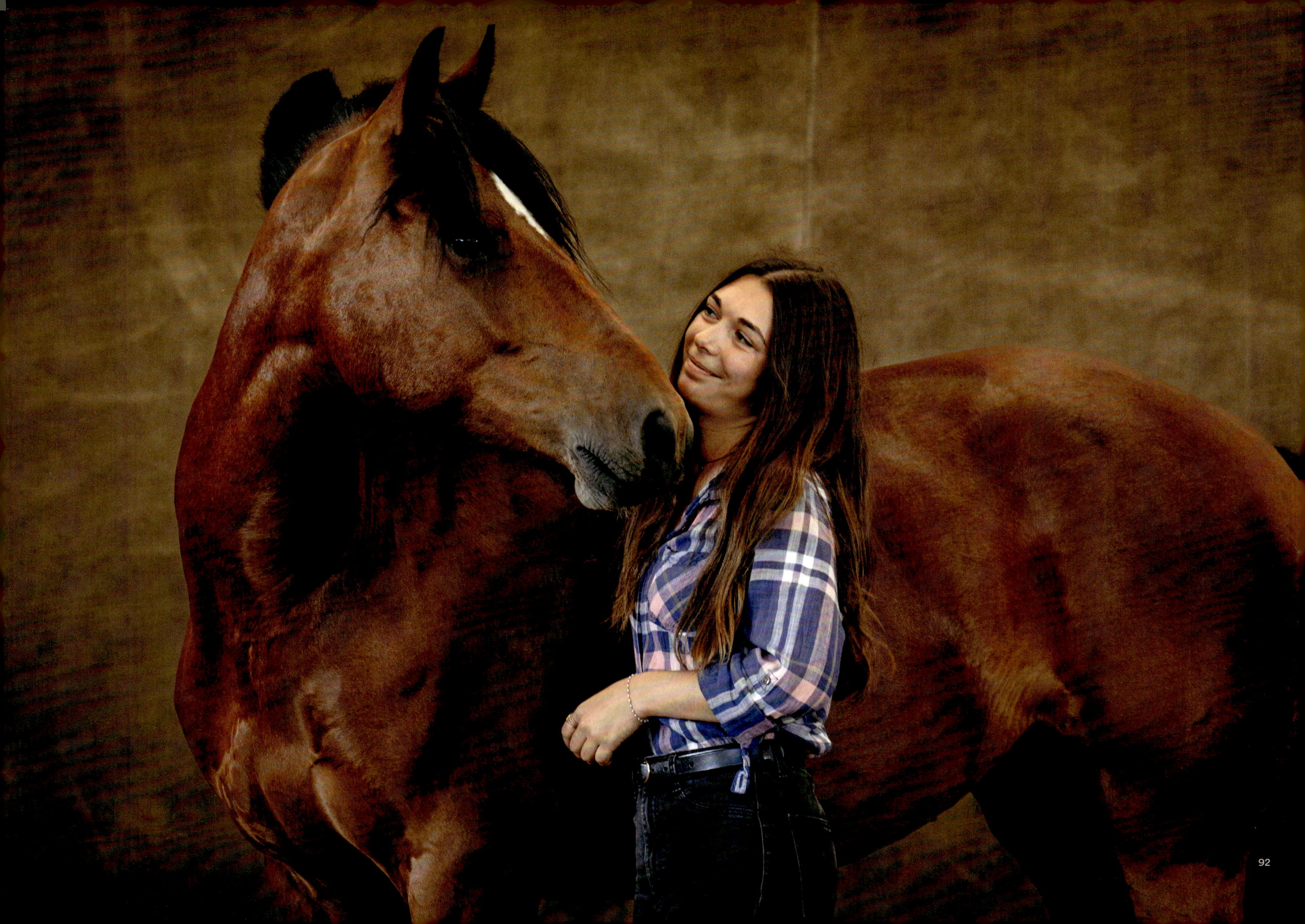

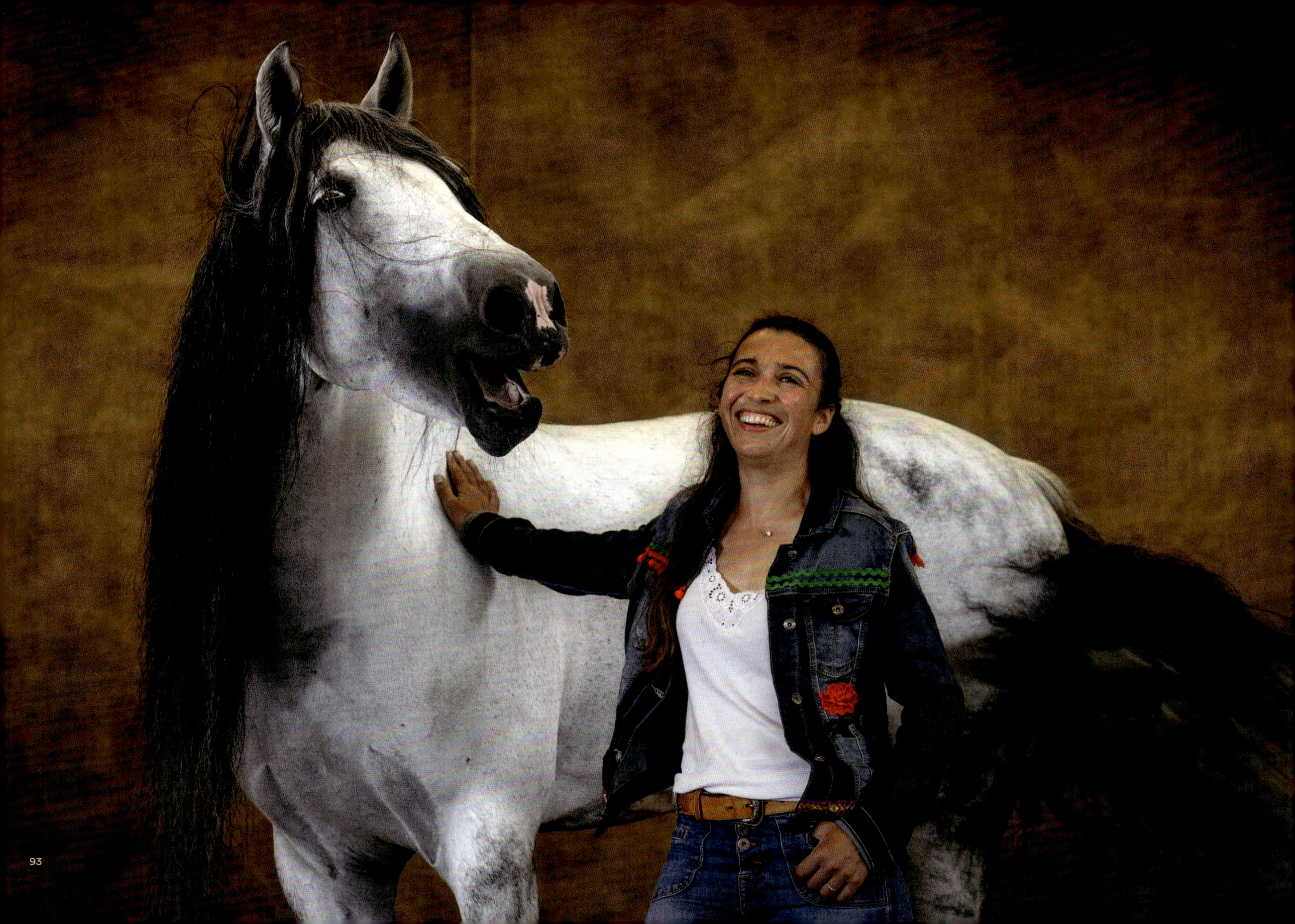

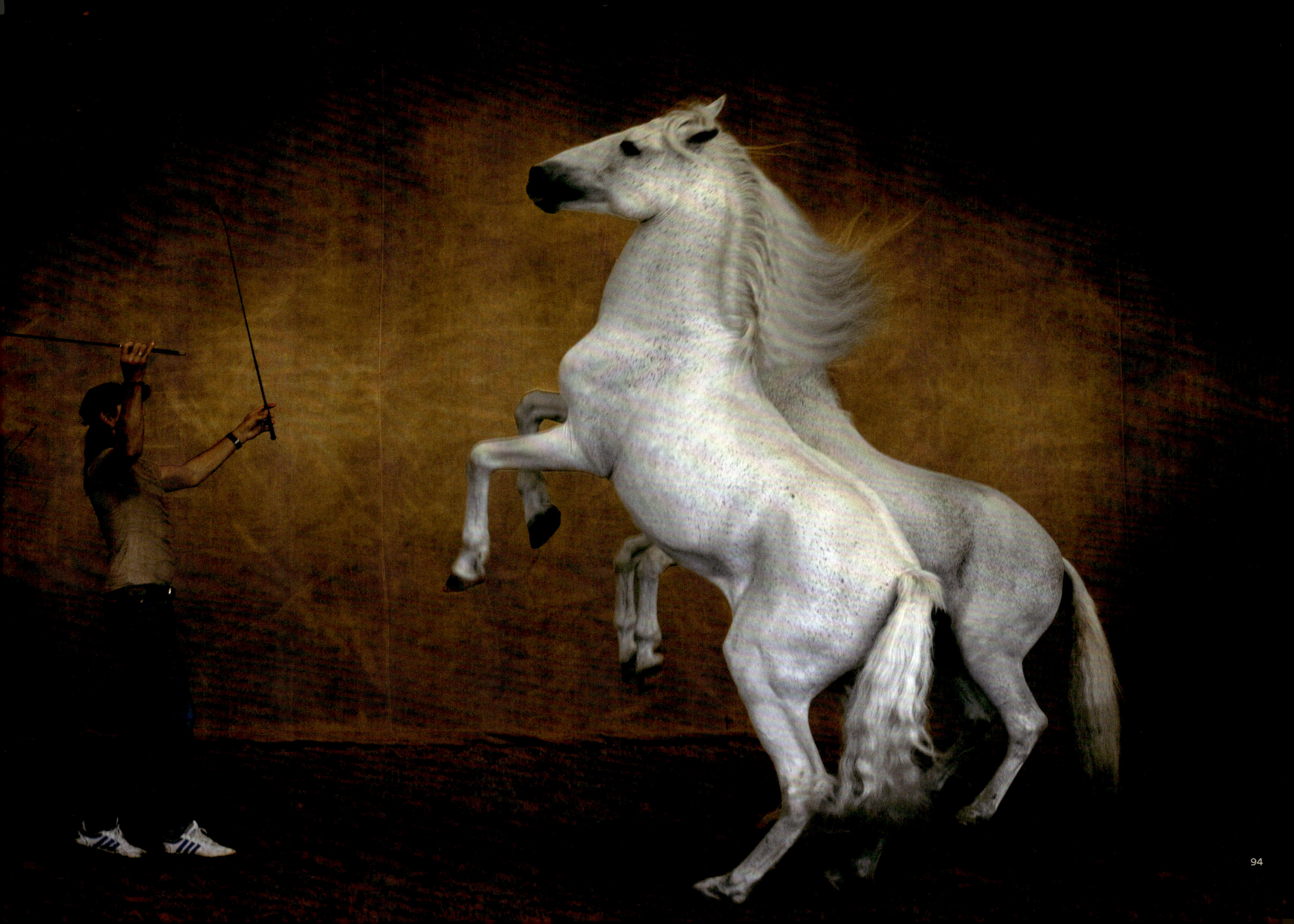

Vif, déjà confiant, aux aguets cependant, réactif aux bruits, aux odeurs, aux présences. Il se concentre, s'applique, remue, se déconcentre, fanfaronne, rétorque. Il s'agit de mettre en place les bases, solides. Mais le faire doucement, à son tempo à lui. Sans forcer les choses : le temps de l'éducation ne se compte ni en heures ni en jours mais en années. Être exigeant mais se satisfaire de peu. Précis et constant dans les demandes, généreux dans les récompenses. Le cheval apprendra alors. À pied, à réagir aux déplacements du corps humain, maintenir une distance respectueuse, être au contact sans envahir. En selle, avancer, tourner, s'arrêter, garder l'immobilité. Les bases d'un langage commun. Écouter, regarder, être connecté. Les prérequis pour créer le lien. Tout cela en douceur. Au cavalier de faire oublier ce poids qui pèse sur une ossature encore en croissance, de rendre confortable cette main au contact de la bouche, d'être serein mais décidé dans ses demandes. Dans le rond de longe, le jeune étalon virevolte. Puis fait demi-tour. C'est bien, virevolte encore, réagissant aux mouvements de l'humain, qu'il ne quitte pas des yeux. Trois chevaux passent, son attention dévie à leur endroit. Soudain, il batifole. Comme les enfants de son âge. Redemander l'attention, sans brutalité. Retendre le fil invisible entre l'homme et le cheval.

Une nuit, tu t'agites, tu t'effraies, tu paniques. Je ne parviendrai pas à t'apaiser. J'ignore le pourquoi de tes peurs. Je ne comprends pas. Et pour juguler la fuite, seule une attache courte, signe de mon impuissance. La vie cavalière, tout entière, est faite de cette éternelle leçon d'humilité. Cette entreprise folle et poétique, vouée à l'échec, se mettre dans la tête d'un cheval. Mais les corps font barrière. Car au frémissement d'une feuille, l'homme et le cheval, le prédateur et la proie, jamais à l'identique ne réagiront. Et ce que l'on nomme raison, chez toi ne résonne pas.

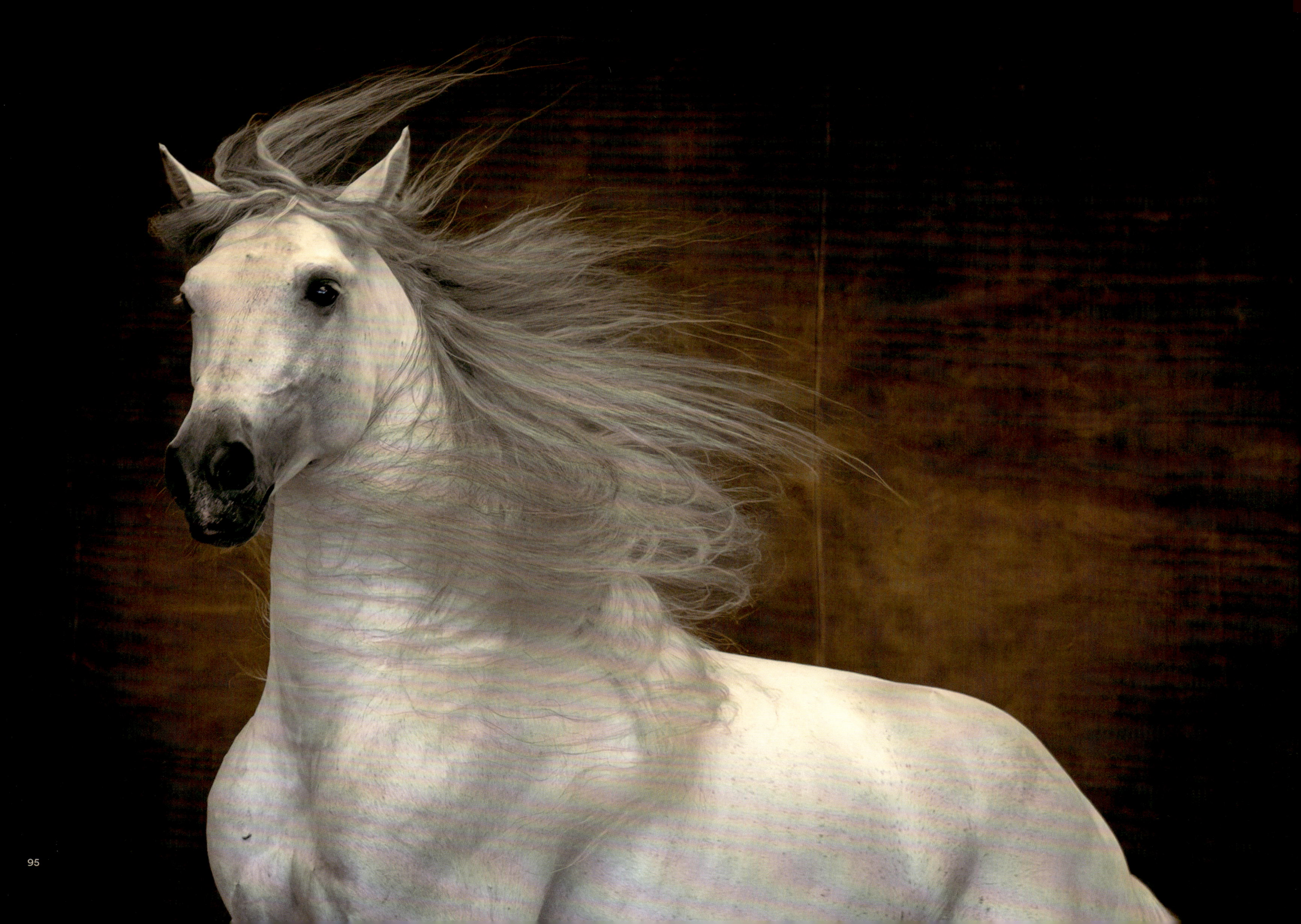

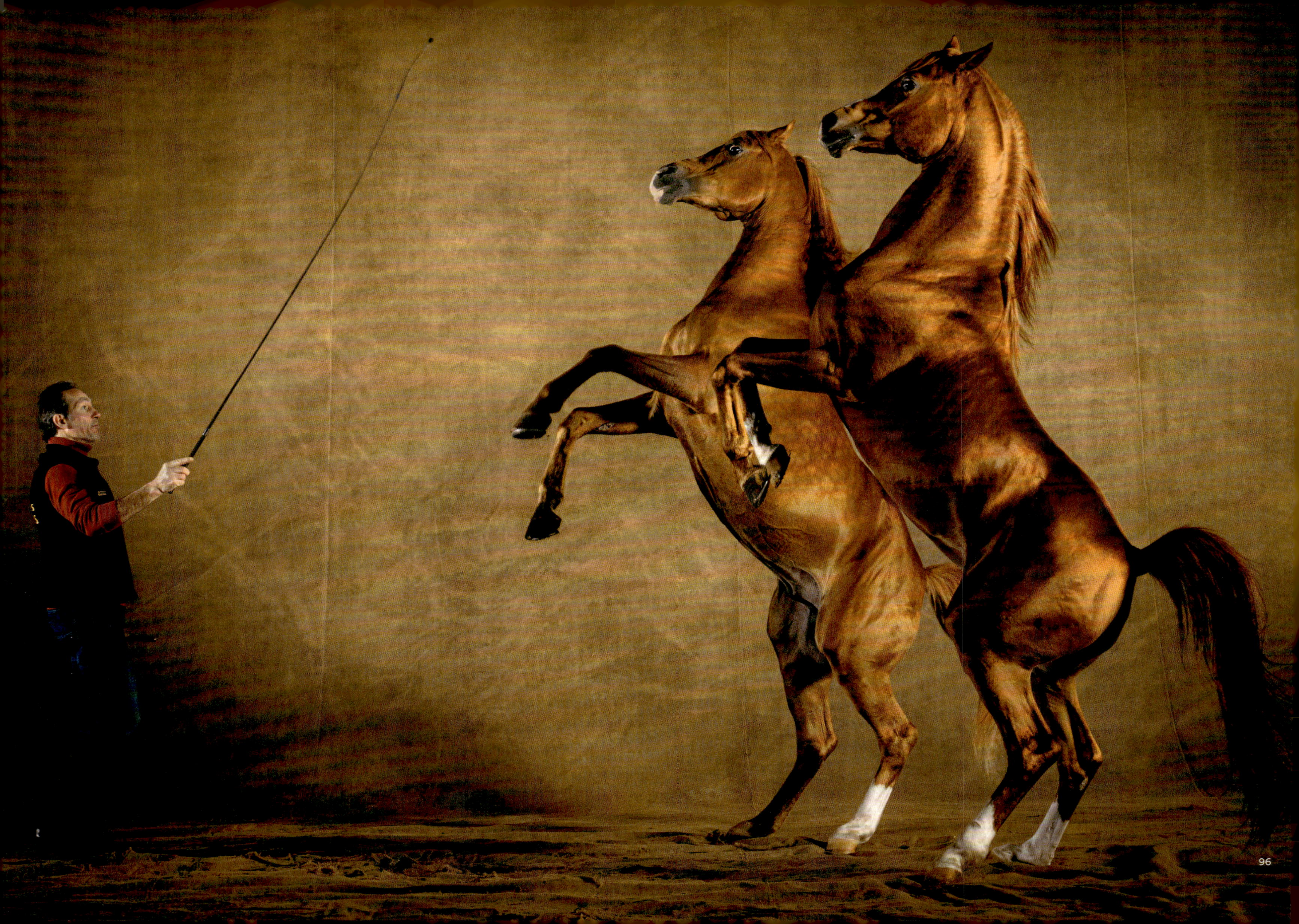

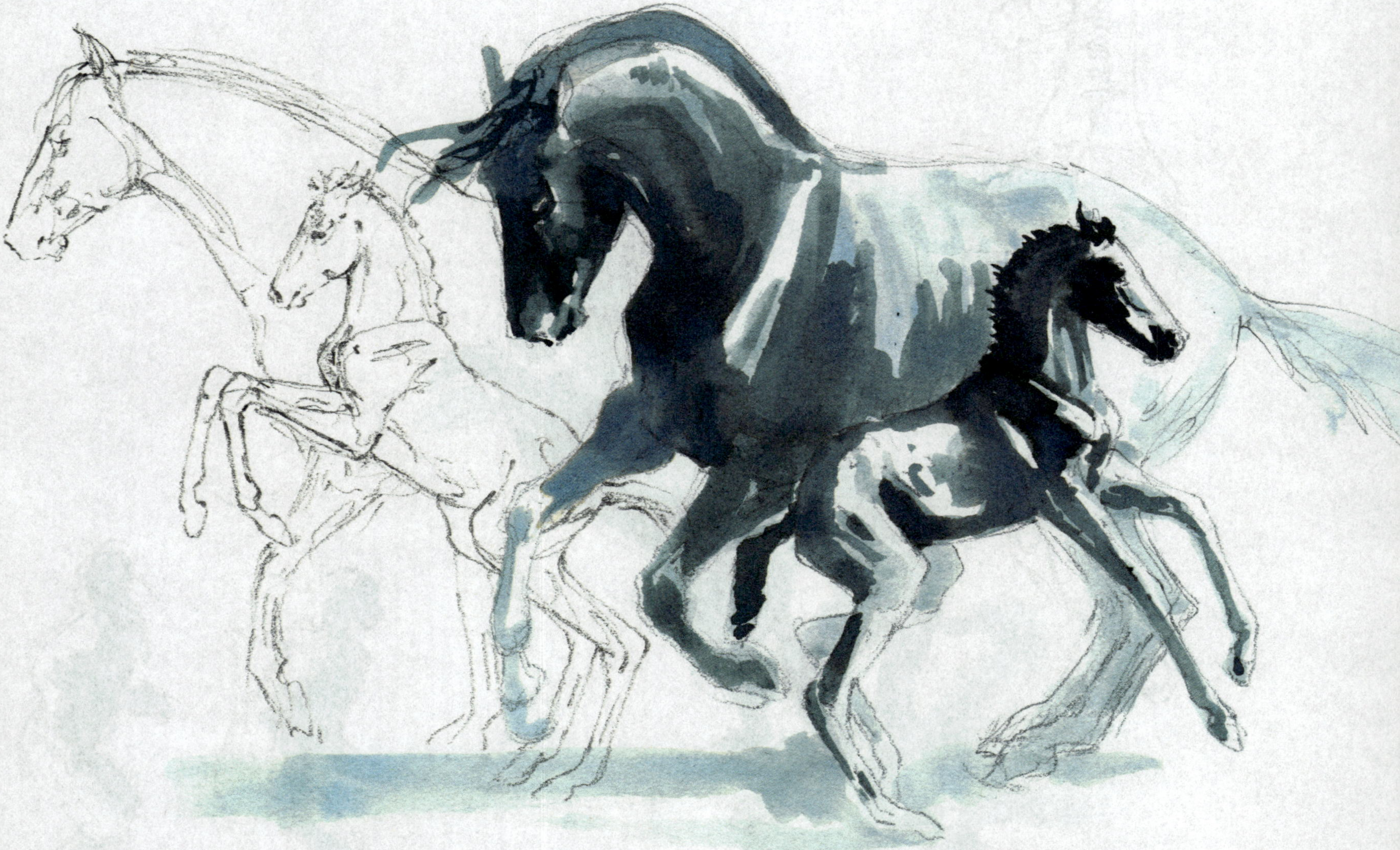

Le cheval vous apprendra si vous l'écoutez.

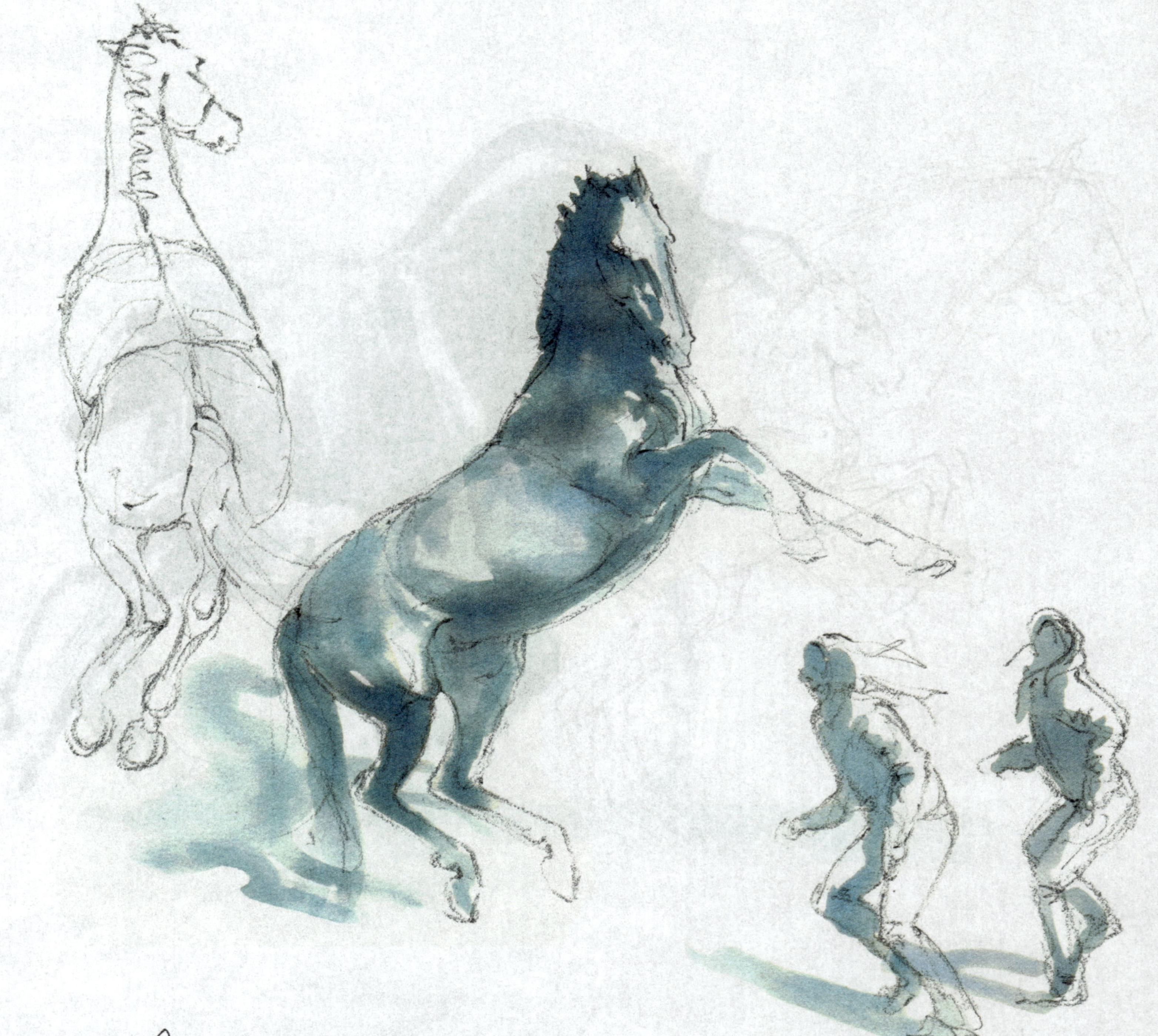

Conserver la motivation du cheval.

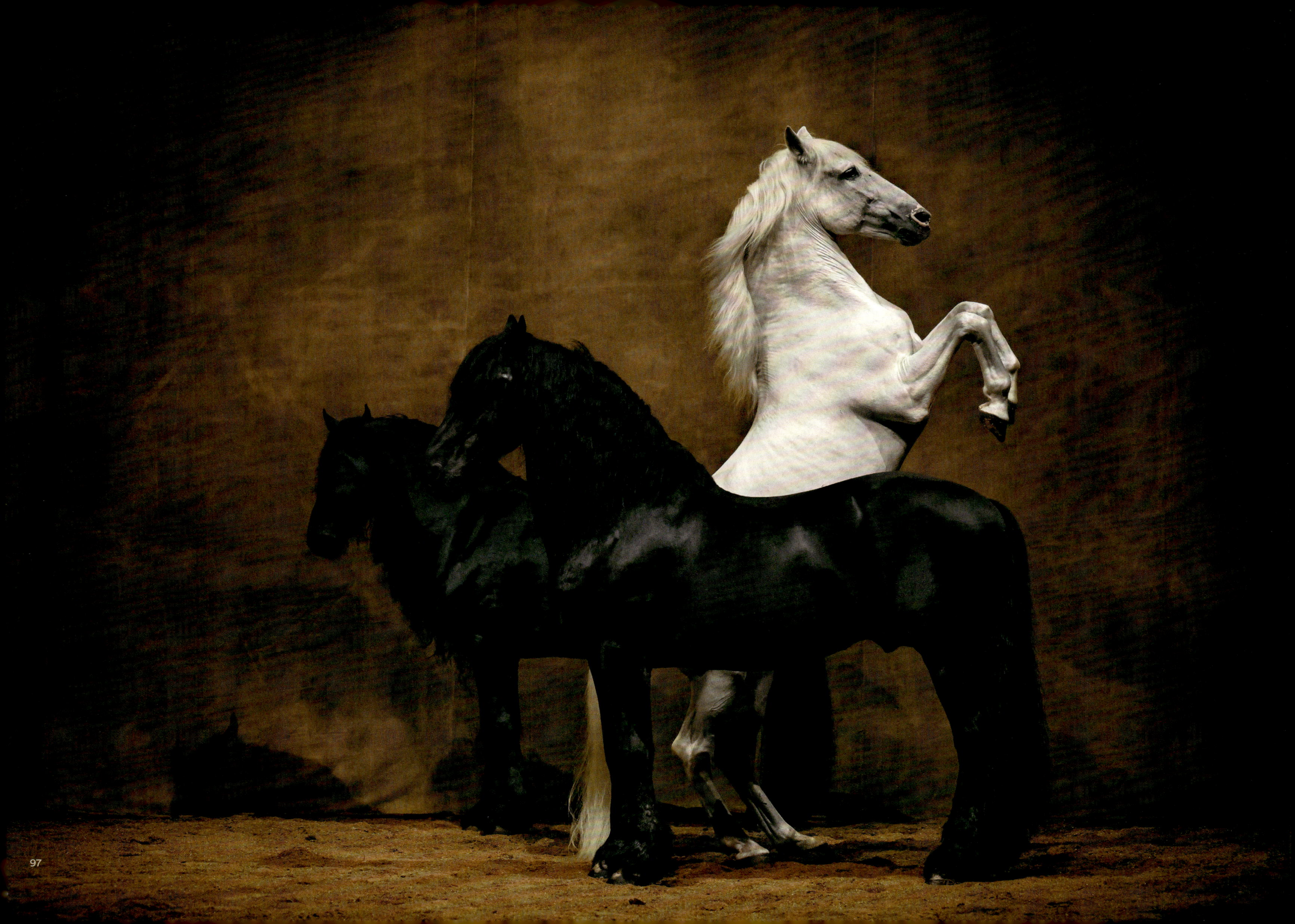

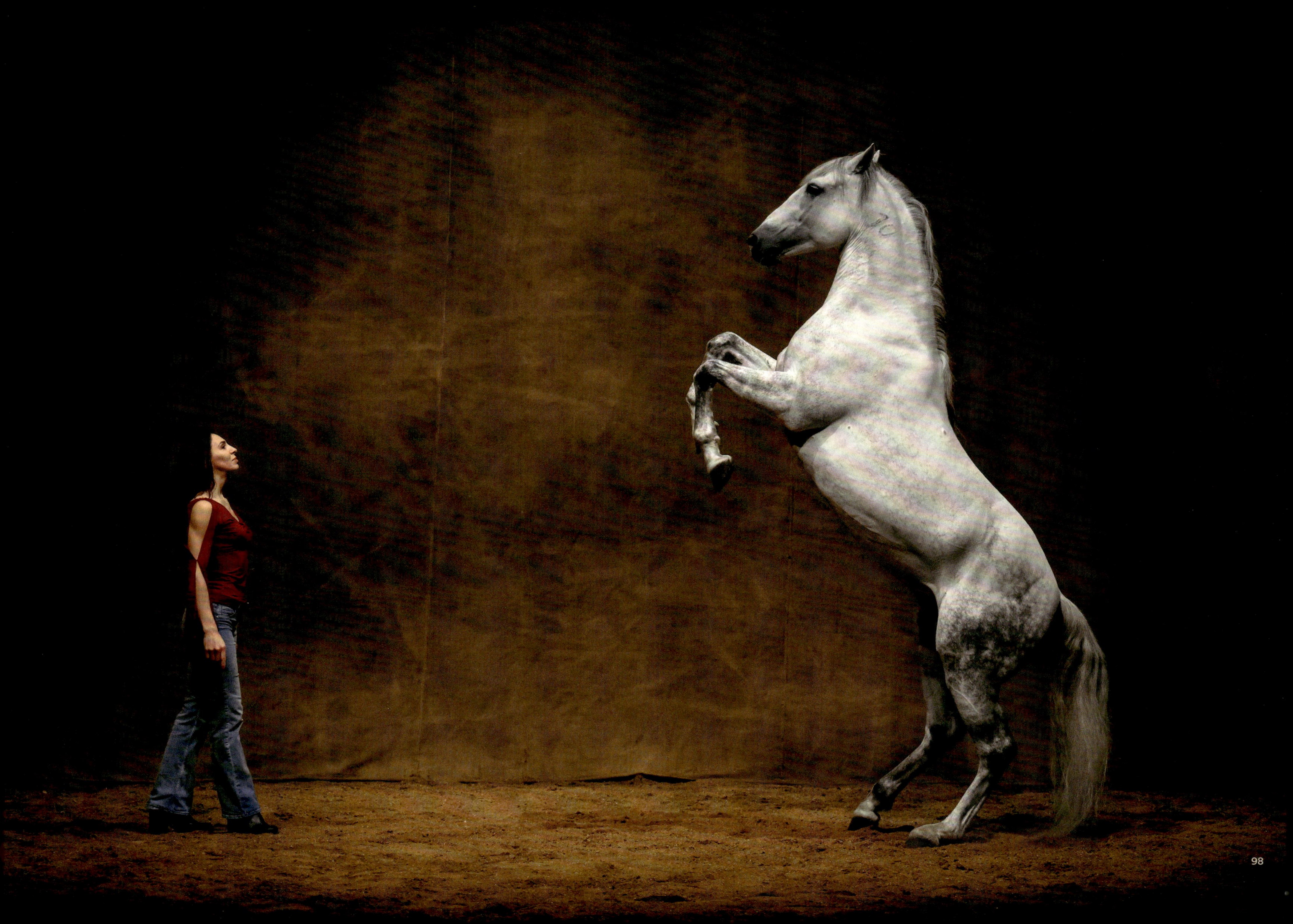

Un corps à corps. Voilà ce qu'est la relation homme-cheval avant tout. Côtoyer les chevaux, c'est mettre en jeu son enveloppe humaine, si frêle par rapport à celle d'un équidé. Un rapport de poids de un à quatre, six, huit, plus, selon le gabarit de l'un et de l'autre, à la faveur du cheval. C'est engager son corps face à un animal pacifique mais vif et puissant, qui par peur, défense, maladresse, peut blesser. C'est accepter que deux corps si différents, cherchant un langage commun, parfois se heurtent. La chute, la bousculade, le coup de sabot, de dents : ceux qui vivent aux côtés des chevaux y ont souvent laissé quelques cicatrices.

Petite je me suis rêvée aventurière ou écuyère. J'ignorais qu'il s'agissait de la même chose. La fréquentation des chevaux est ma plus grande aventure.

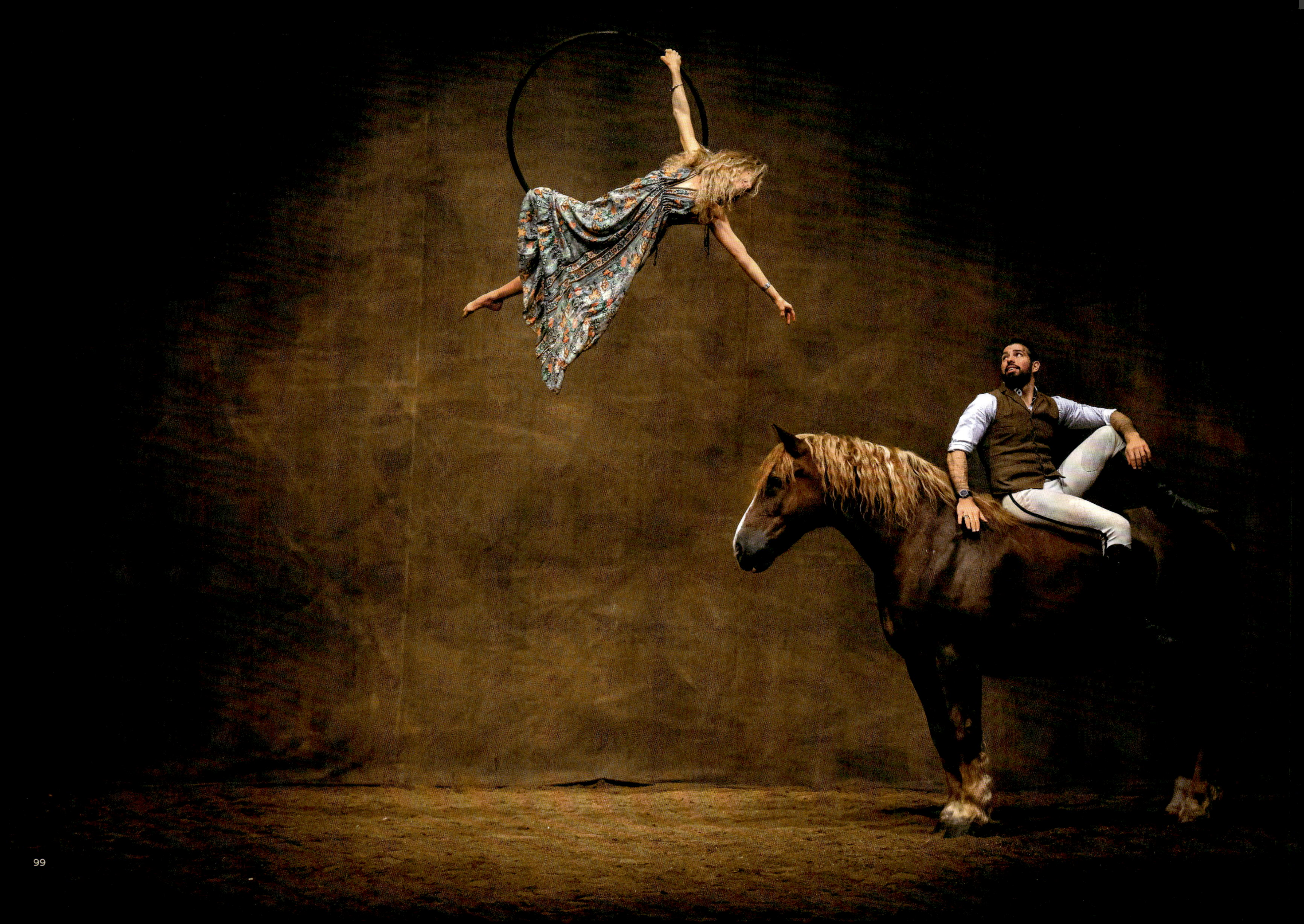

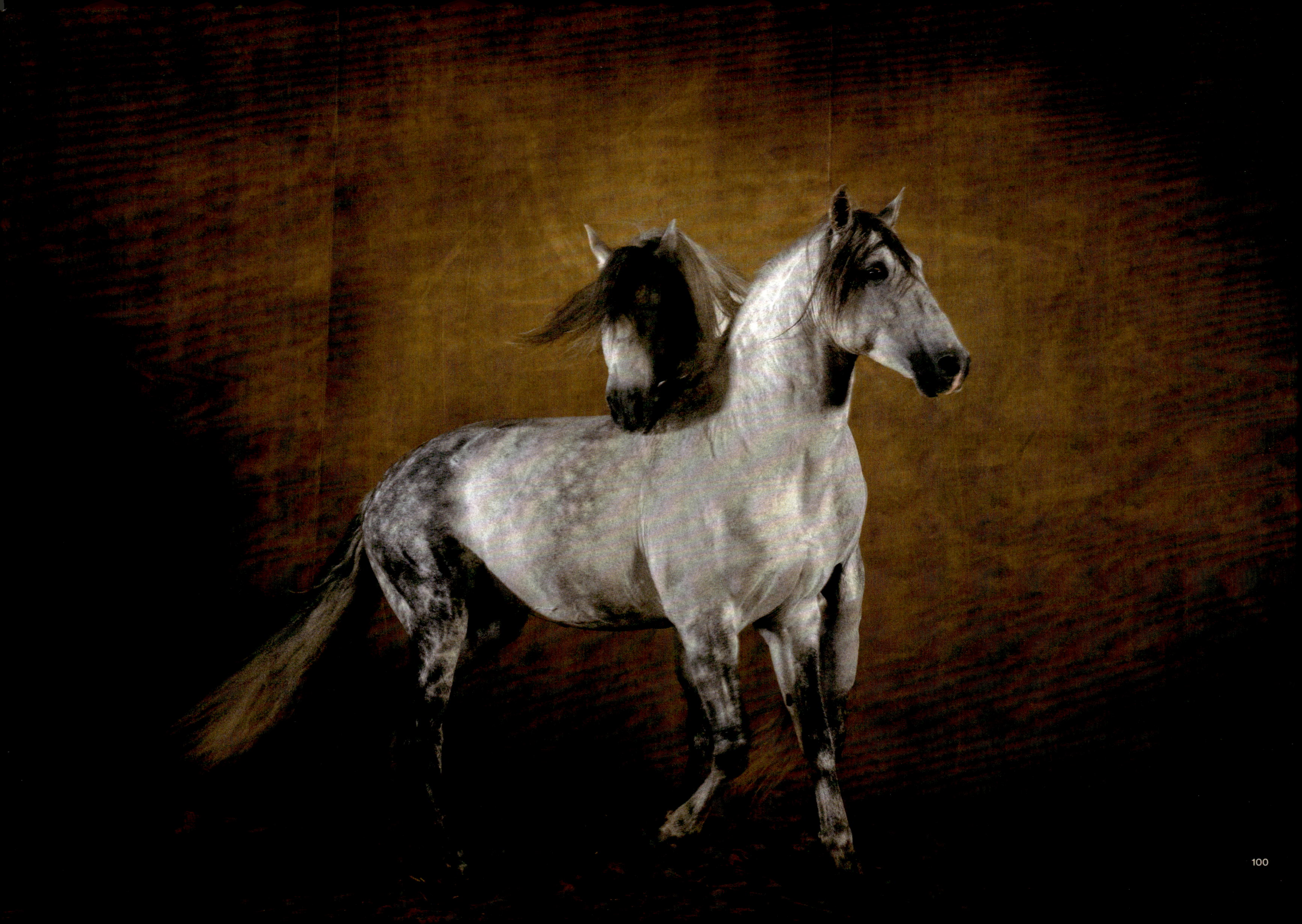

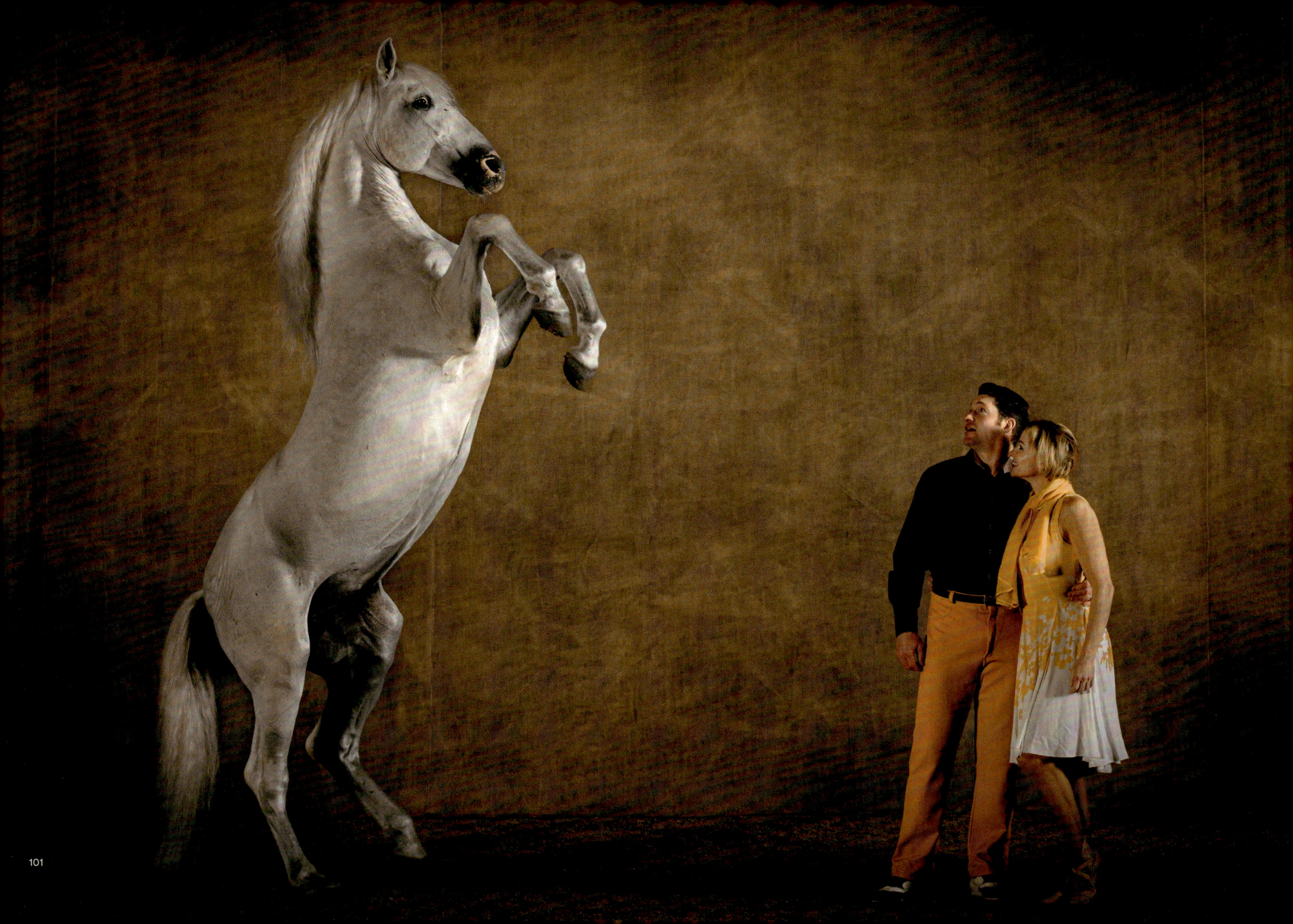

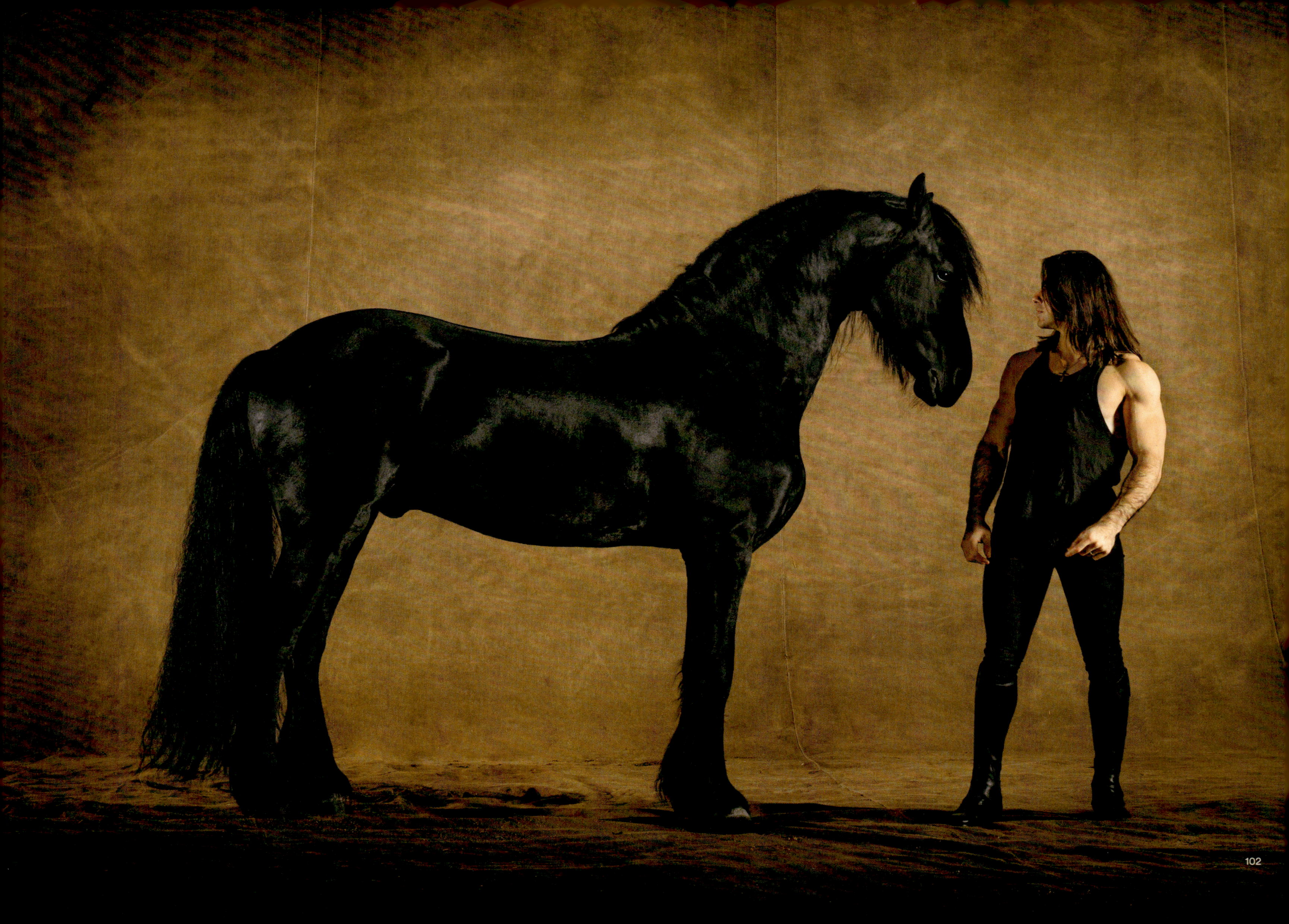

Trop souvent, l’homme use de la force. On peut pourtant juger de la relation d’un cheval et d’un homme à l’économie des moyens dont ils usent pour communiquer. Une oreille qui vibrionne pour exprimer un malaise, une main qui effleure, des regards, des peaux qui se frôlent, quelques mots susurrés, légère résistance dans le mouvement en avant, un claquement de langue, un frémissement d’épiderme, infime inflexion du poids du corps, un pas vers l’avant, douceur d’une caresse sur un flanc, un souffle partagé.

Les cavaliers du monde entier, joueurs de polo fortunés ou bergers mongols, gamines gypsies ou compétiteurs de saut d'obstacles, ont cette chose qui les lie malgré leur vie antinomique. Qu'on les prive de leurs chevaux, ceux avec lesquels ils triment, se déplacent, paradent, luttent, pratiquent la compétition, vivent, œuvrent, créent et leur vie tout entière se trouverait soudain frappée d'un grand vide.

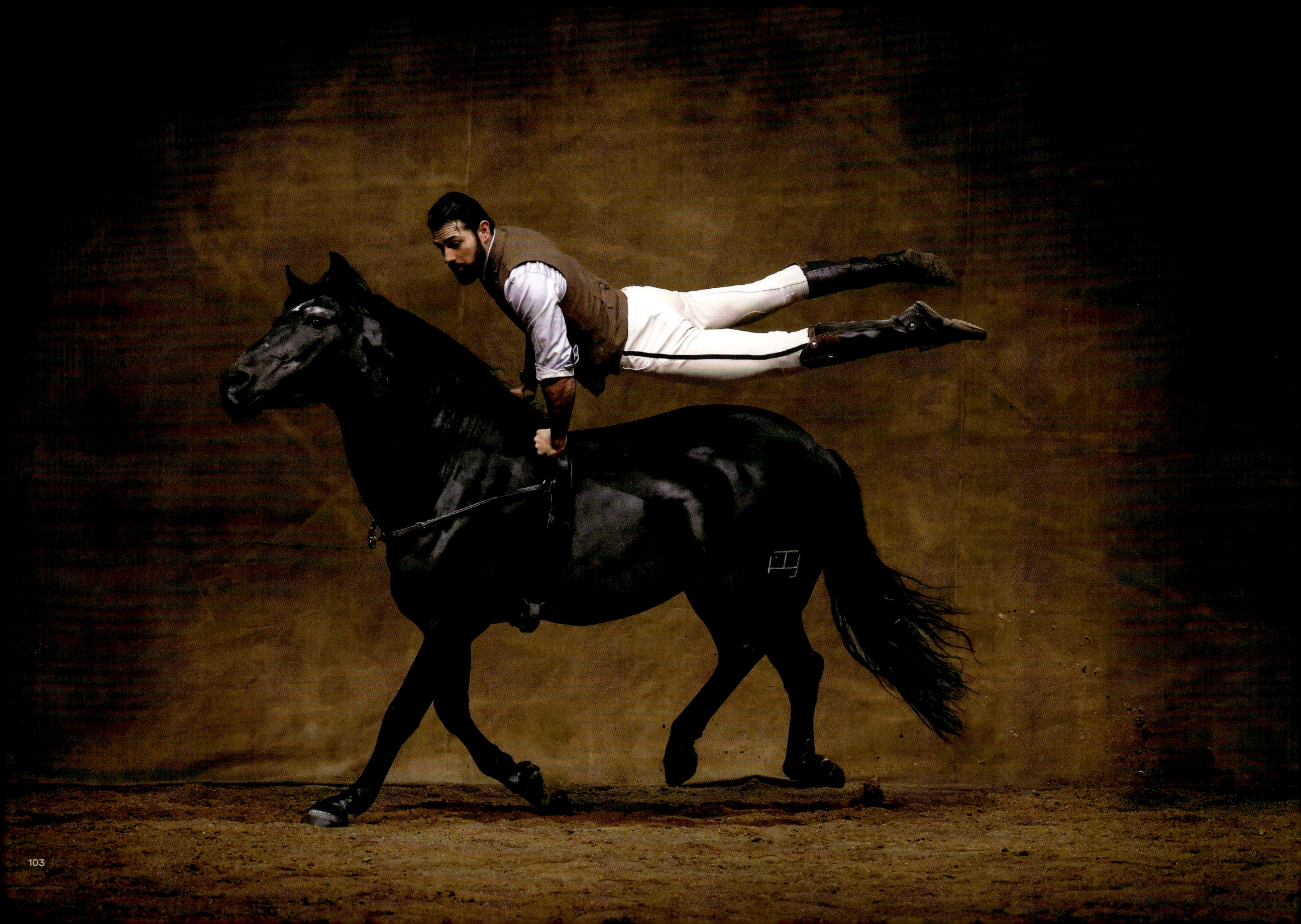

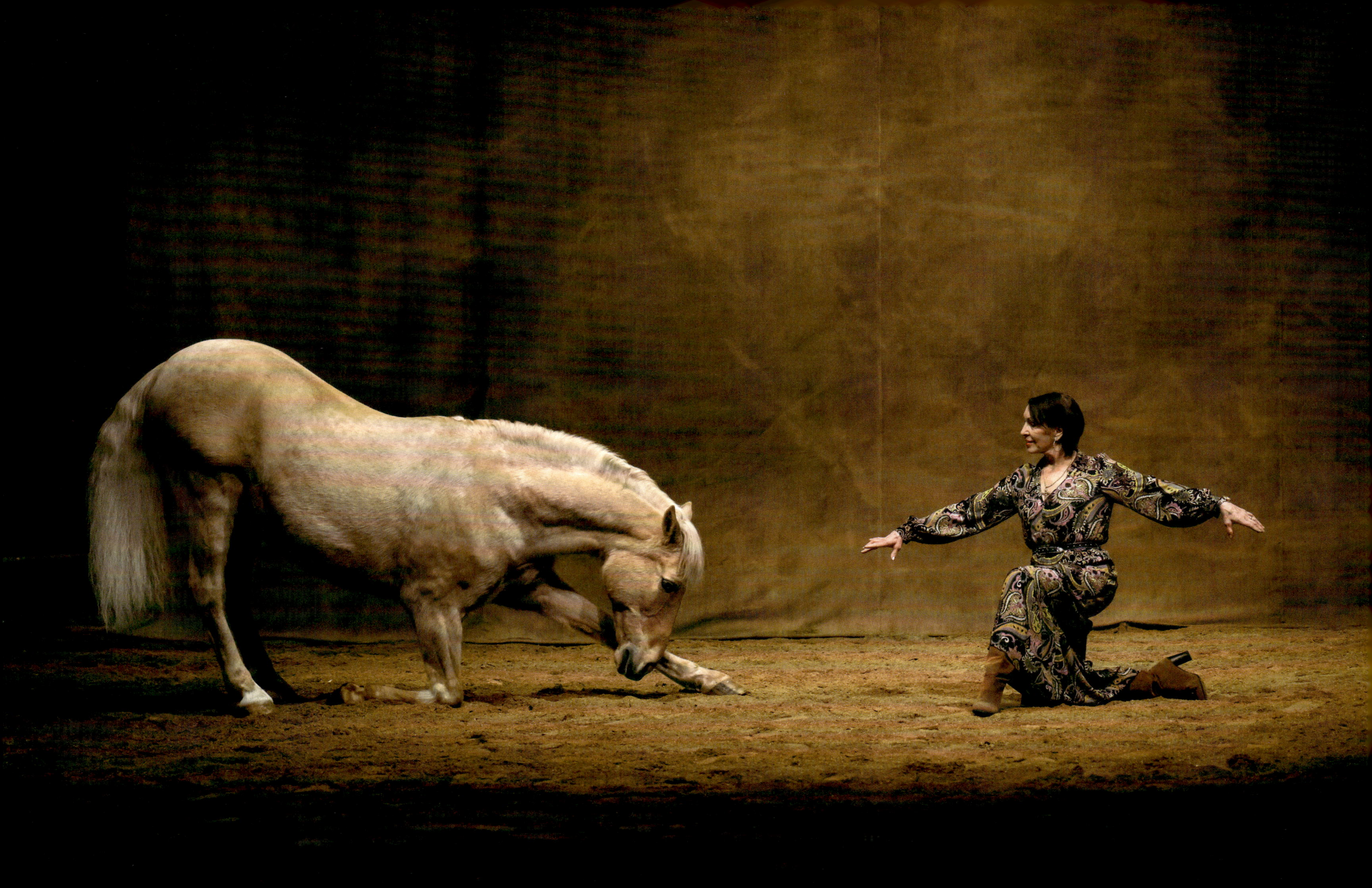

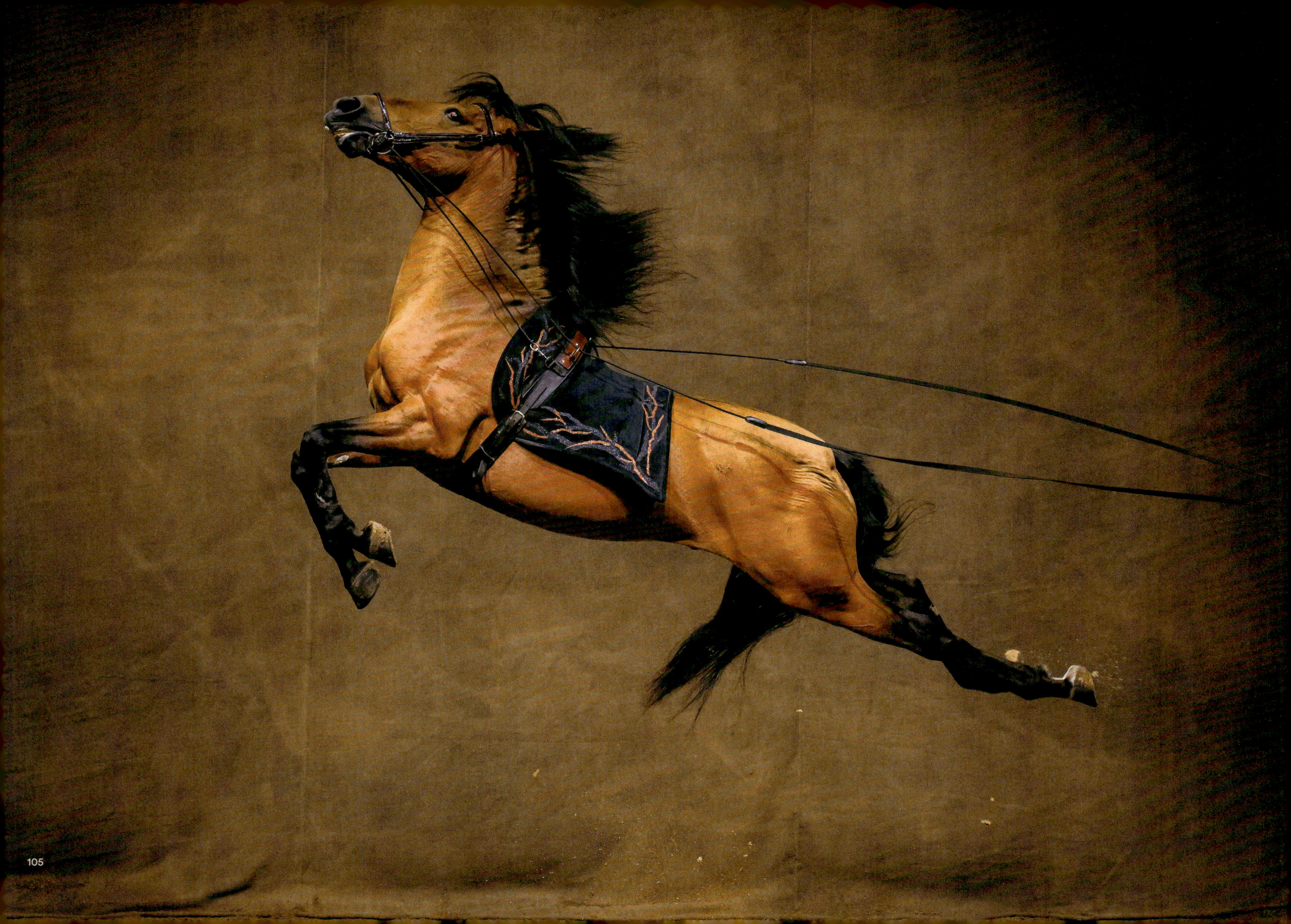

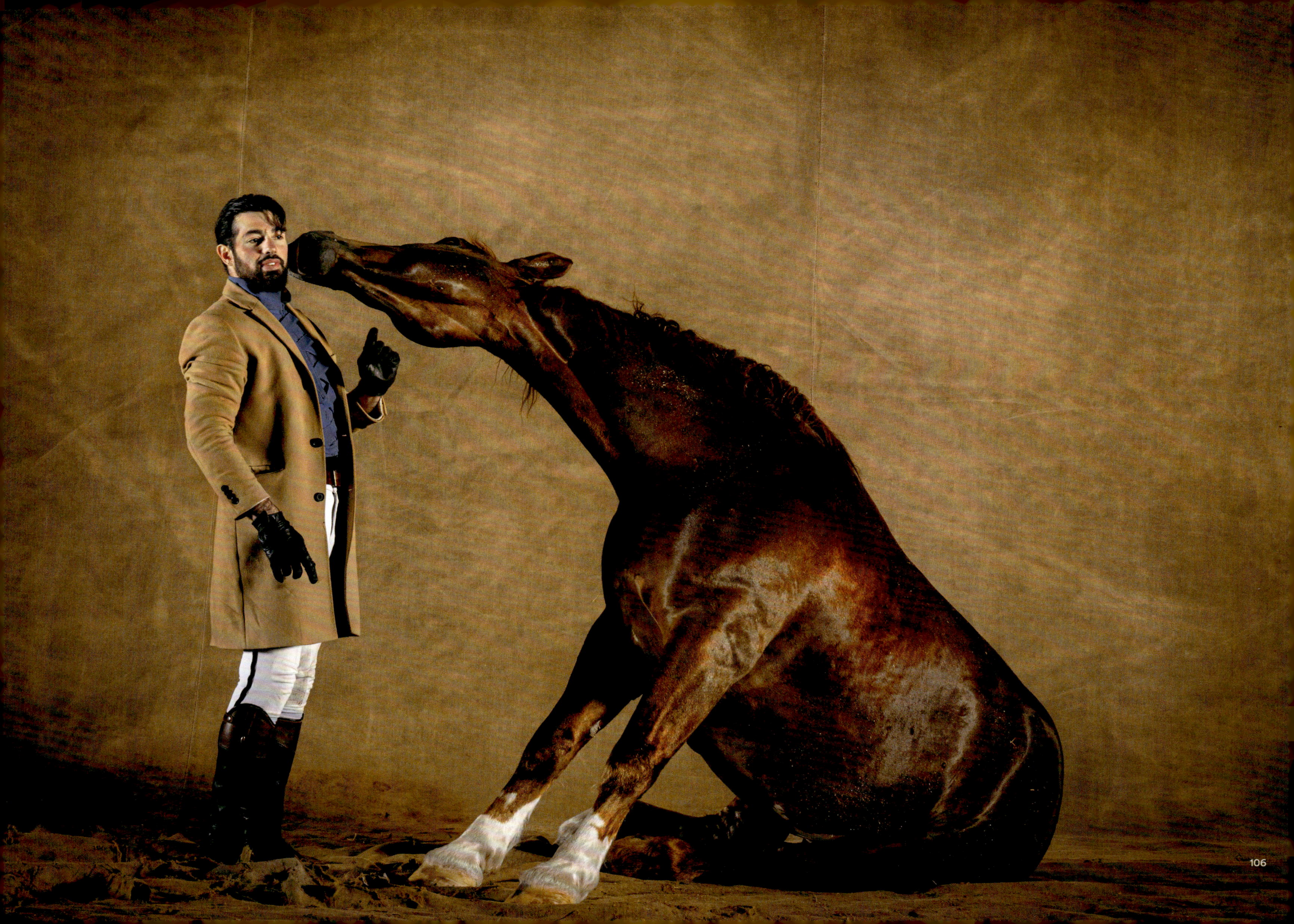

On peut imposer beaucoup à un cheval par la force et la coercition, il lui arrive aussi de céder par habitude ou résignation. On peut le faire travailler jusqu'à l'usure, lui imposer des exercices et des cadences, le faire plier sous la contrainte. Il est bonne pâte. Mais il y a une chose qu'on ne décrète pas, c'est la confiance. Celle qu'il nous donnera, qu'en retour on pourra avoir à ses côtés. Elle ne se gagne ni ne s'accorde à marche forcée. À chaque cheval son tempo et ses exigences. Elle est le plus absolu trésor. Dont une fois dépositaire, il faut prendre grand soin.

Le cheval
place la barre
très haut :
il ne ment pas,
ne trahit pas,
n'est pas cruel
sans motif.

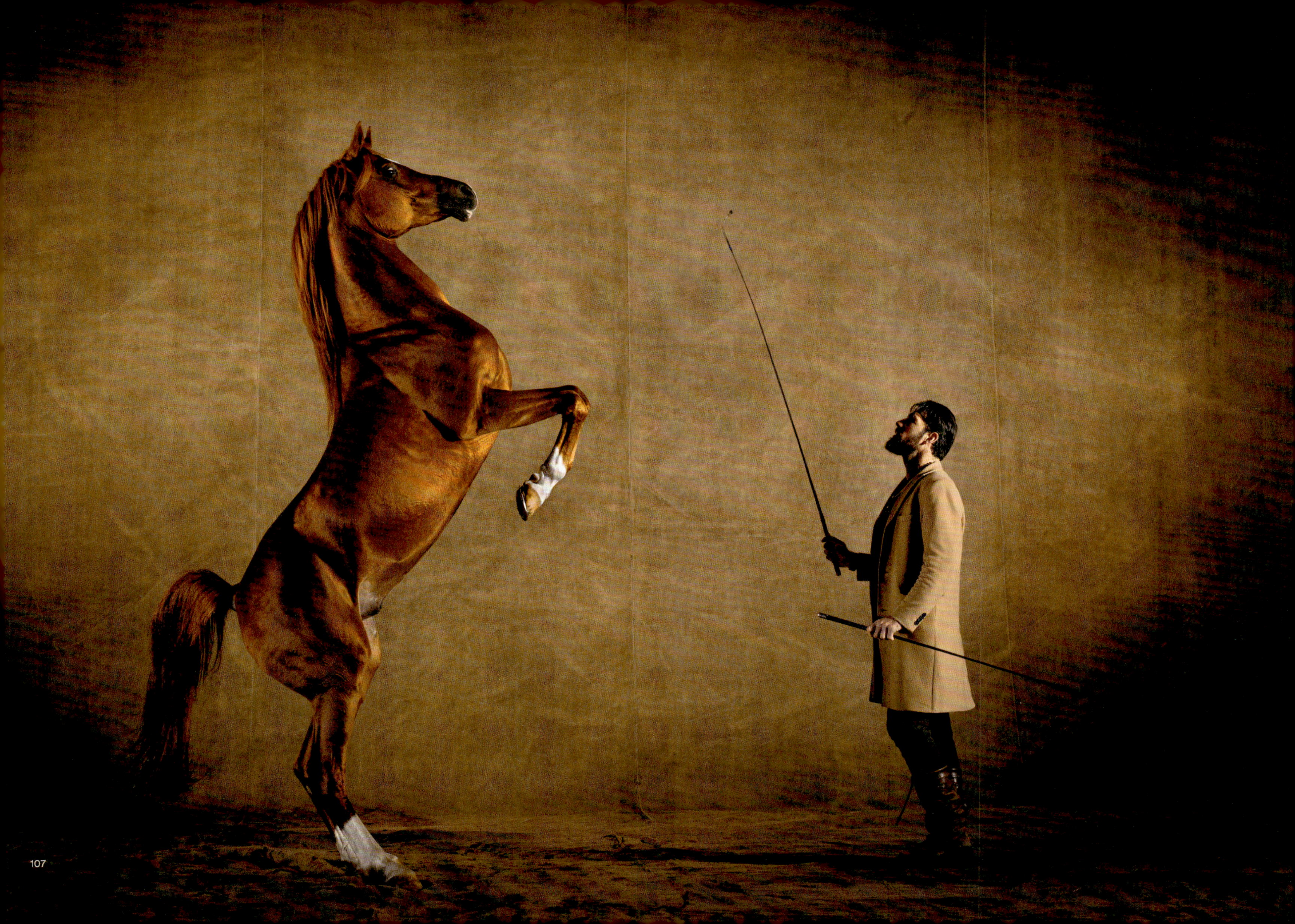

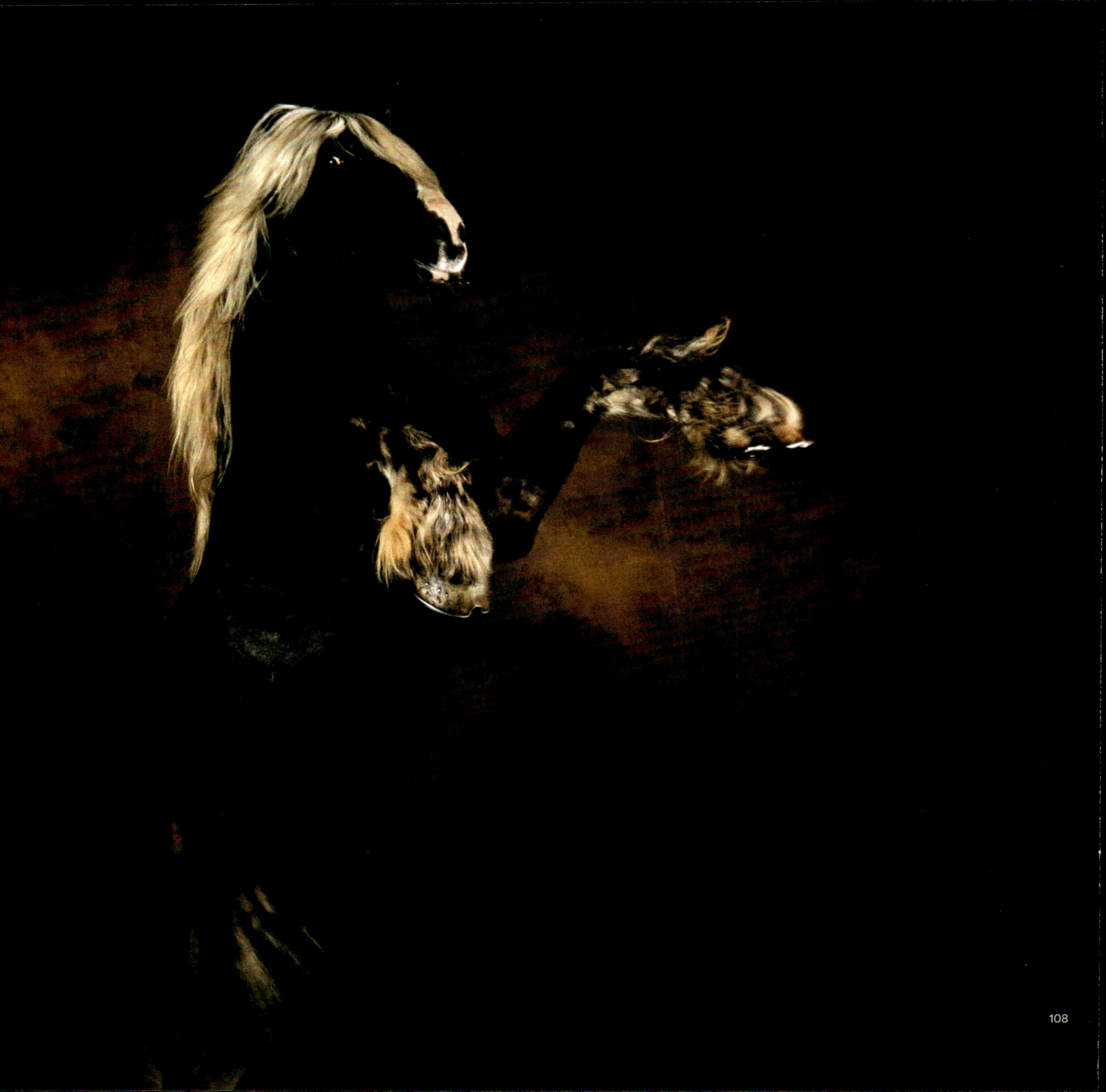

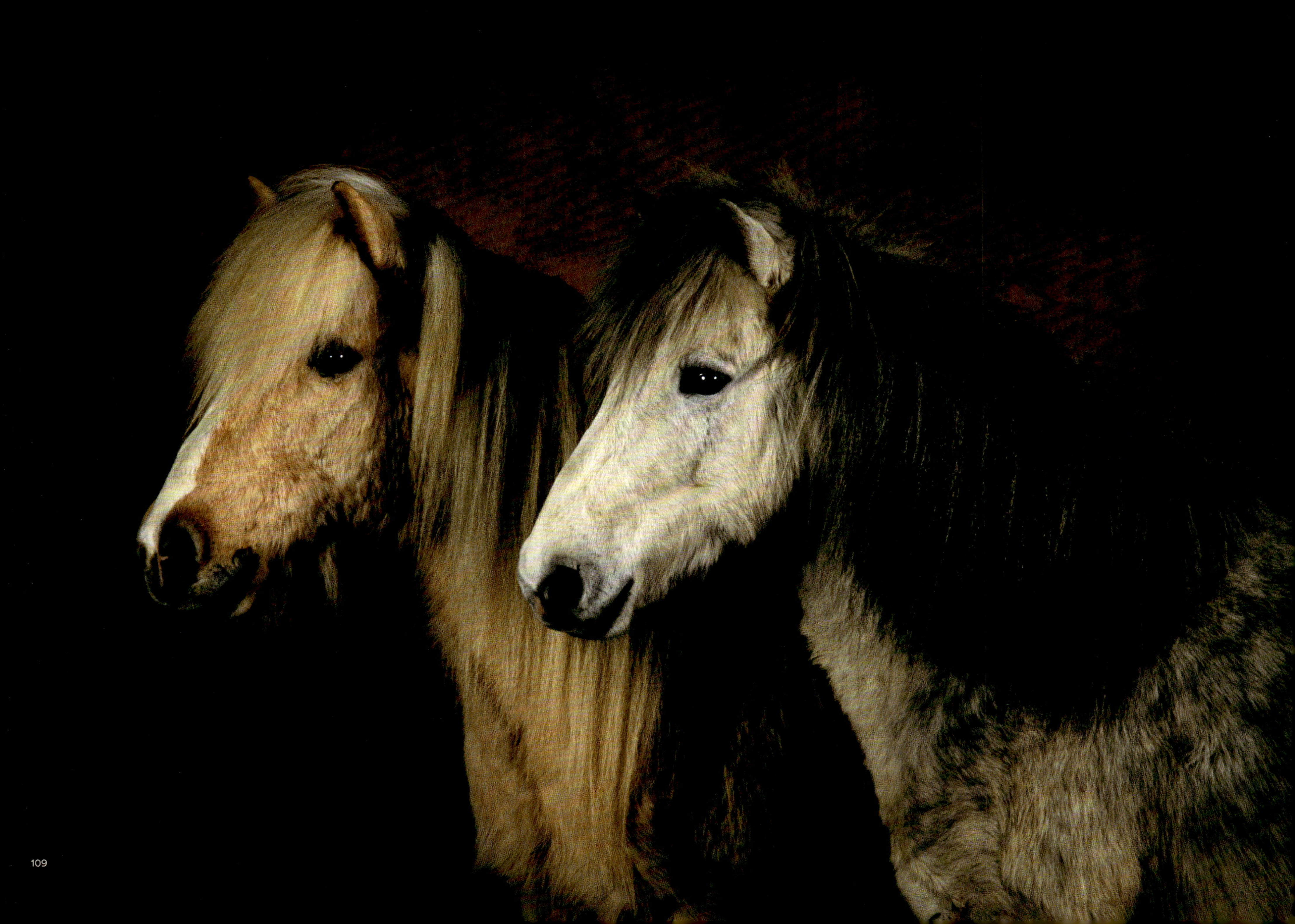

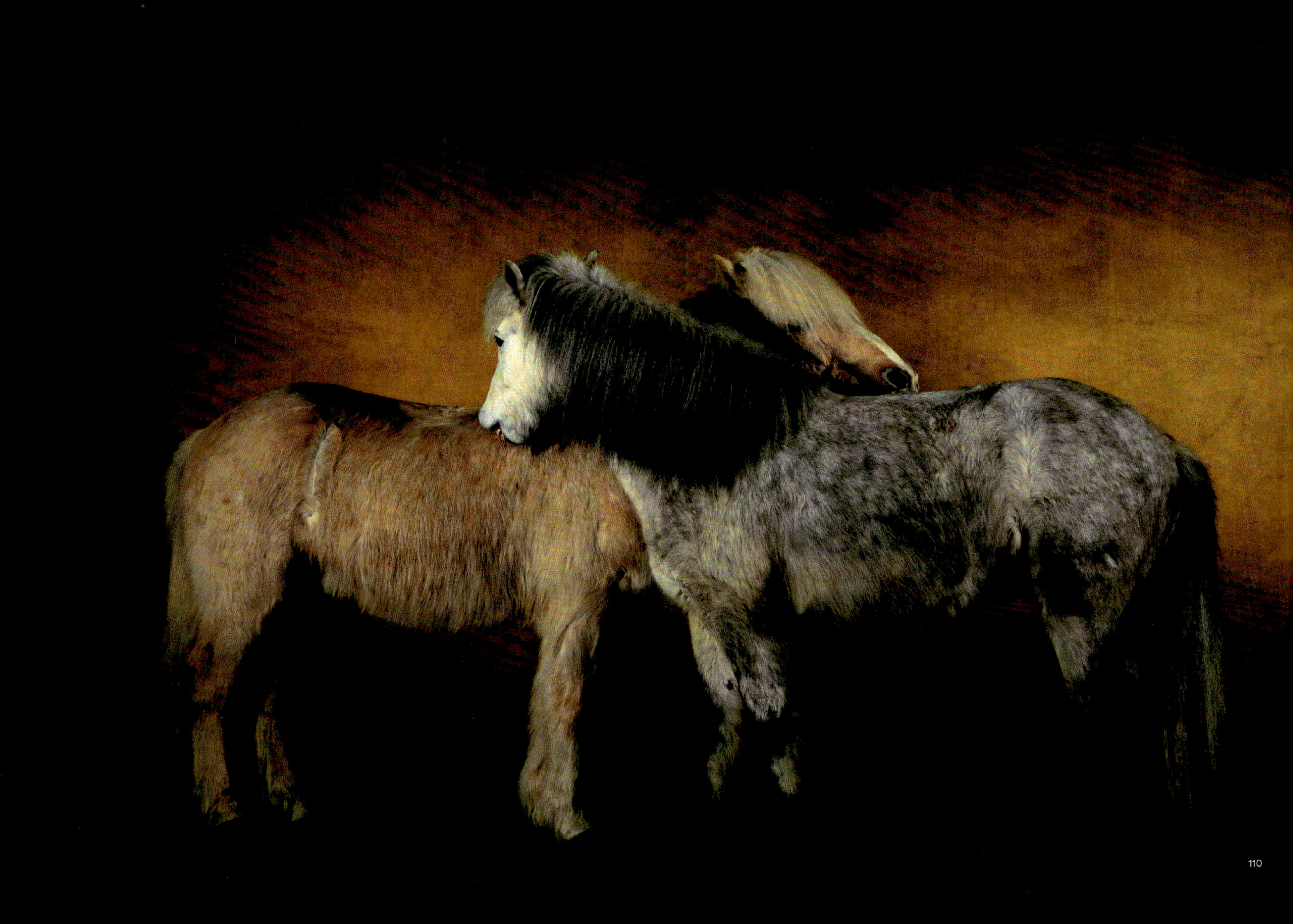

Le grooming, ou toilettage mutuel, acte fraternel entre chevaux amis. Et quand tu viens apposer ton front contre mon torse, coller ton flanc contre mon corps, pour que je gratte ton toupet, ôte les mouches plates qui ont colonisé ton ventre, se sont placées juste entre tes mamelles, lorsque tu me présentes ta croupe, car sous la queue les indésirables se sont aussi incrustées, là, juste autour de l'anus, sur la peau délicate et sensible. Lorsque tu m'indiques en retroussant la lèvre supérieure le plaisir que tu prends à une séance de pansage, je souris. Me voilà admise parmi le cercle des proches. Et rentrant à la maison, m'extirpant à regret du monde des frères-chevaux pour rejoindre les frères-humains, je contemple les lunes noires sous mes ongles et je songe à mes mains qui se sont mêlées à ton corps, cette intimité partagée dont il ne reste que de minuscules traces terreuses.

Je vous ai aimés si divers.

Une grande jument de dressage, tatillonne, physique de girafe, déroulant un trot ample. Si douce après l'effort.

Ces chevaux Kirghiz, secs, traçant imperturbablement leur route dans les reliefs les plus abrupts de leurs quatre allures.

L'énorme Kim, cheval Ardennais de l'enfance, qui opposait une sereine résistance en guise de refus d'obtempérer et pouvait faire plier en deux la plus solide des clôtures de bois.

Mon prince noir, cheval de sport latino-américain, tempérament de feu, puissant, capable du meilleur, quand il le voulait.

Une pouliche Arabo-Paint, avec laquelle je filais dans les bois sous la pluie d'hiver, lui inculquant des rudiments de conduite.

Davaï, petit alezan brûlé du Caucase, que rien ne pouvait effrayer et qui avait toujours le dernier mot.

Je vous ai aimés têtus, malins, sensibles, pleinement vivants.

Je vous ai tous gardés dans la peau.

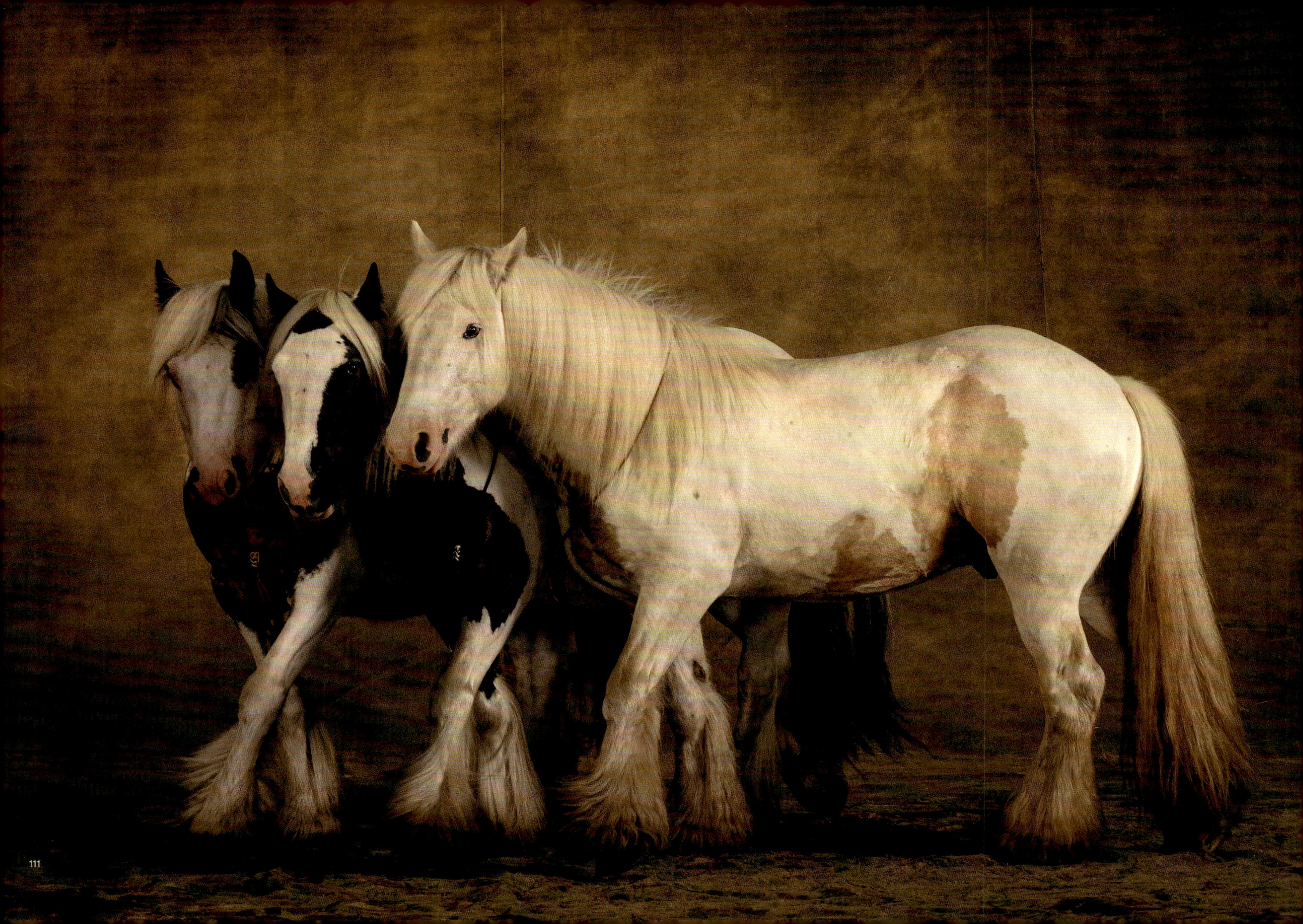

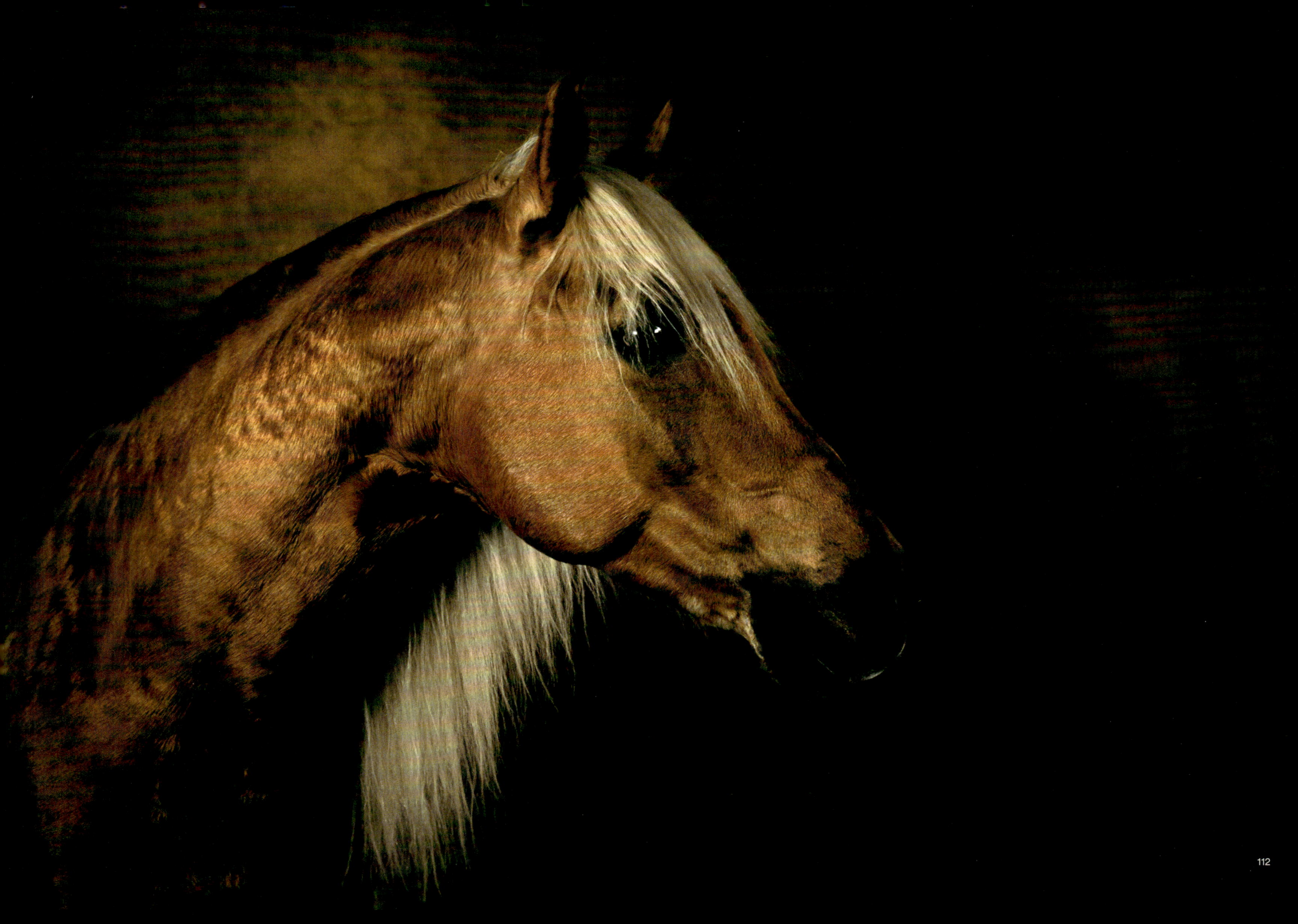

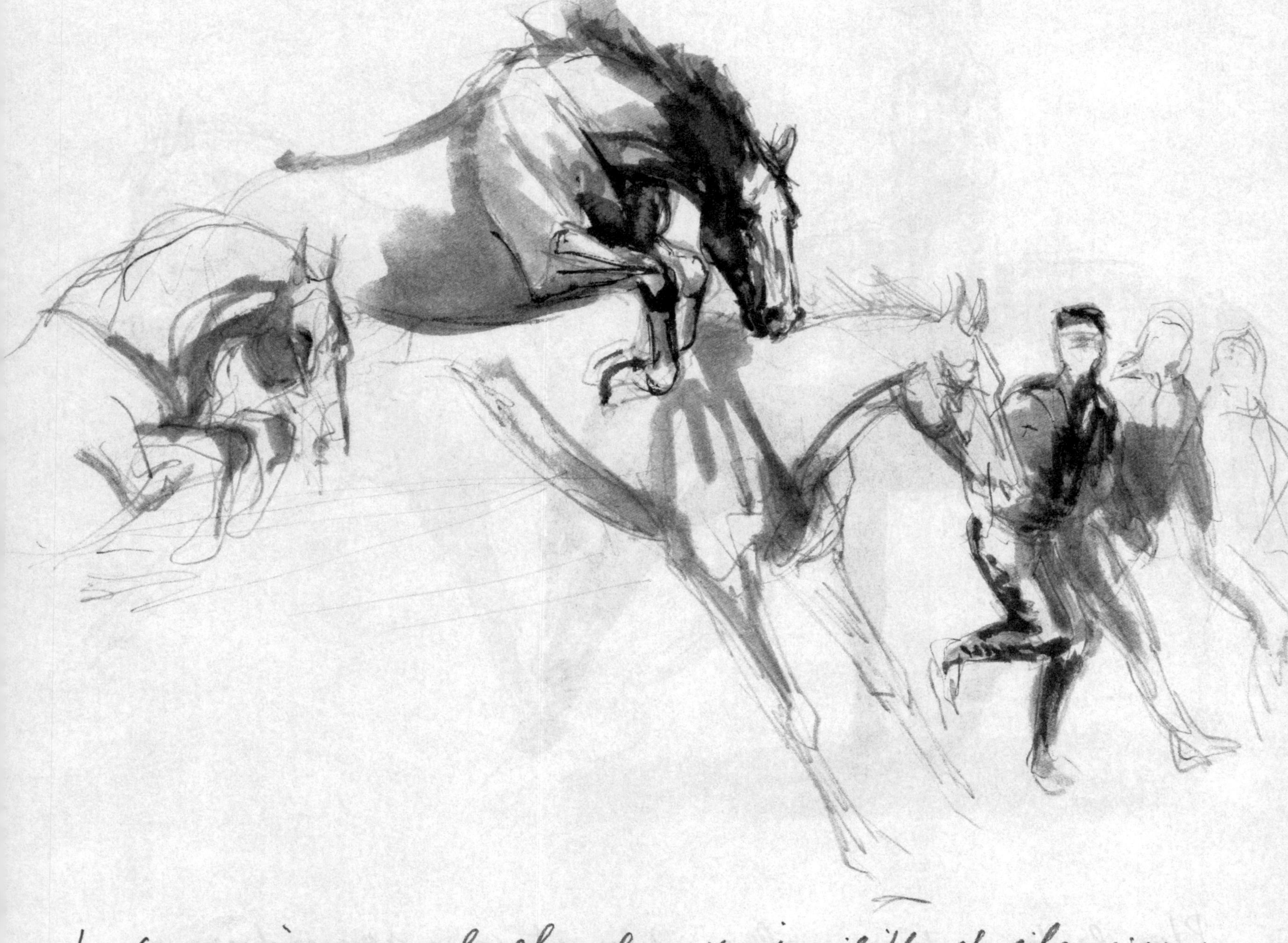

La connexion avec le cheval est invisible et silencieux.

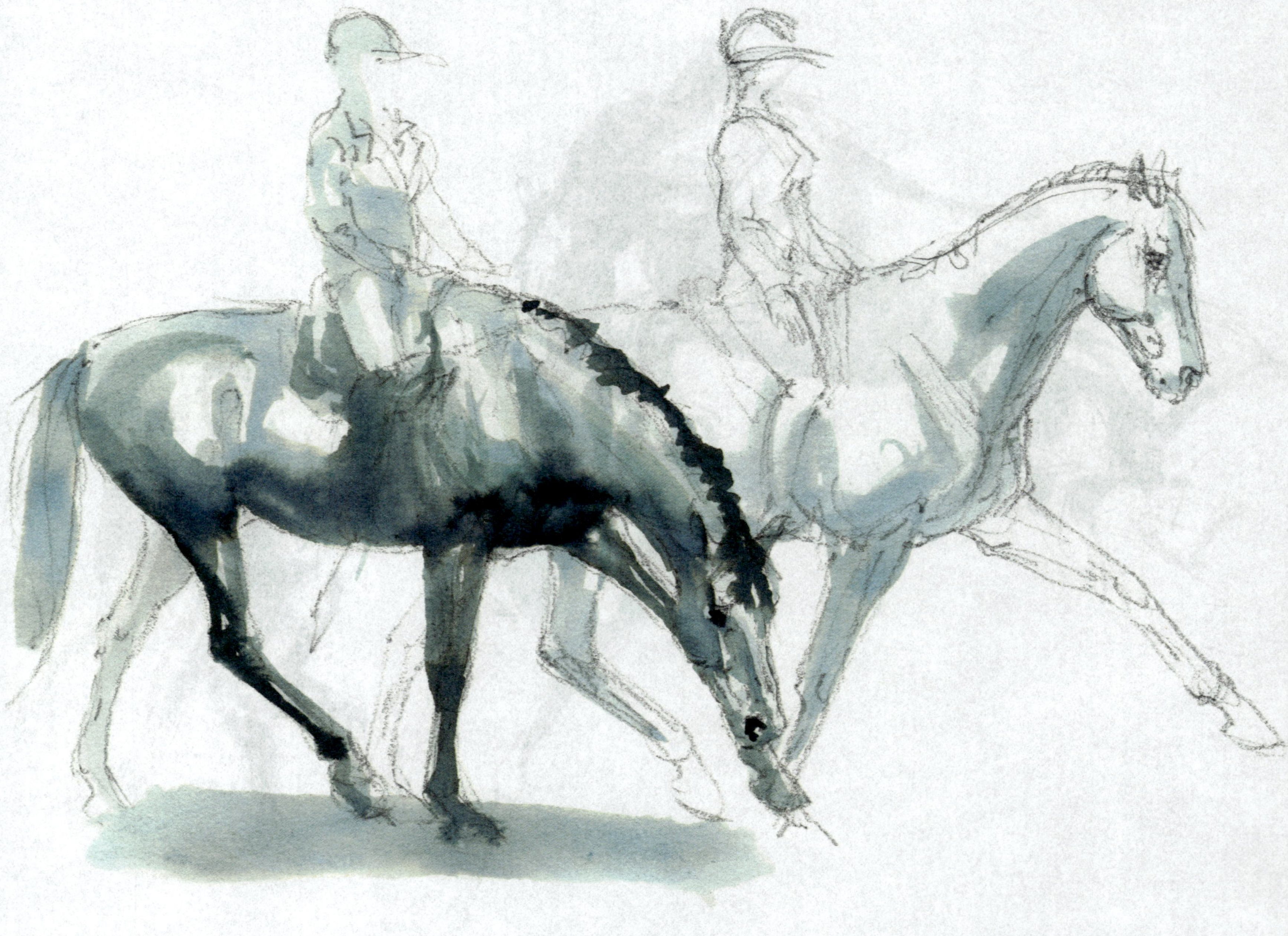

Plus lentement vous allez, plus vite vous apprendrez.

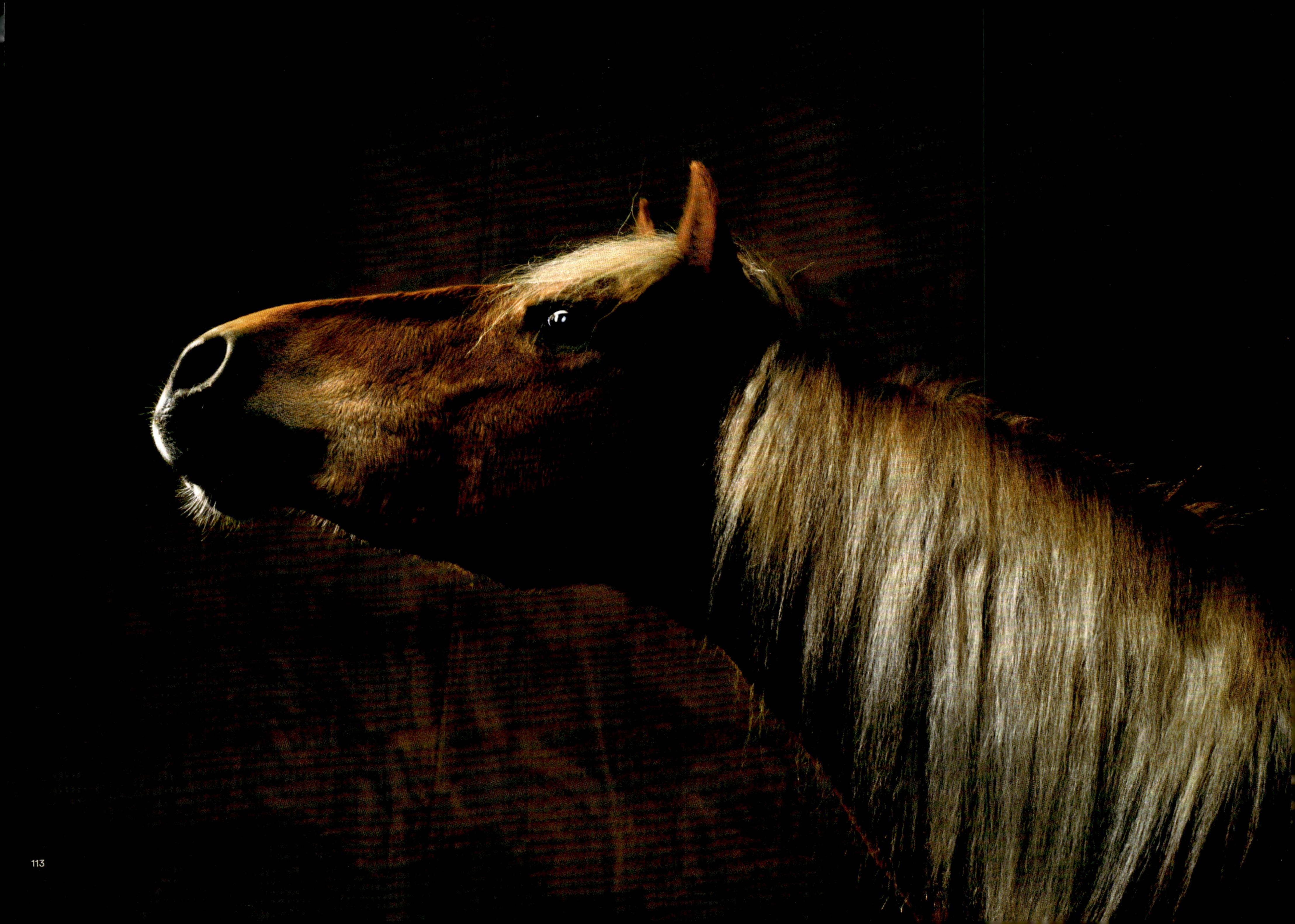

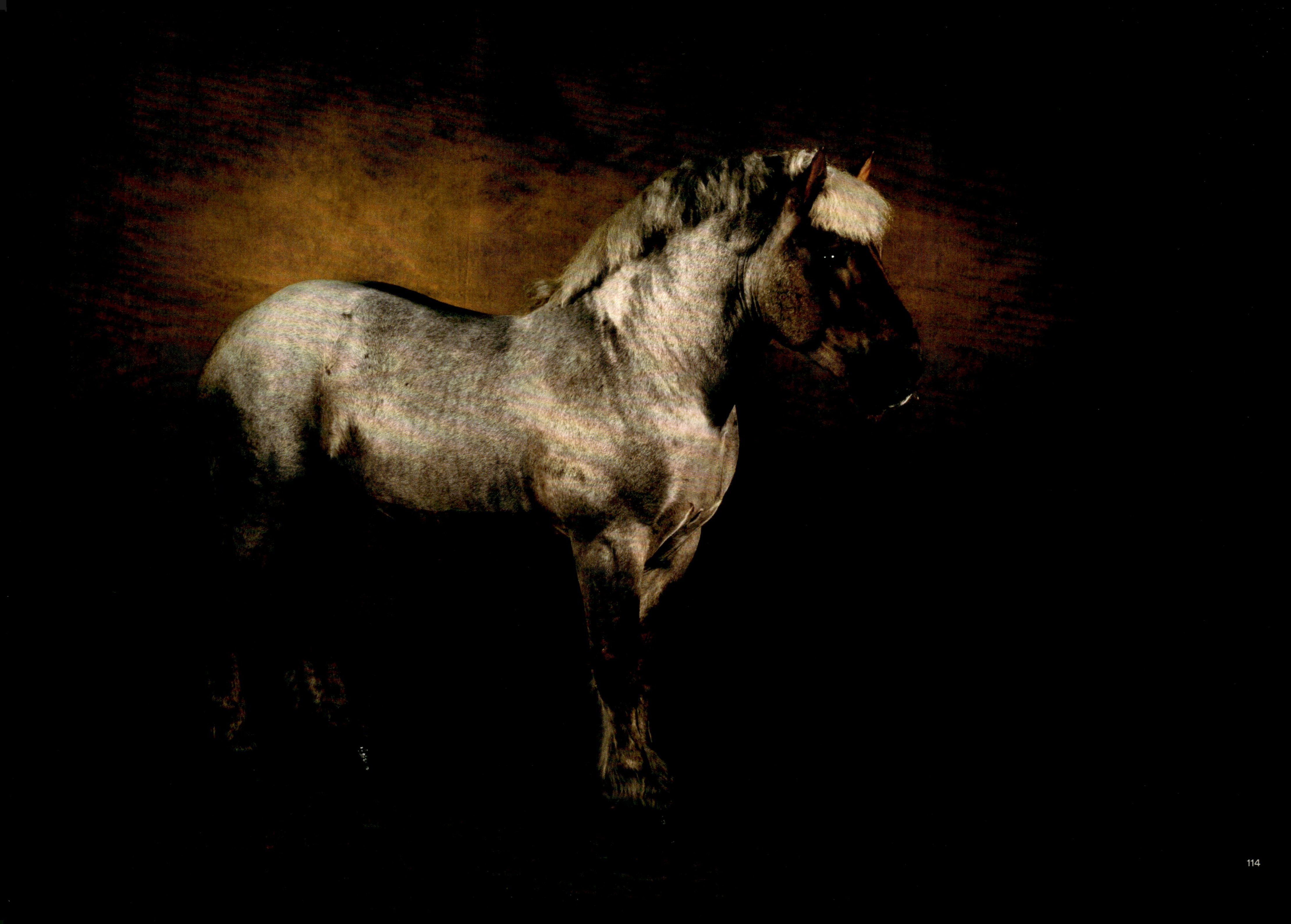

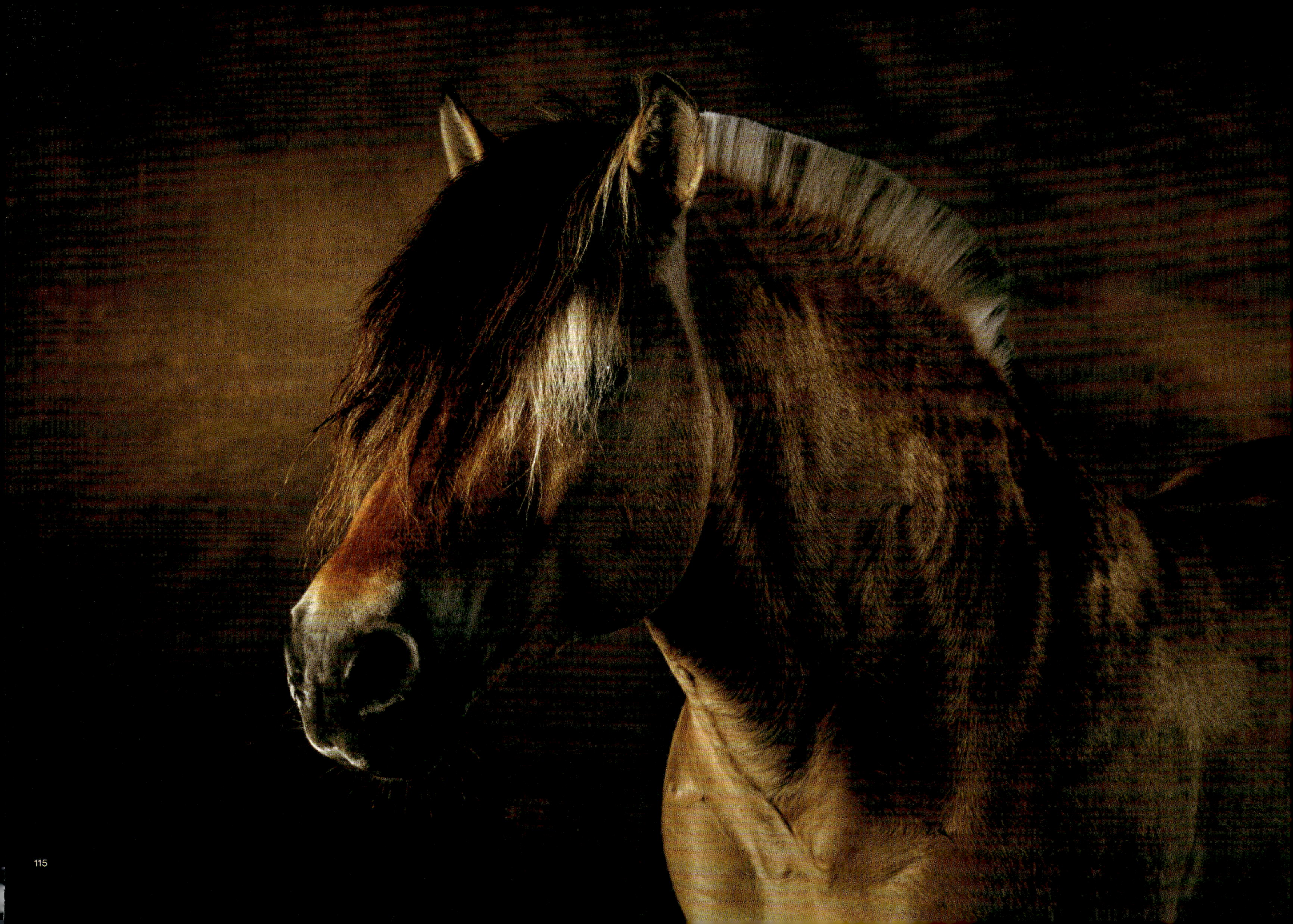

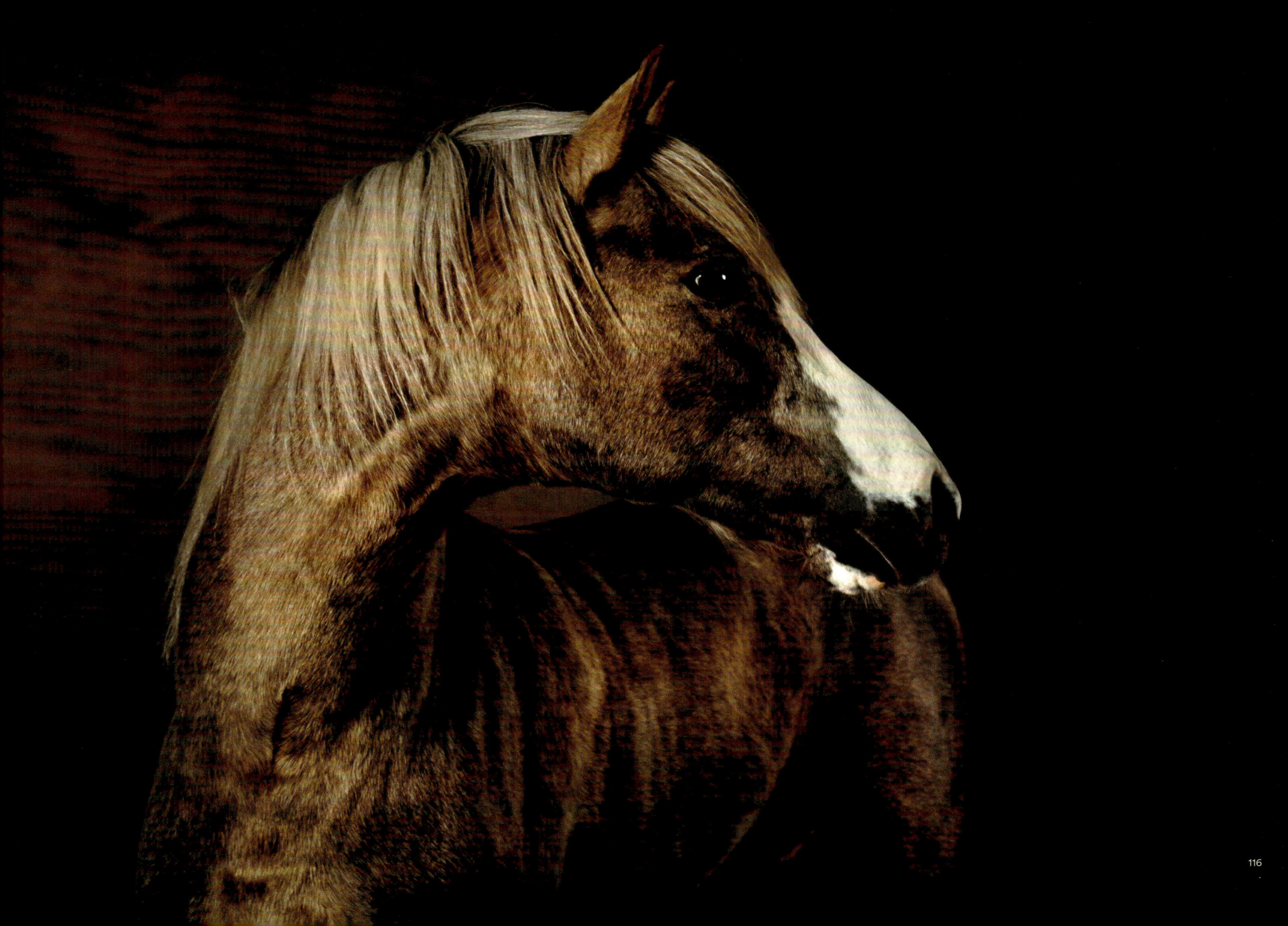

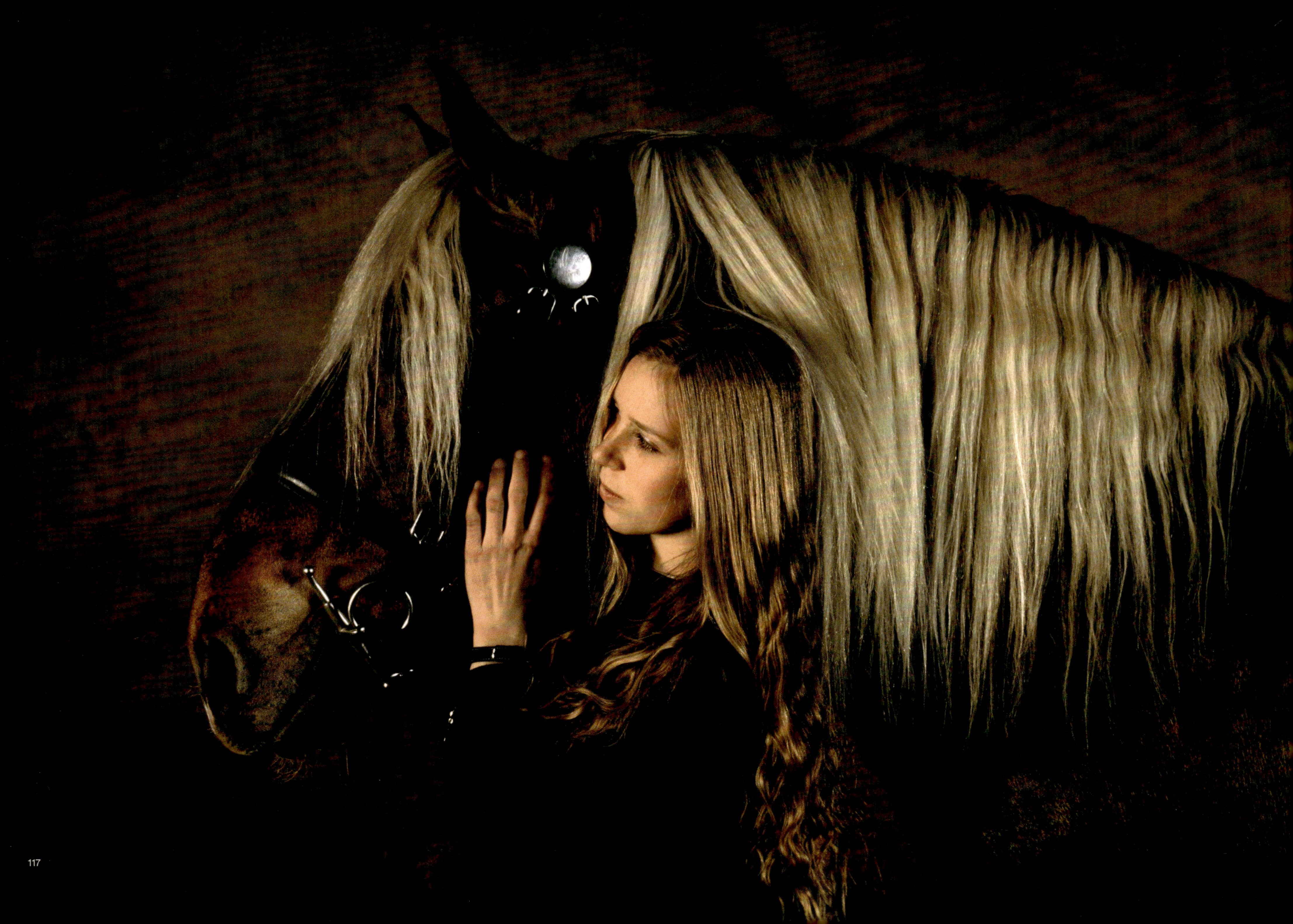

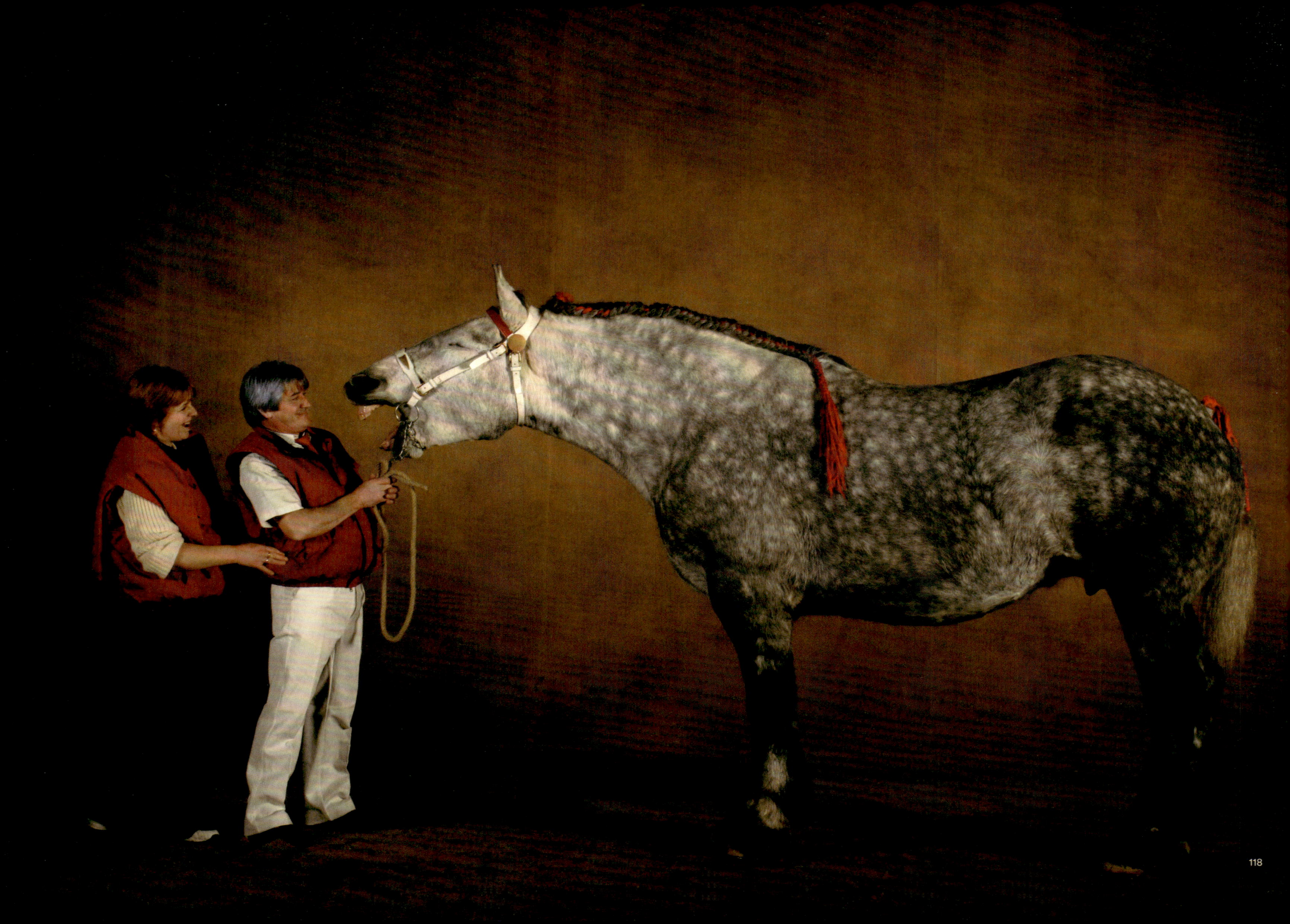

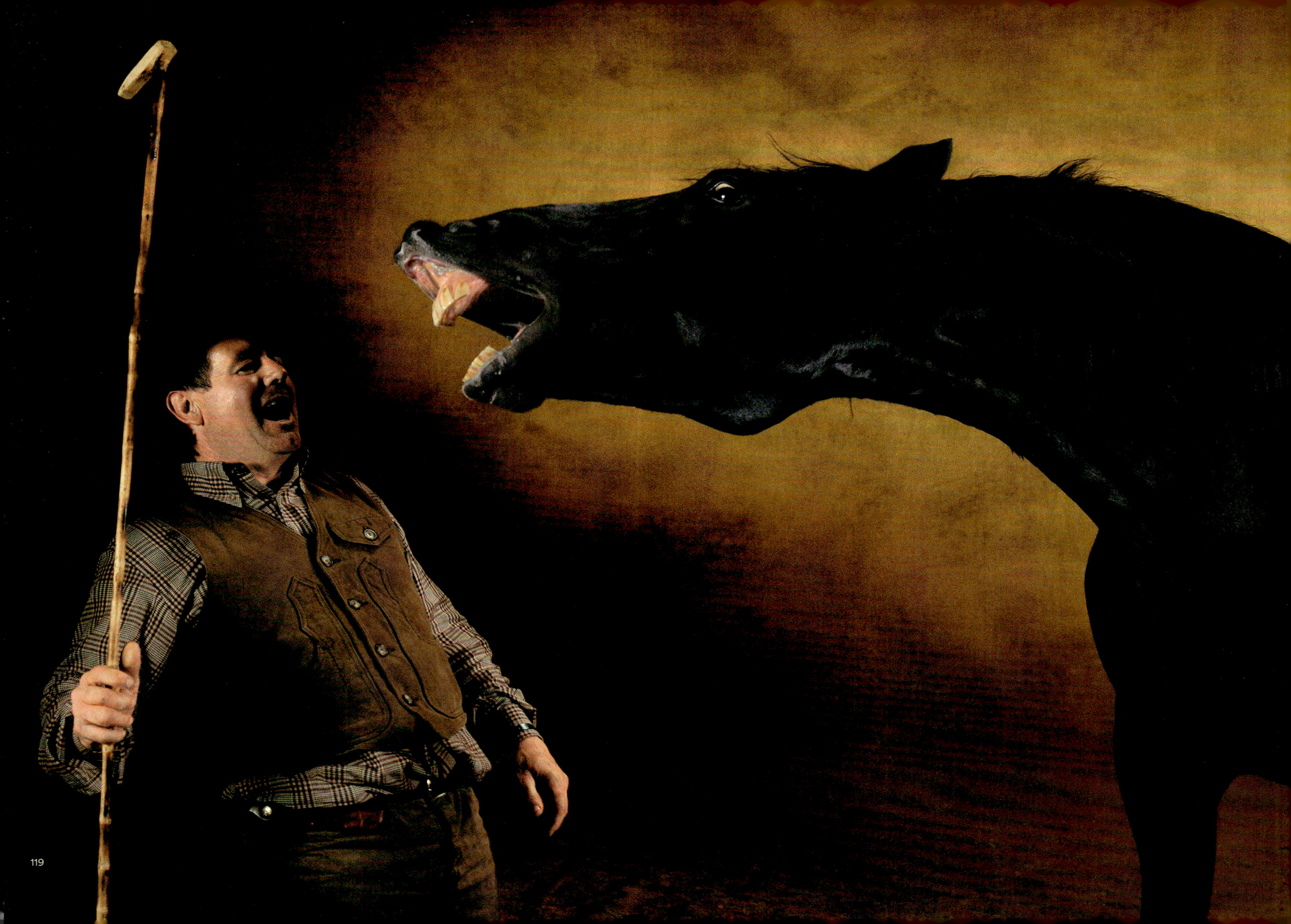

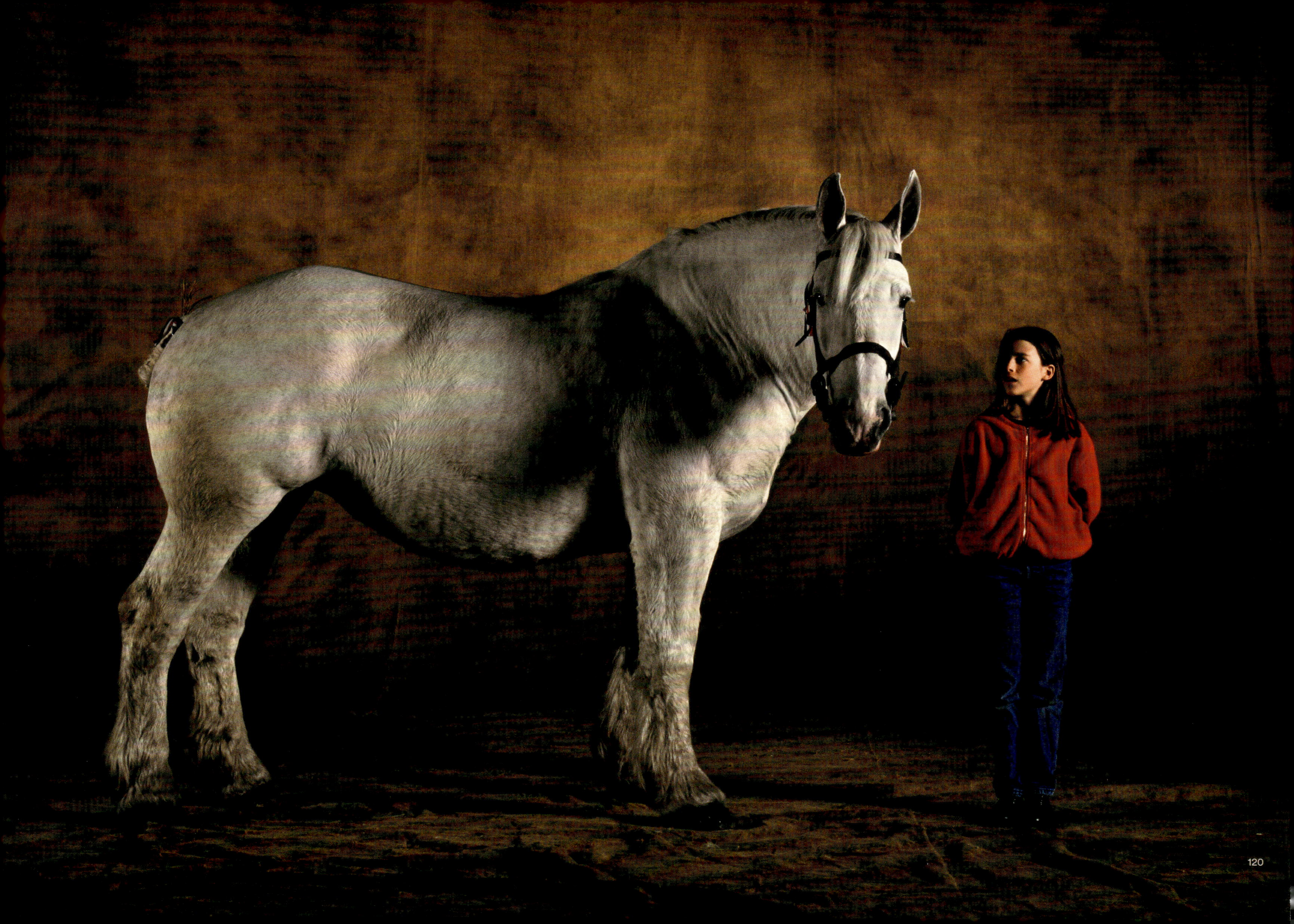

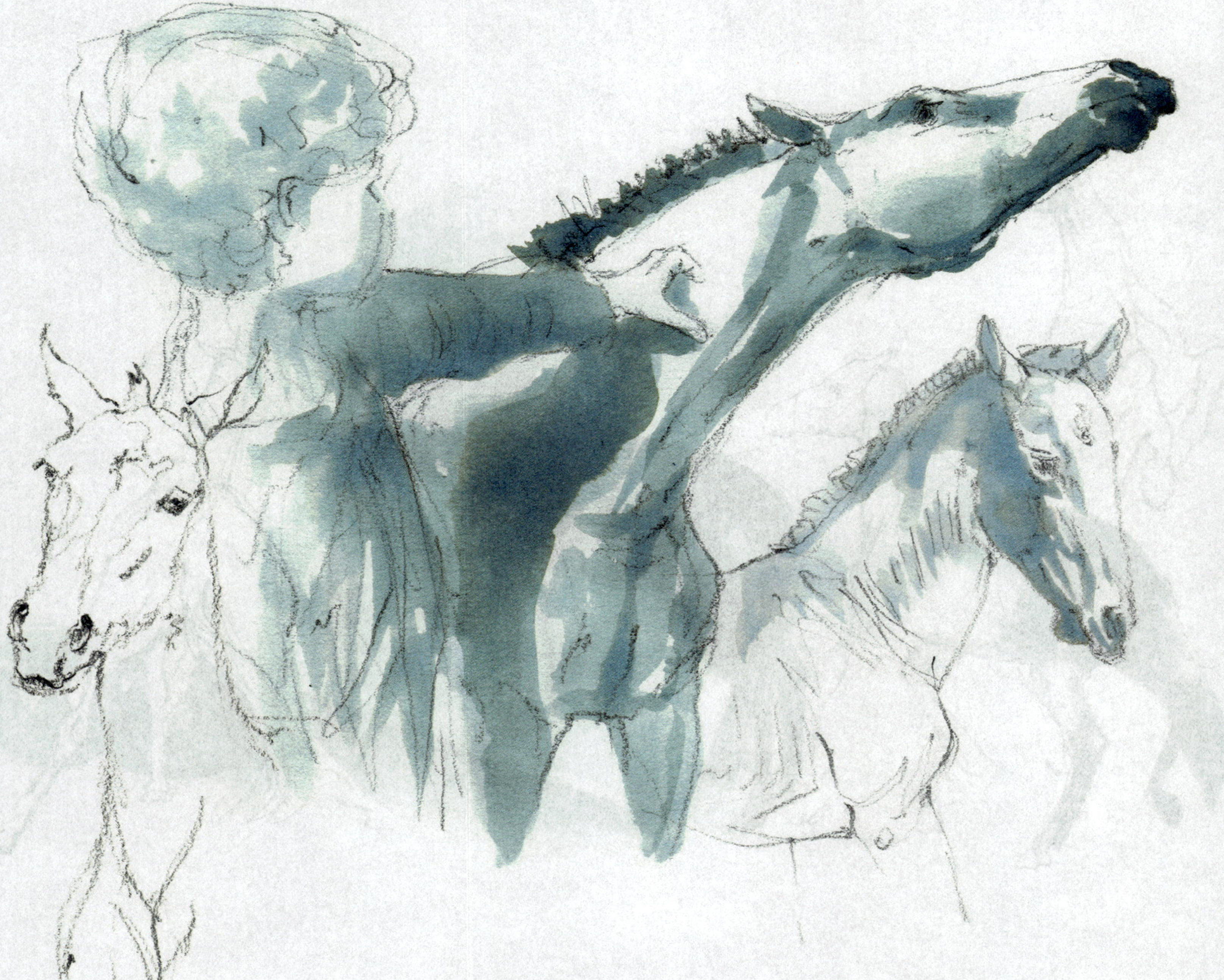

Le cheval est le miroir de votre âme.

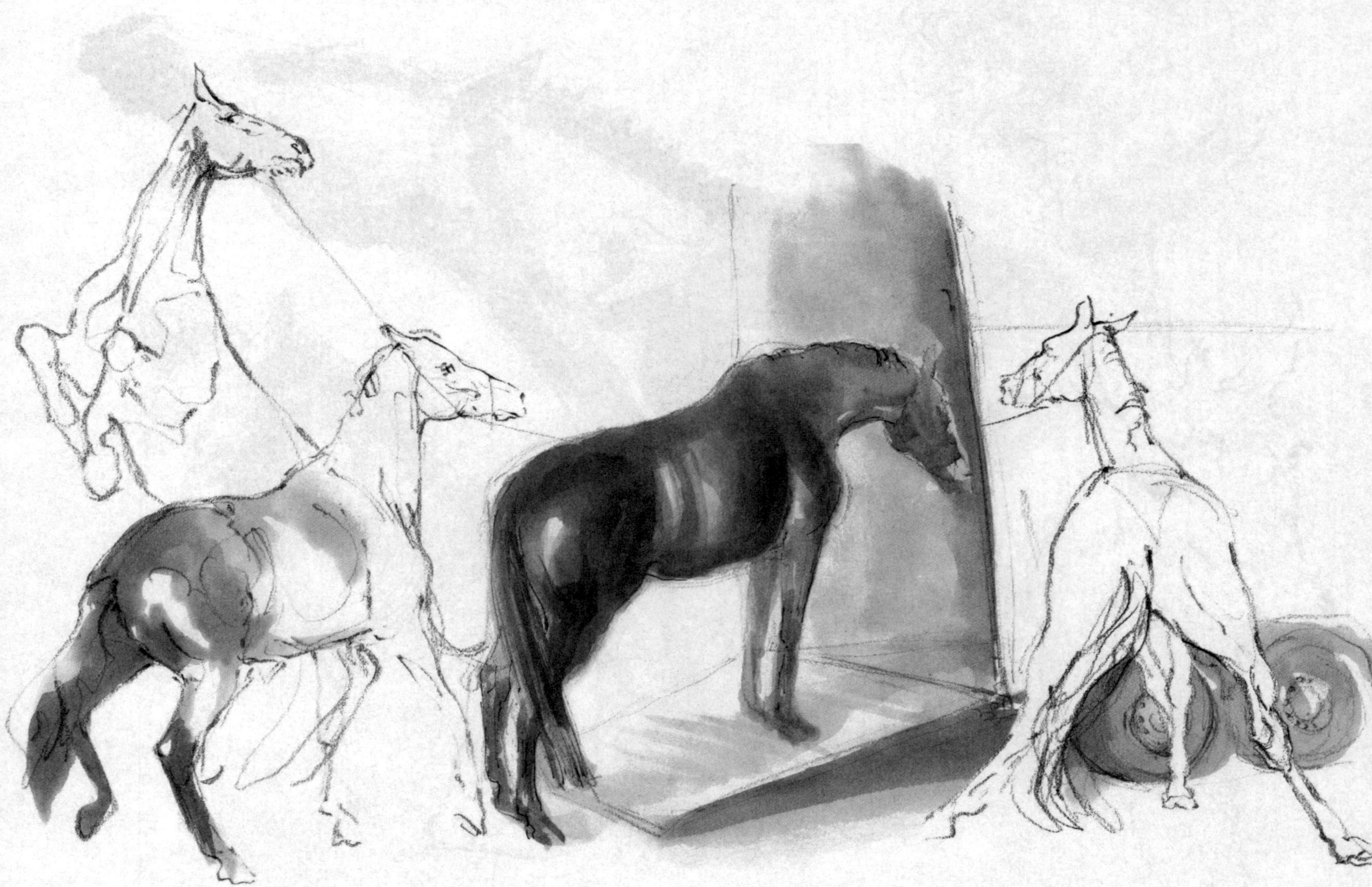

Rechercher le calme et la décontraction.

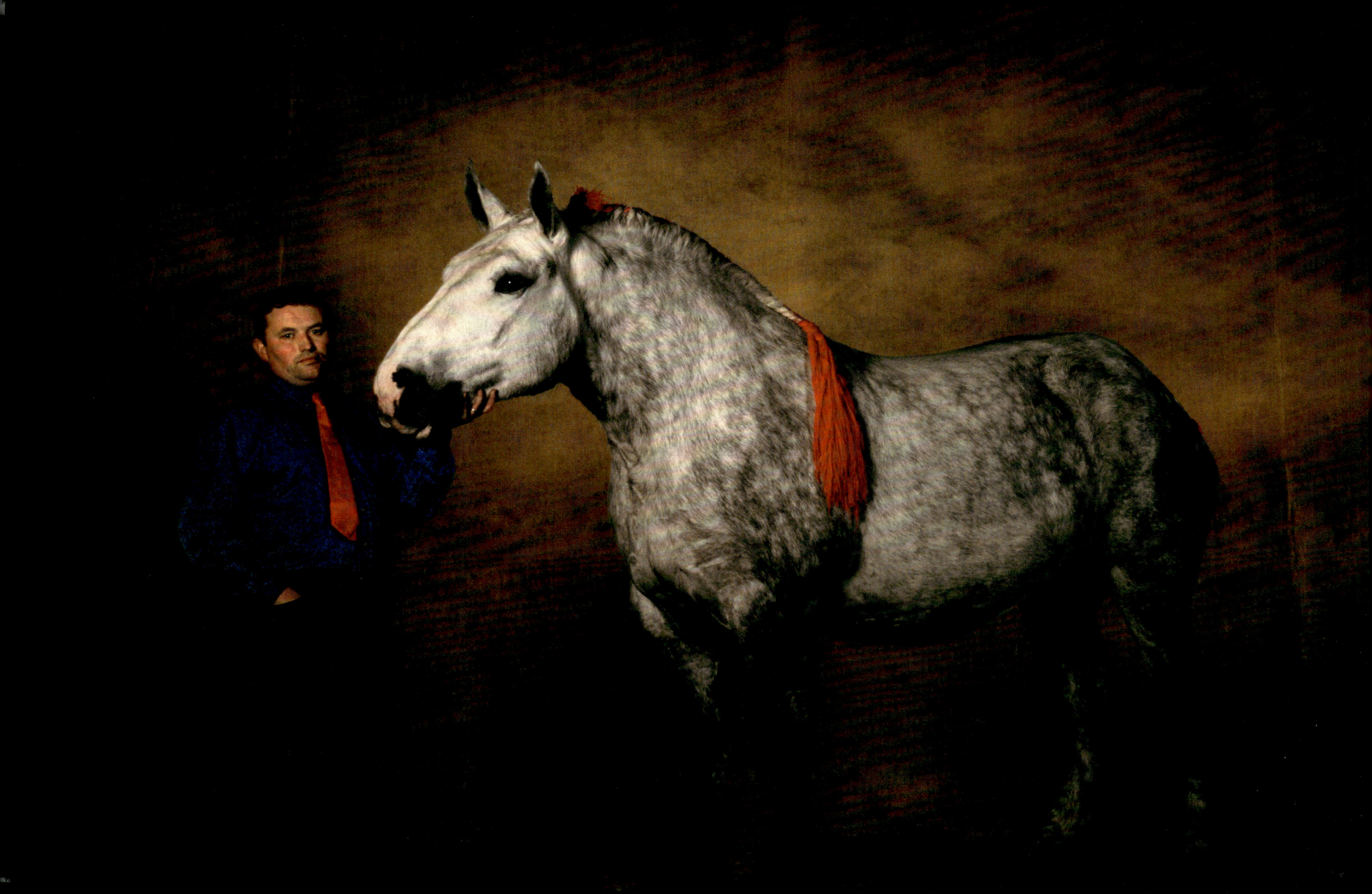

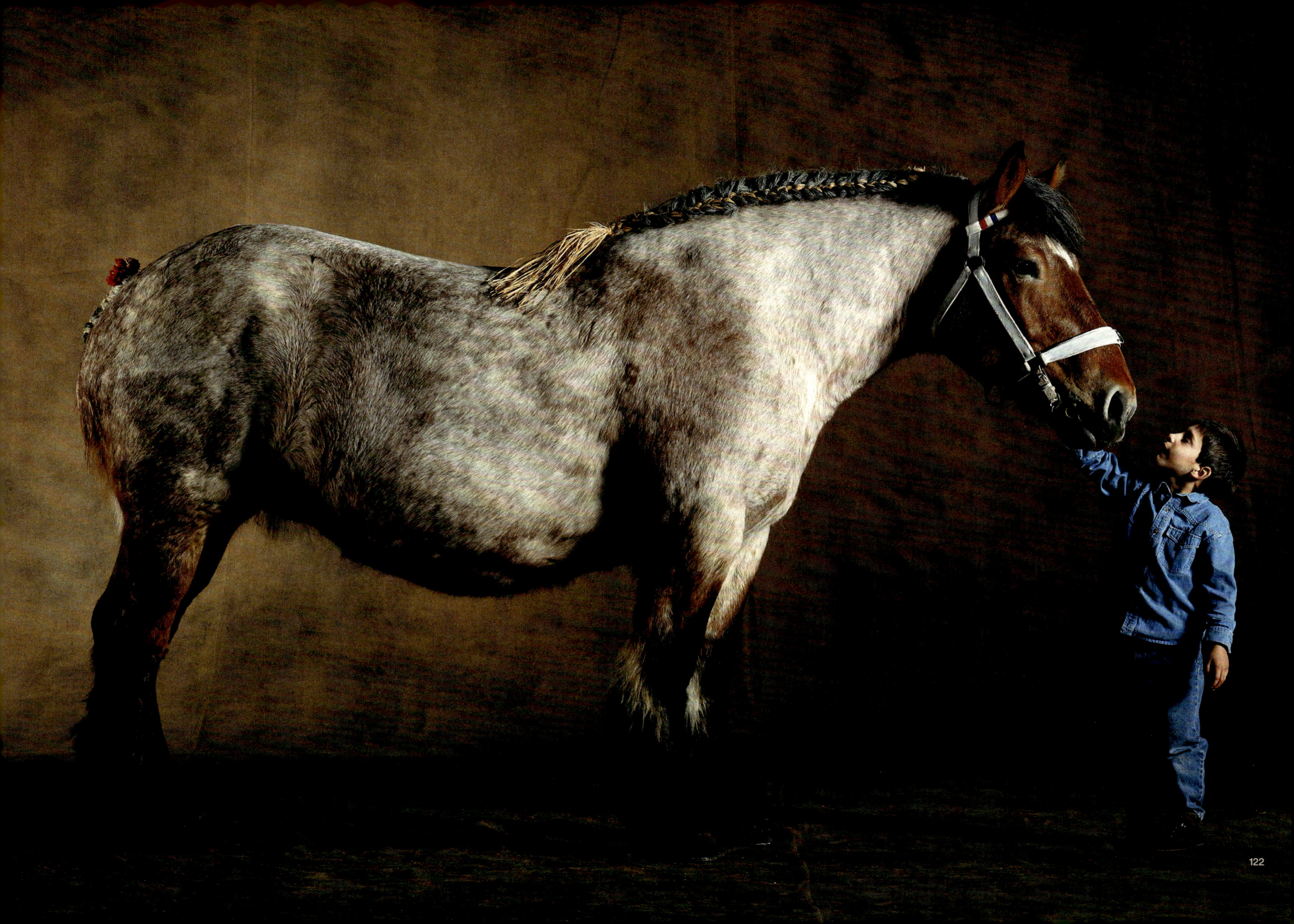

Qu'on écoute les mots de ceux qui ont partagé vie et labeur avec des chevaux. Francis se souvient de ce cheval qui accompagna son enfance, partenaire de travail de son père agriculteur. C'était dans le Nord de la France dans les années 1950. Gamin, c'était pas juste un cheval de trait, c'était mon copain. Il était énorme, pour moi c'était un éléphant, il me suivait partout. Mon père était connu pour approcher les chevaux de la manière douce. Dans les foires agricoles, il gagnait les concours de traction. Il avait pas besoin de brutaliser le cheval, il lui soufflait à l'oreille, vas-y Gamin, je compte sur toi maintenant, il faut tout donner.
Et il donnait tout.

Il existe des chevaux de labour, de débardage, de trait, des chevaux de monte utilisés par la police ou les gardes forestiers. Sur le papier, bon nombre d'engins peuvent remplir la même fonction. Faire office de. Croit-on. Ce serait réduire le cheval à une force motrice. La machine, alors, le supplanterait sans peine. Mais il s'agit de bien autre chose qui est mobilisé dans ces usages de l'animal au travail. Une intelligence complexe, une sensibilité olfactive, visuelle, sensorielle, intuitive, auditive, empathique. Qui permet au cheval d'entretenir un rapport respectueux au milieu. Le Comtois qui serpente entre les vignes ne dégage nul toxique – mieux, son fumier abonde le sol – et de son pas délicat épargne le précieux substrat. Dans les bois, son homologue Ardennais passe où même la machine ne se faufile, sans attenter au couvert végétal et à la vie de la faune, en silence, ou presque, de son odeur animale n'agressant pas les autres bêtes. En ville, monté par un policier, le cheval de selle se fait médiateur et, par sa présence poétique au milieu du bitume, apaise et fascine. Il s'adapte, il ressent, il réagit. Le cheval de transport, menant les enfants à l'école, les travailleurs sur un chantier, leur octroie ce temps de rêverie, ce sas entre le sommeil et le labeur. Ainsi, croire dans l'usage du cheval de travail, par choix et non par défaut, c'est réaffirmer la possibilité d'un monde où les rapports entre les êtres sont régis par la sensibilité. Où l'on cultive, se déplace, voyage, transporte, avec respect.

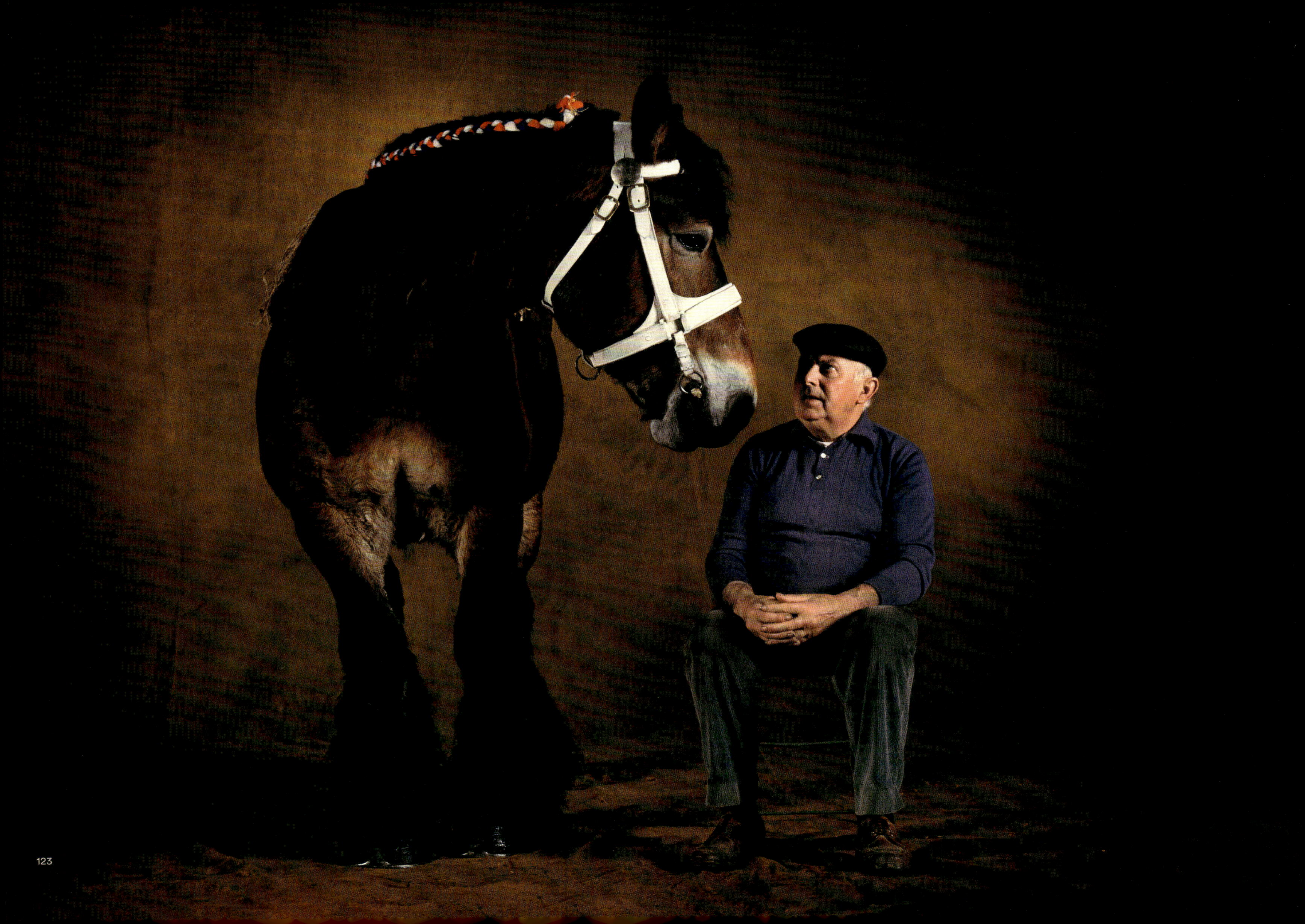

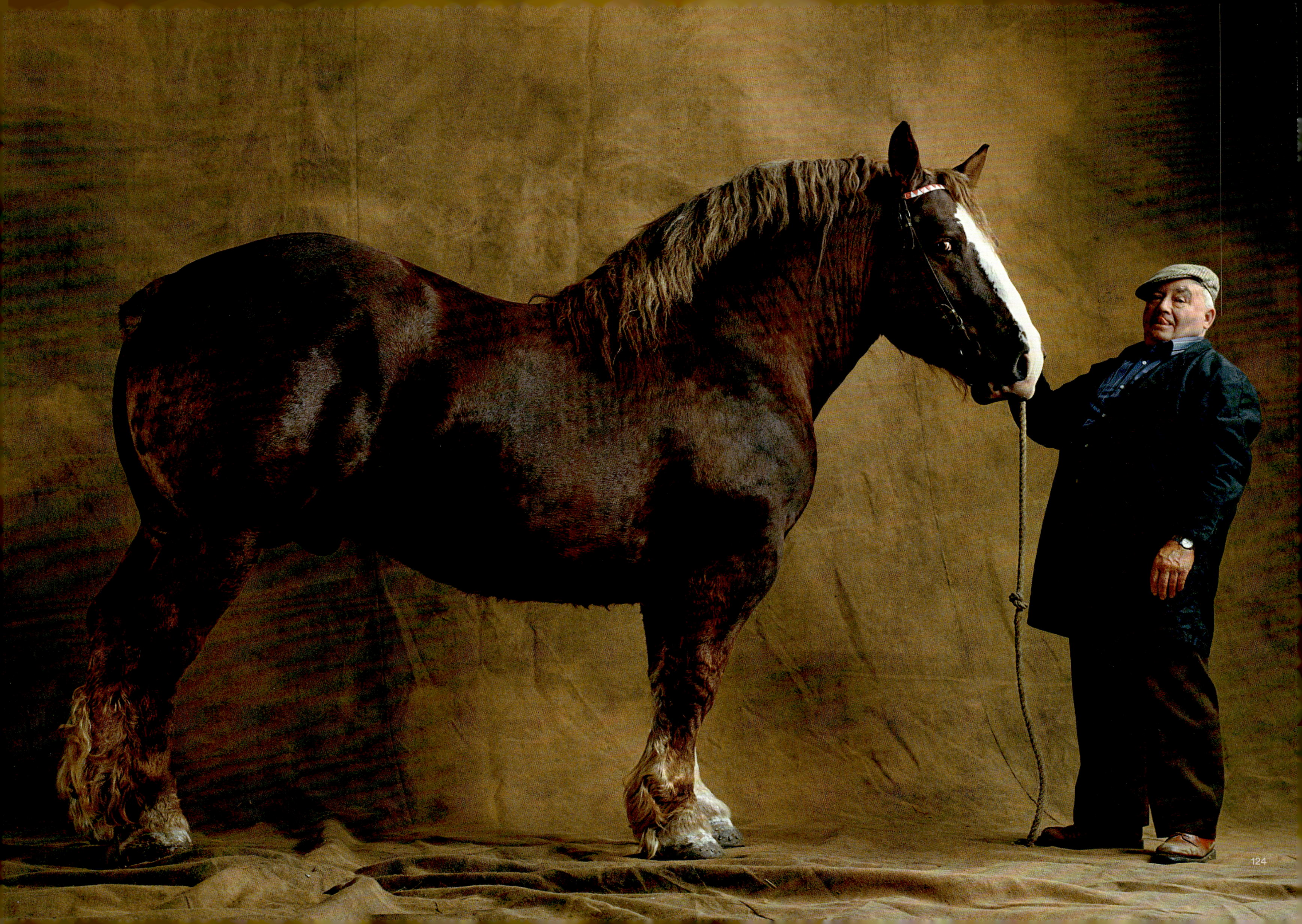

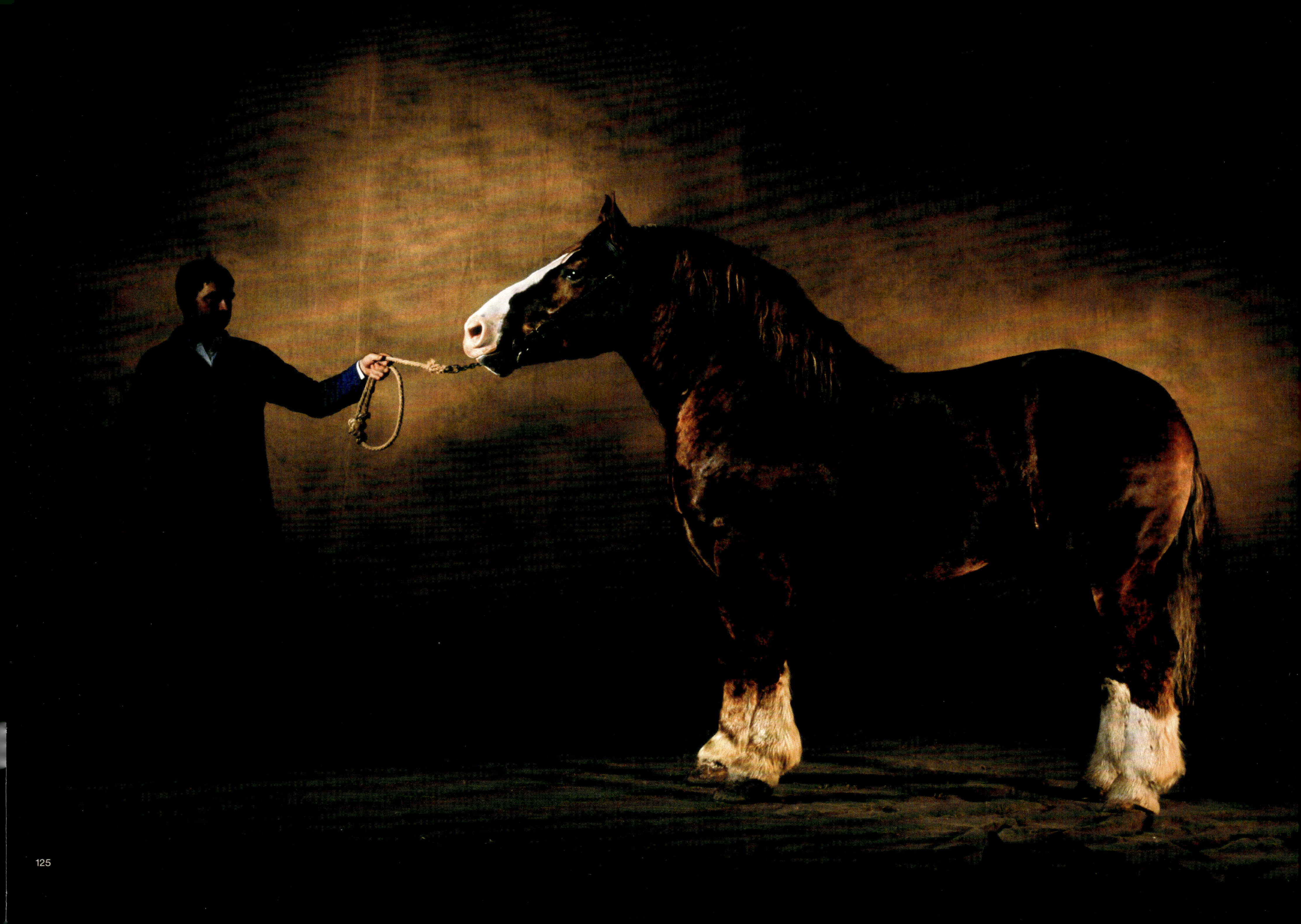

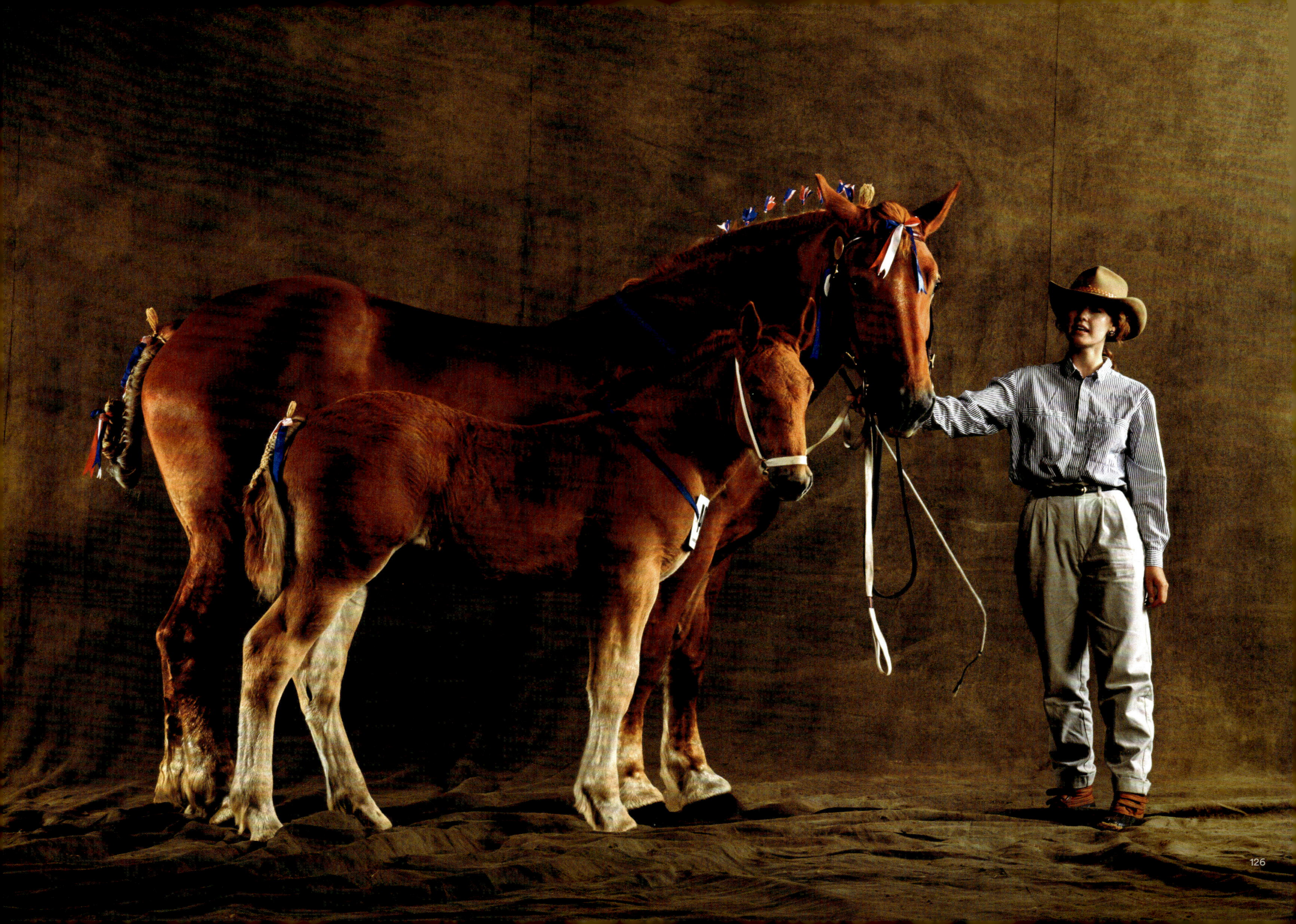

Ils sont nombreux,
ceux qui à la compagnie
des humains préfèrent
celle des chevaux.
Les cavaliers solitaires,
cette fille, partie débarder
les forêts des Vosges avec
son trait Ardennais, un écuyer
ne manquant pas à l'aube
le rendez-vous avec son
partenaire de scène, cette vieille
femme et sa jument Mérens,
également vieille, dont la visite
lui est aussi vitale que le retour
du soleil au matin.

S'il arrive qu'un cheval s'attache à un humain, il est même de folles histoires d'amour, qu'on lui présente des congénères, il préférera toujours leur compagnie. Ne jamais l'oublier : on n'est dans la vie d'un cheval que de surcroît.

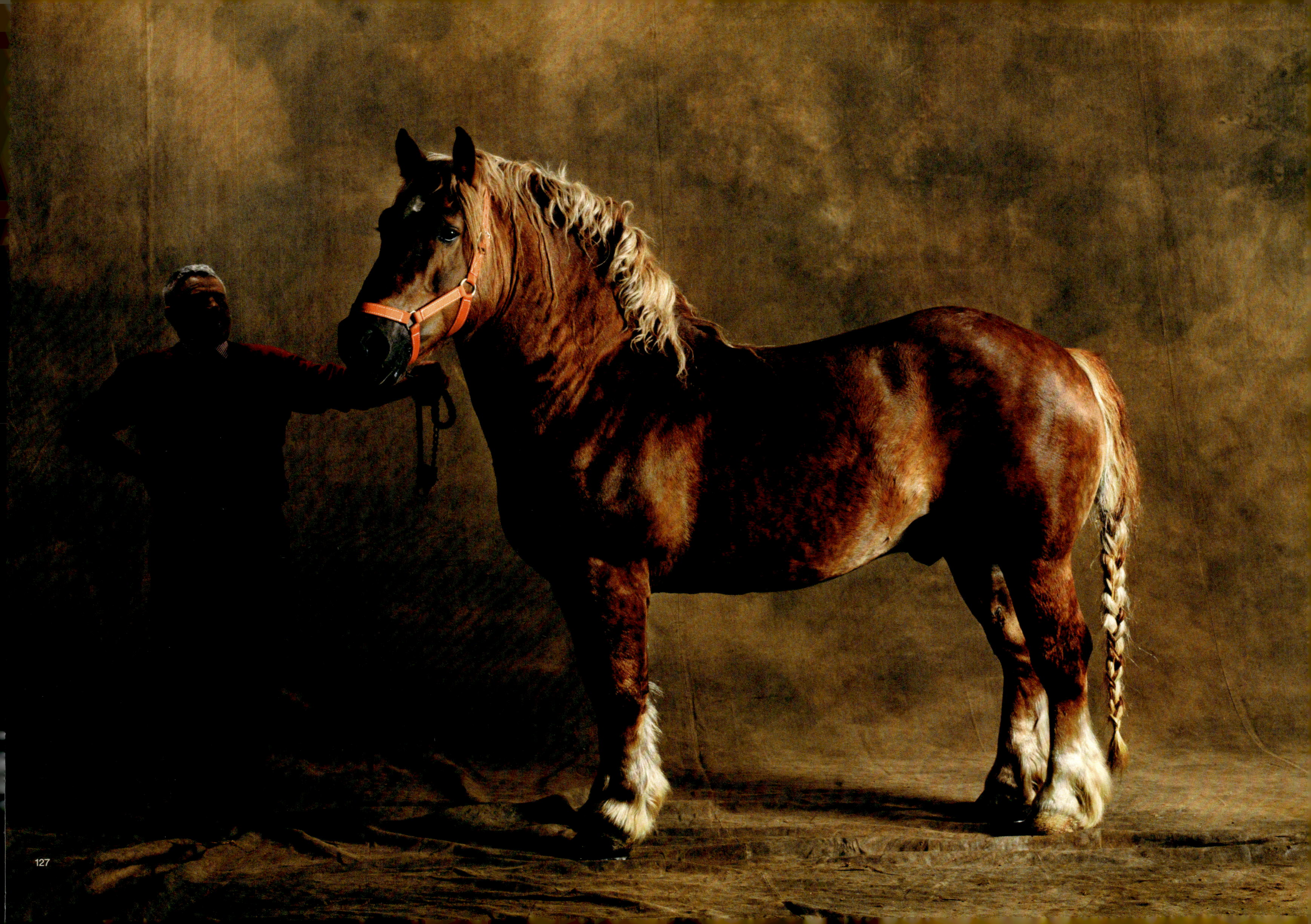

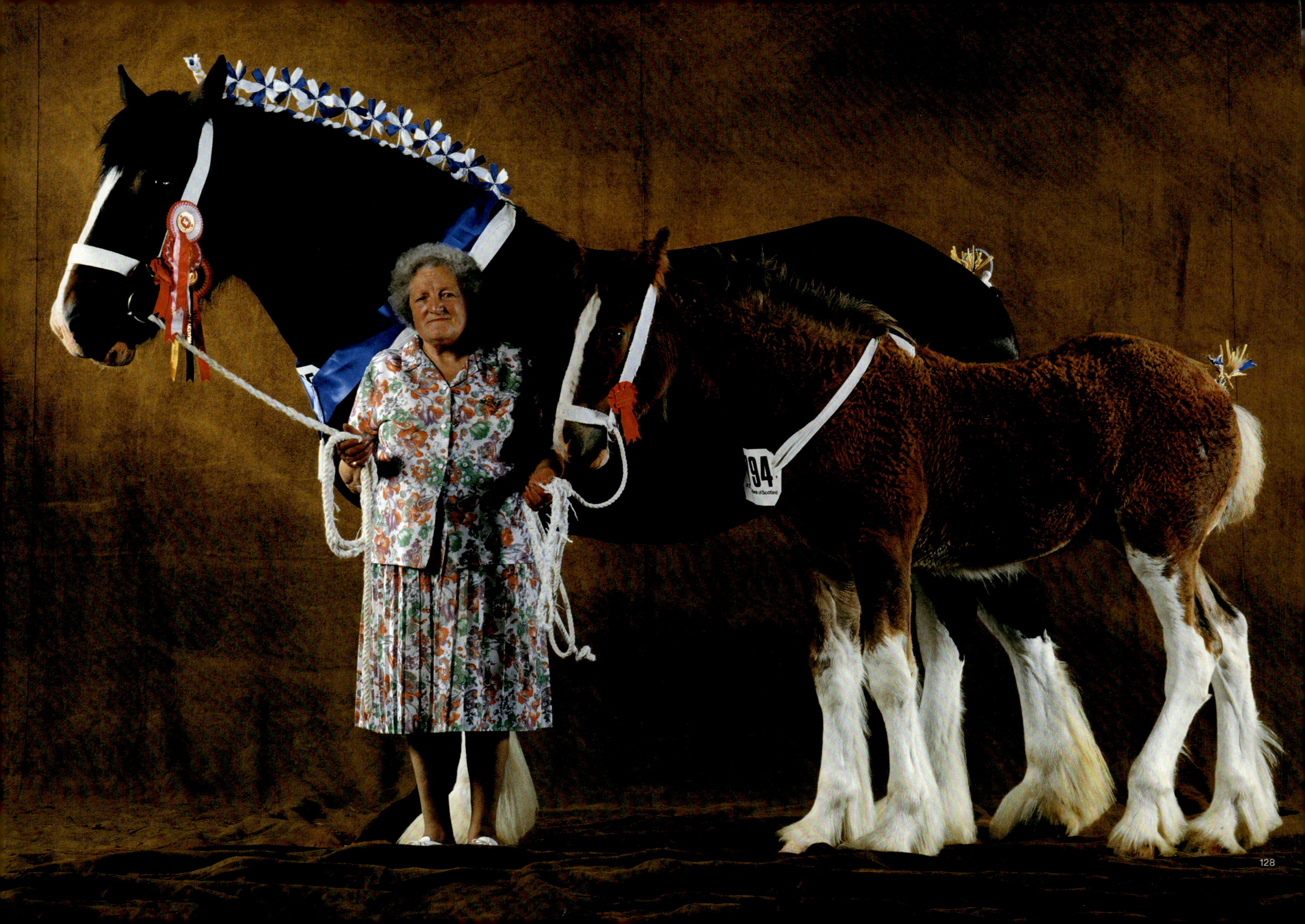
94
Bank of Scotland

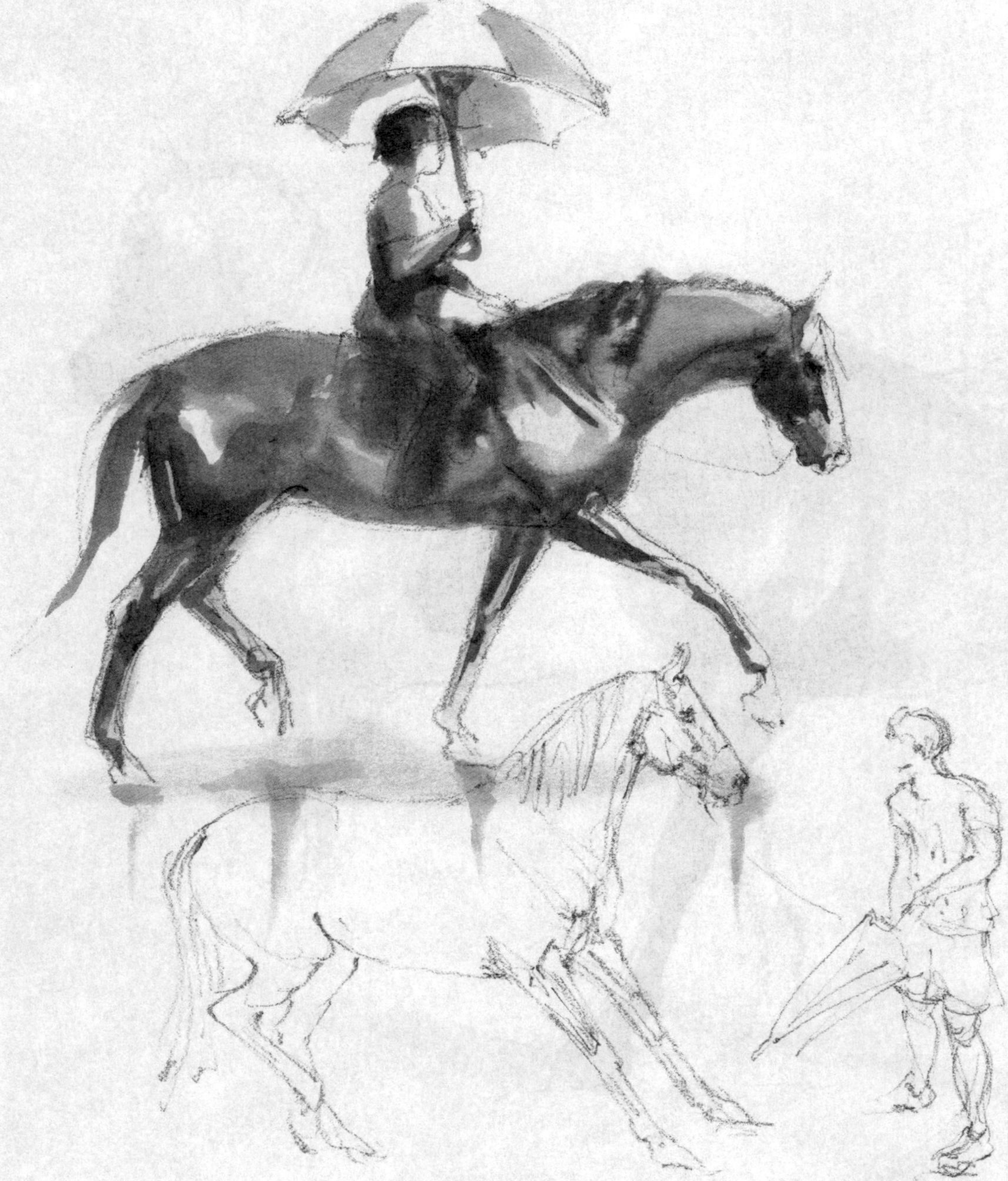

Aidez-le à comprendre
qu'il y a une solution à chaque situation.

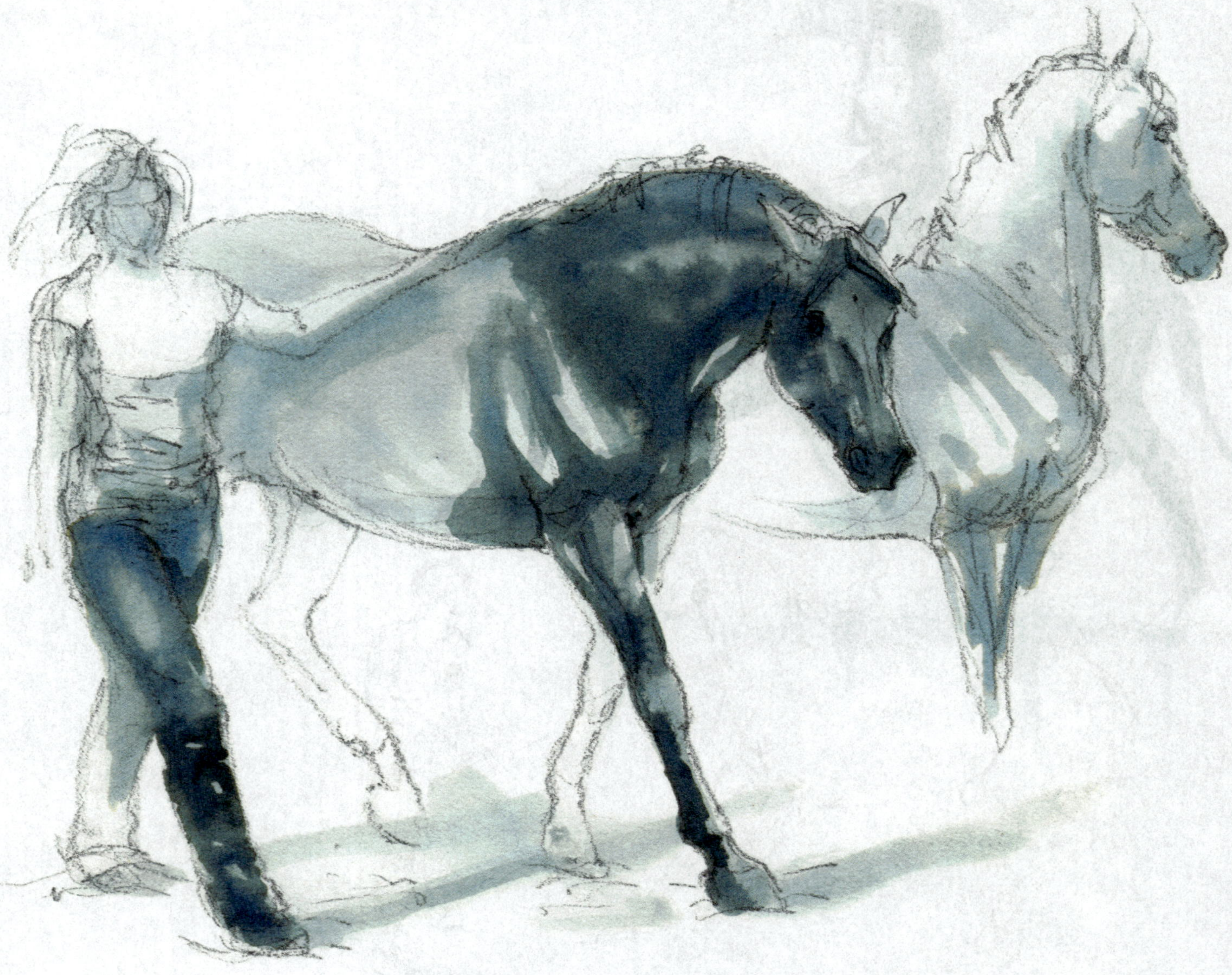

Laissez votre idée devenir celle du cheval.

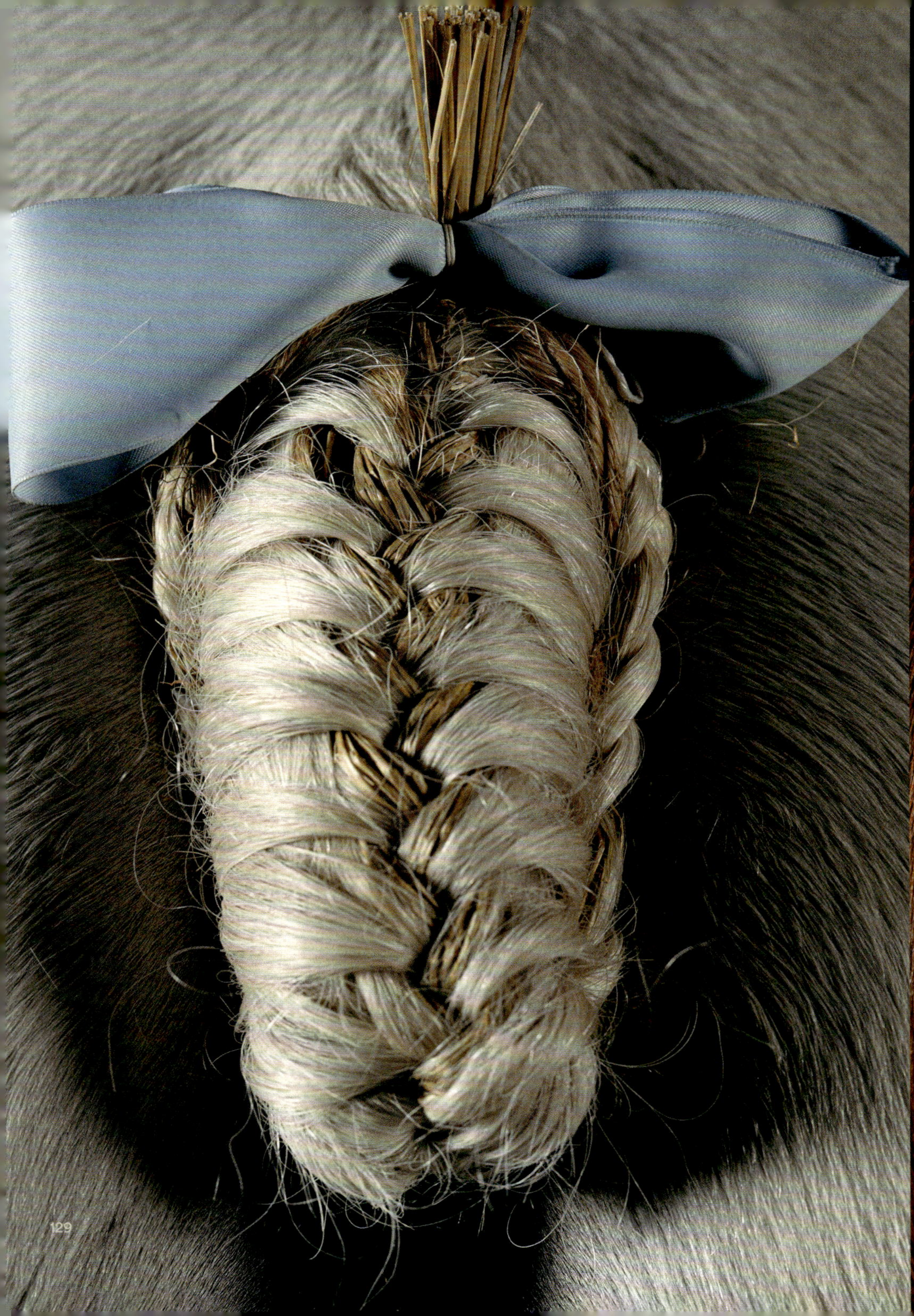

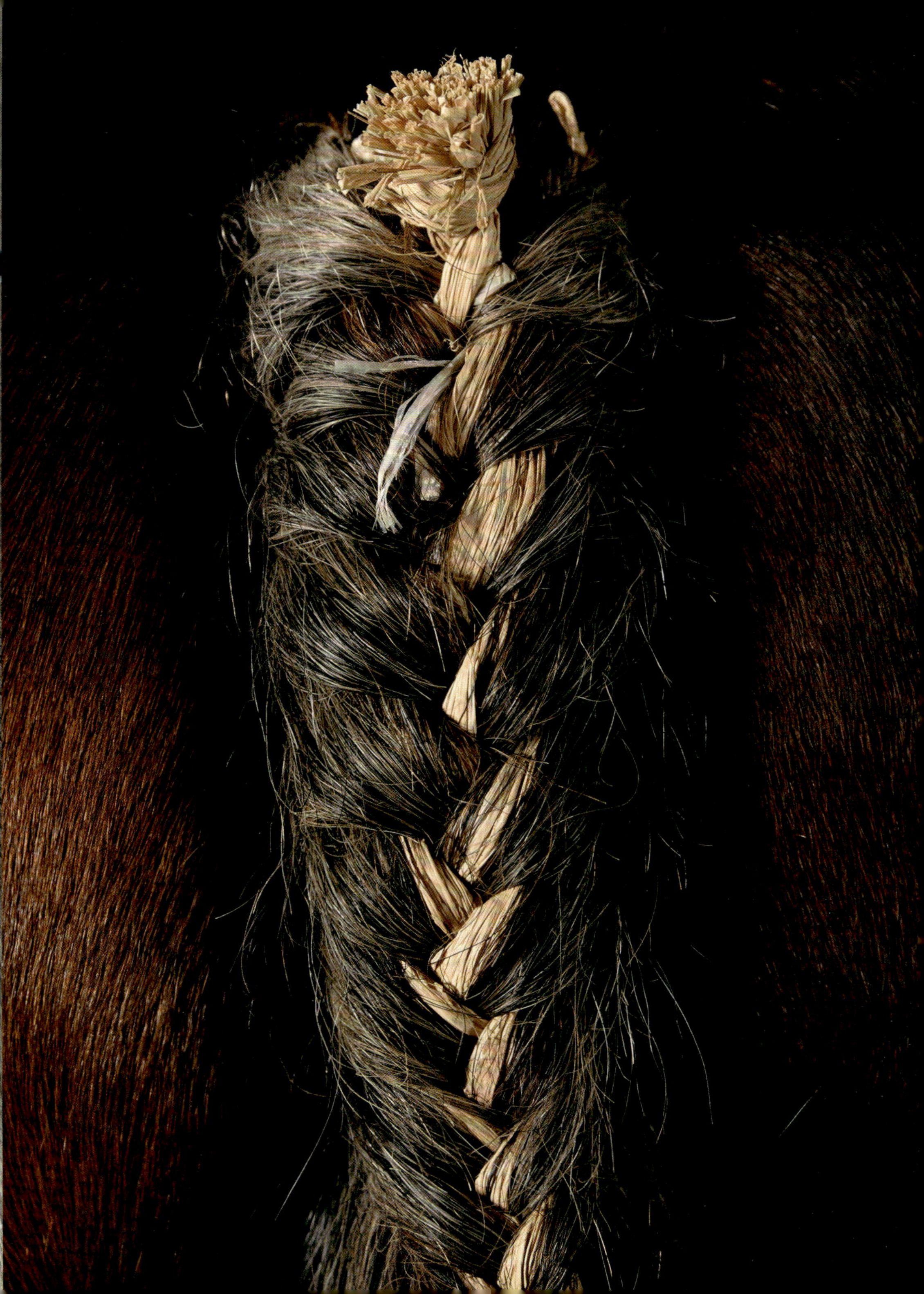

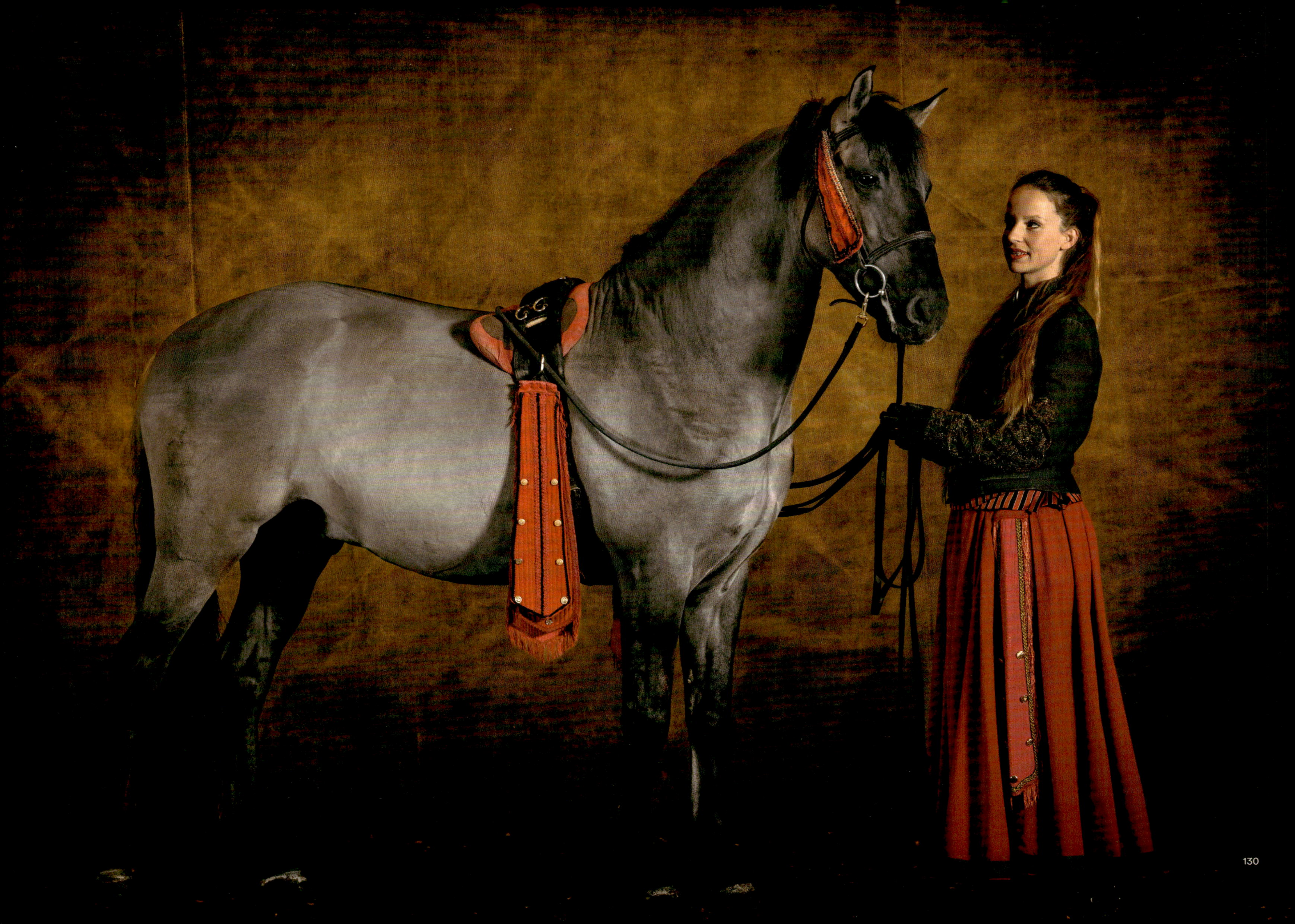

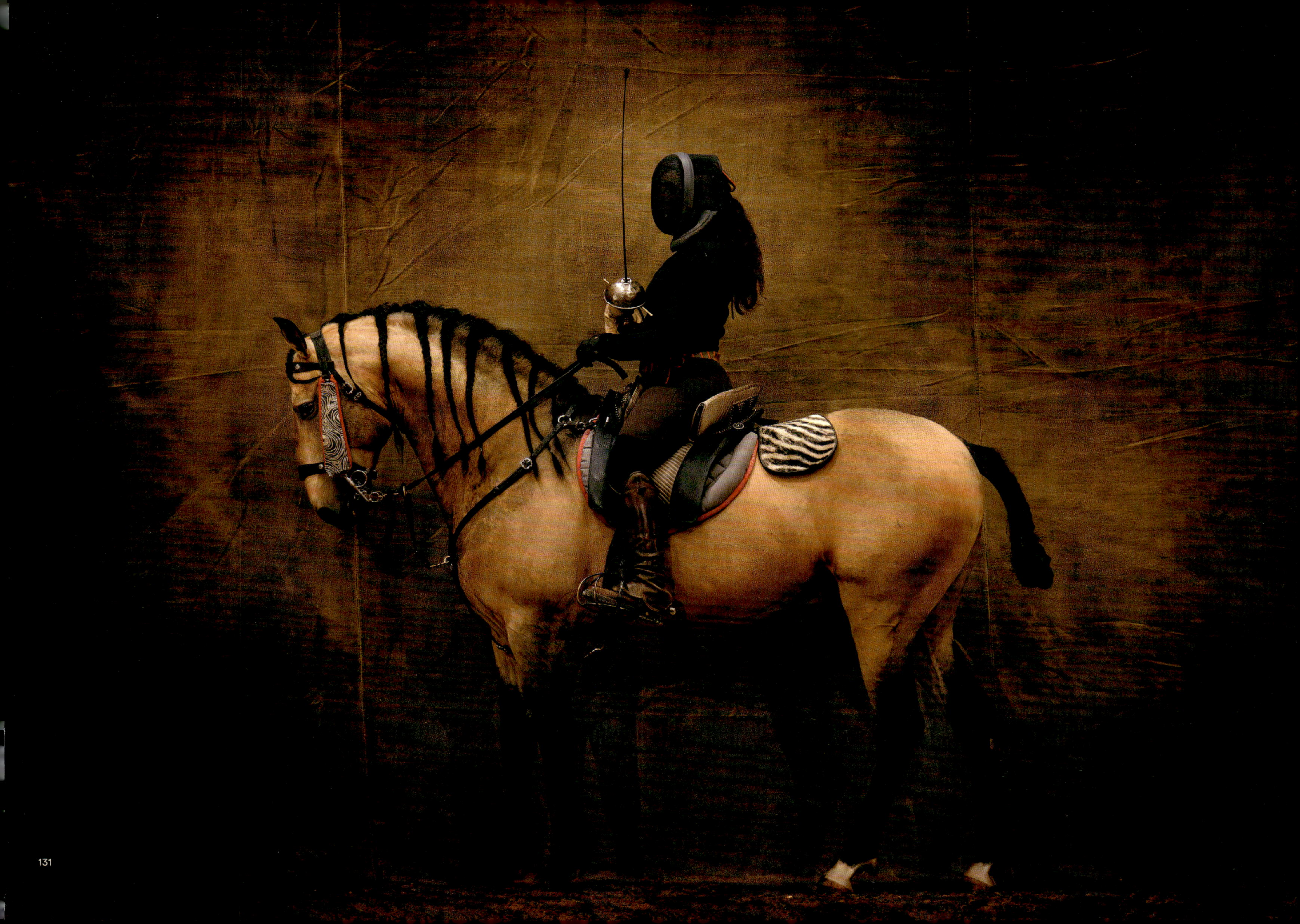

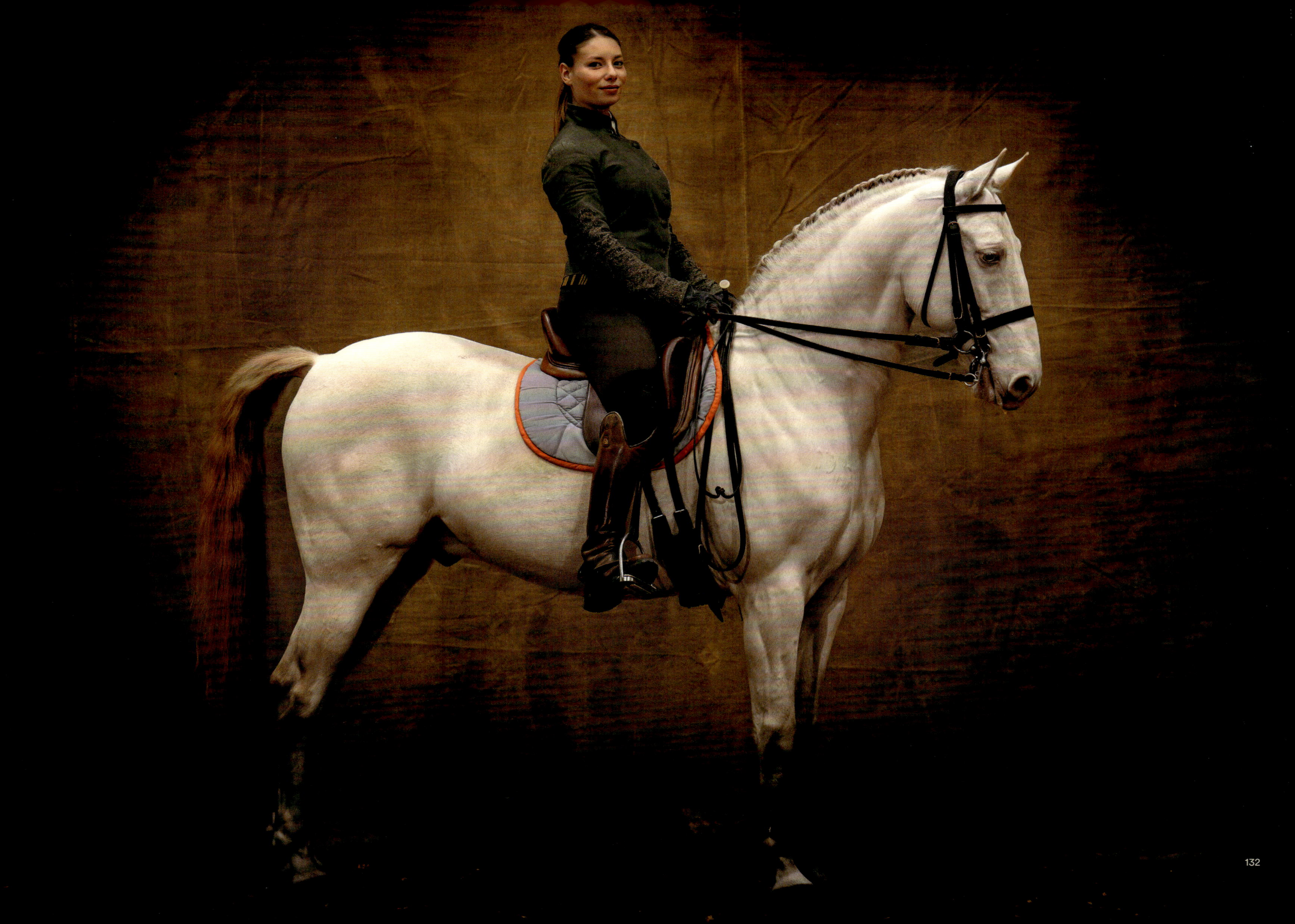

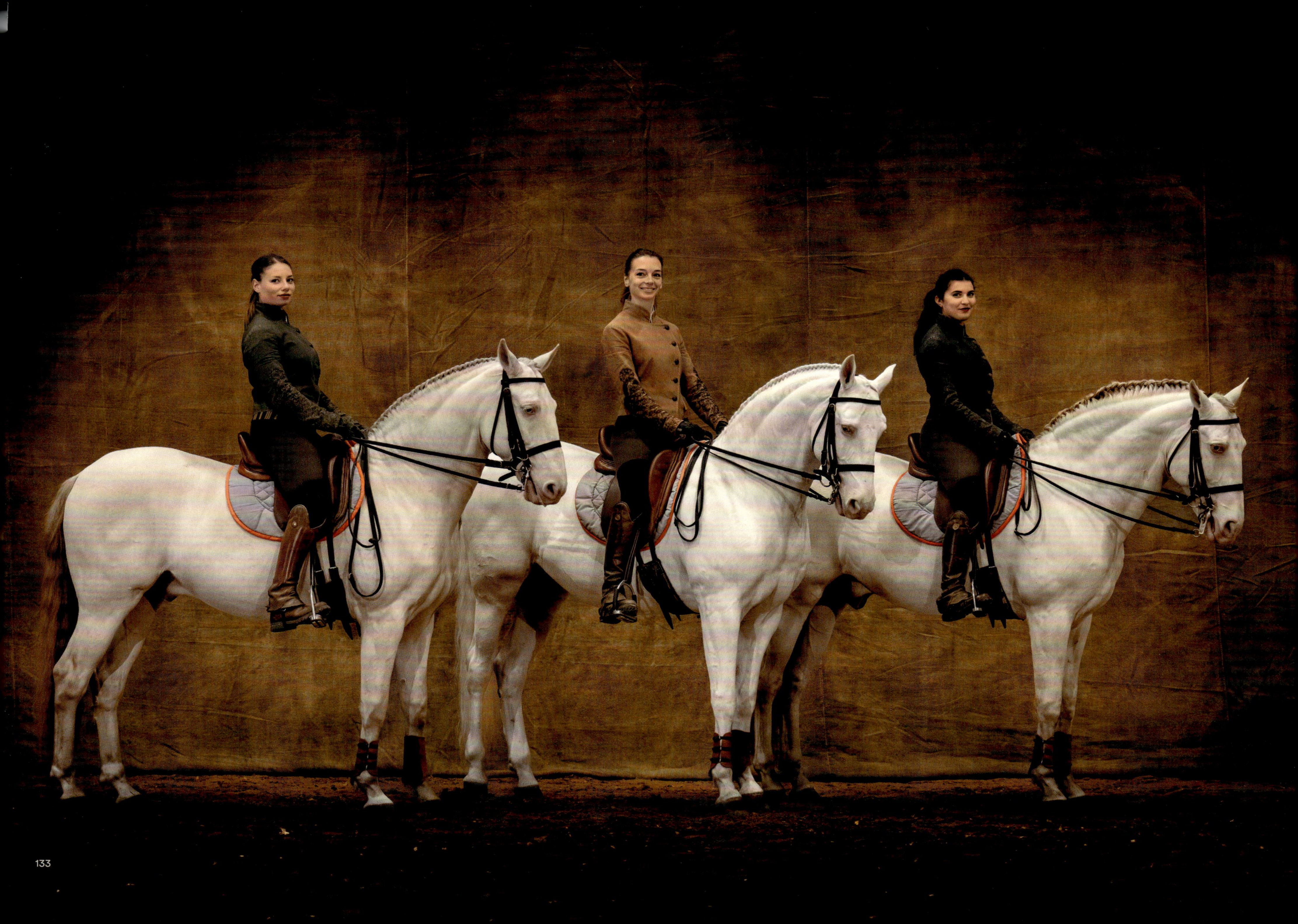

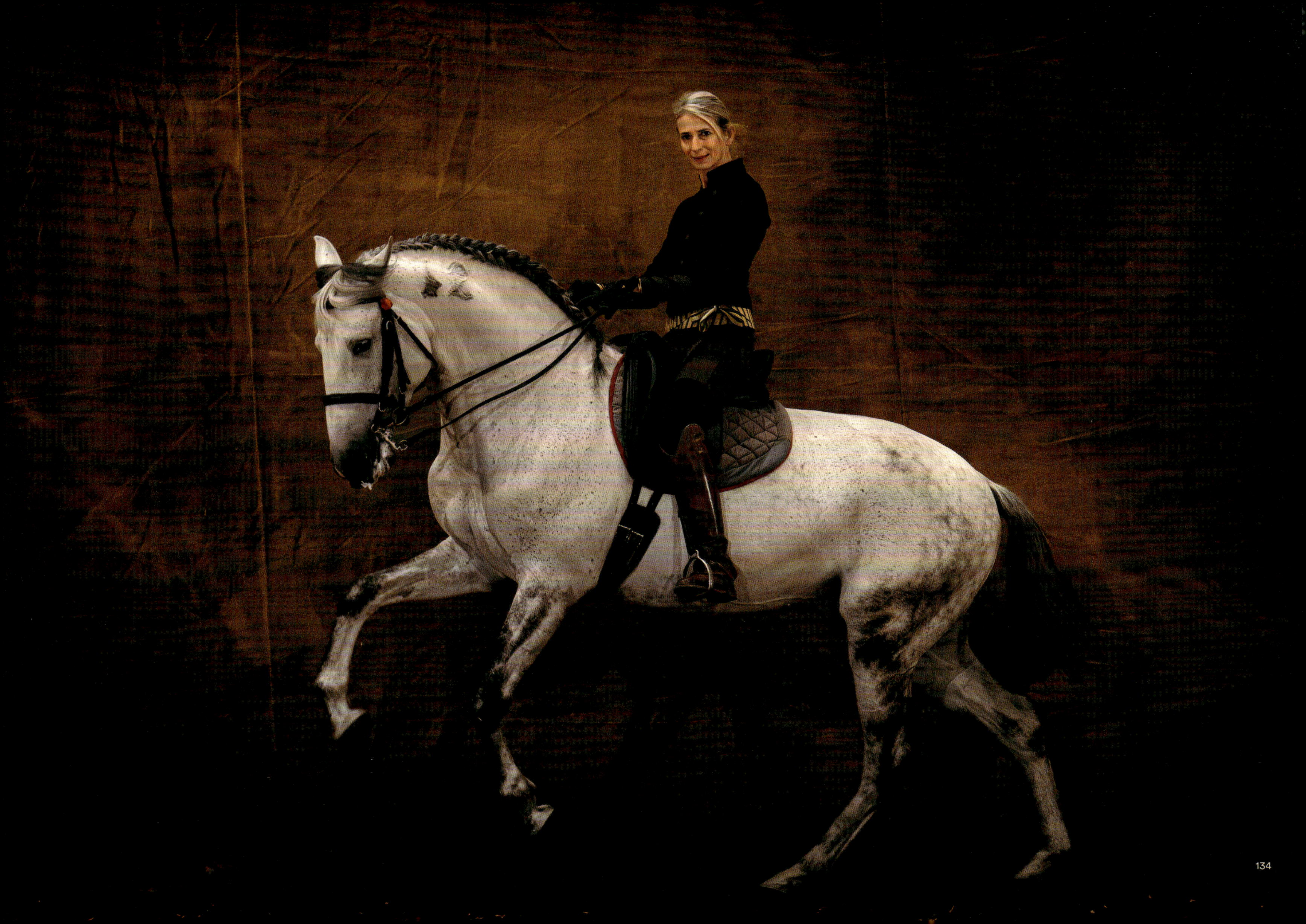

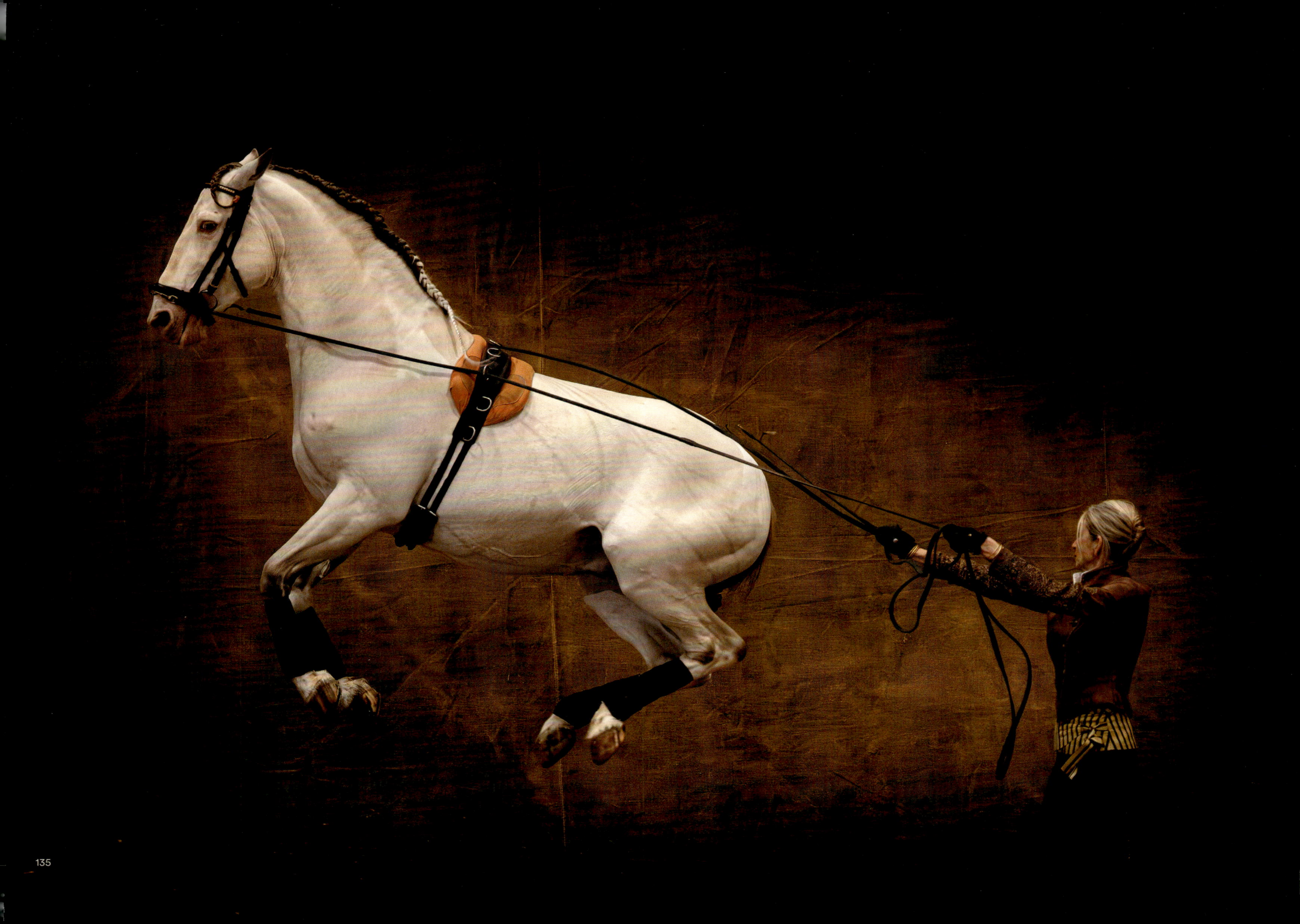

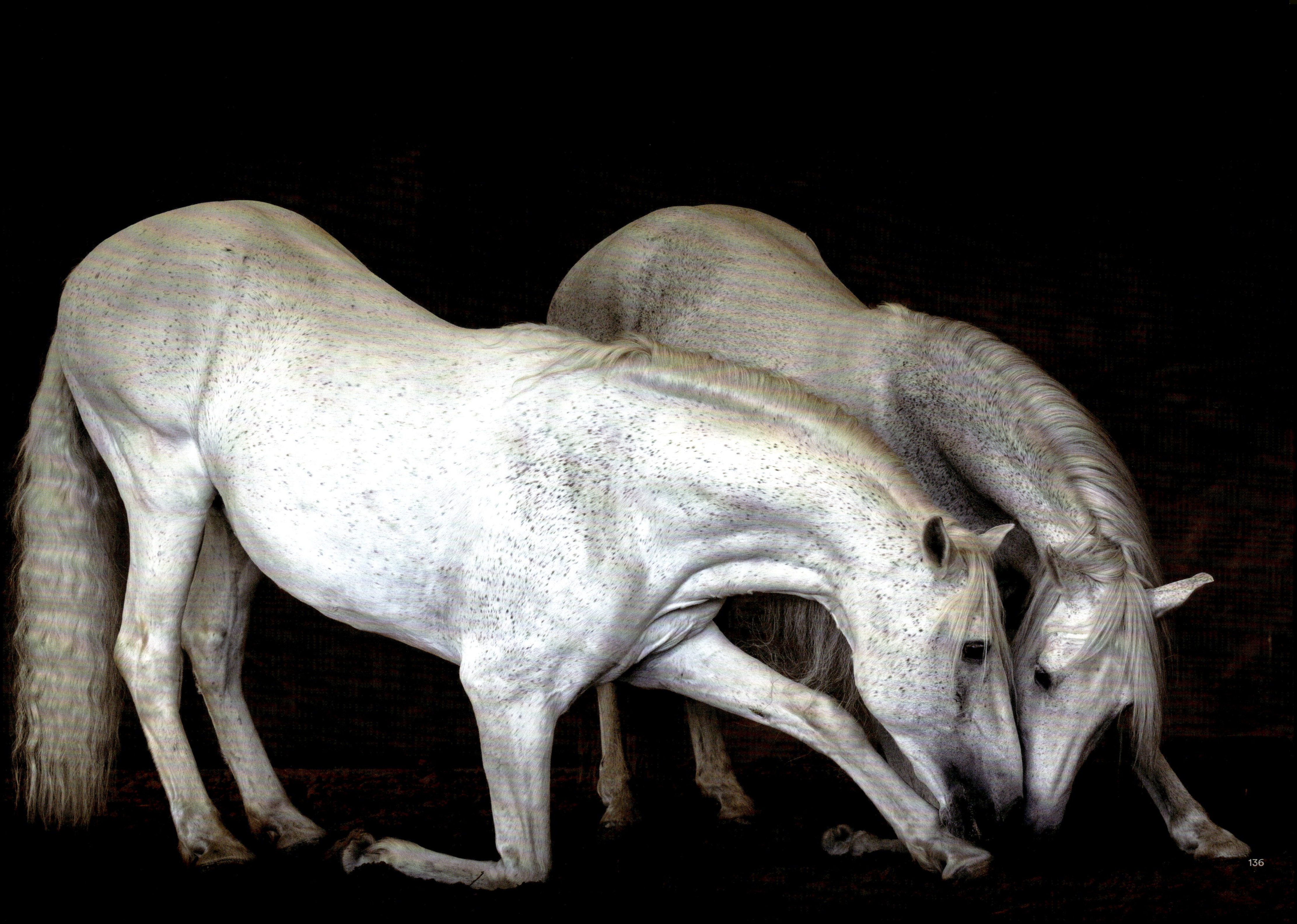

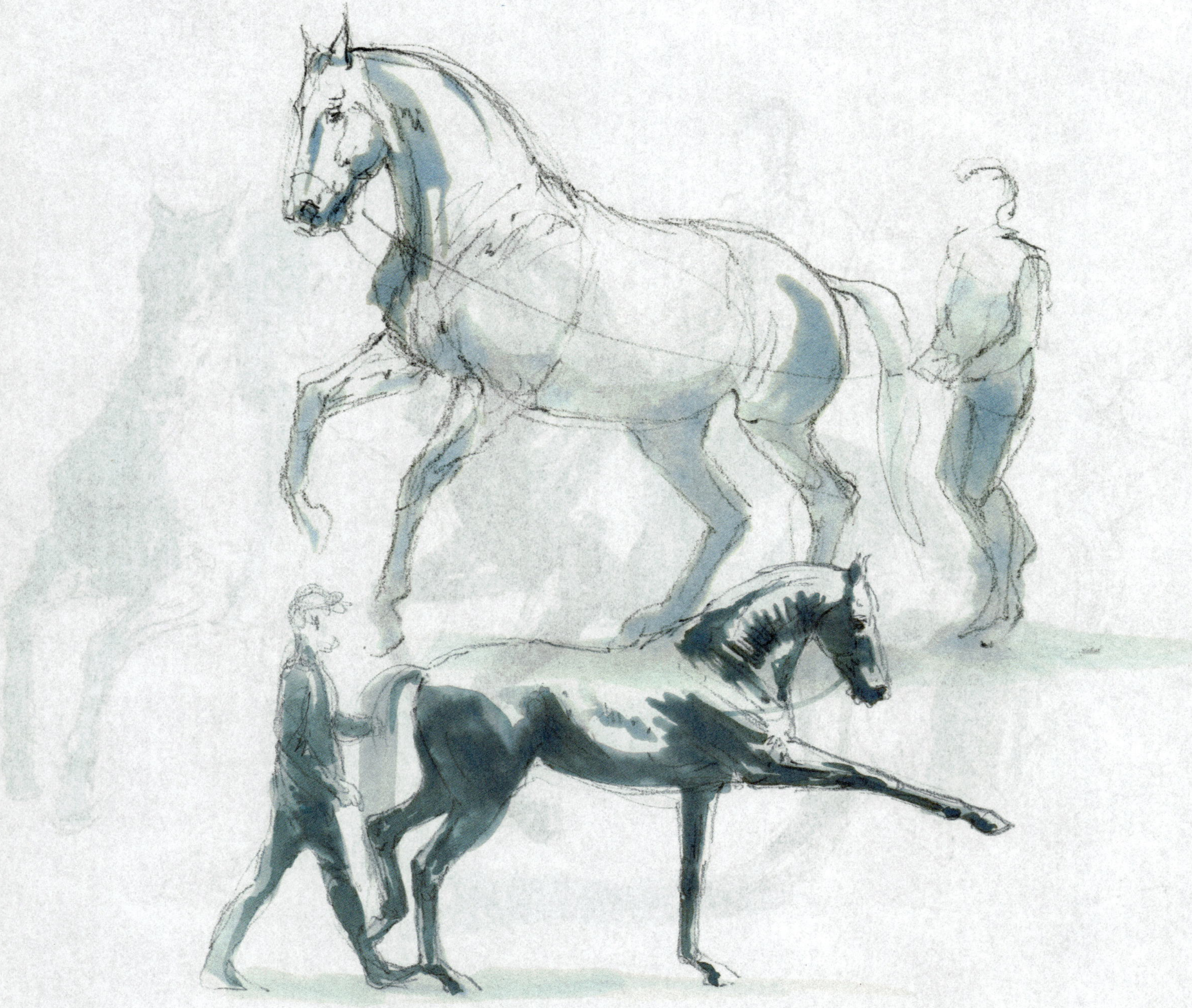

La compréhension du geste prime sur sa réalisation.

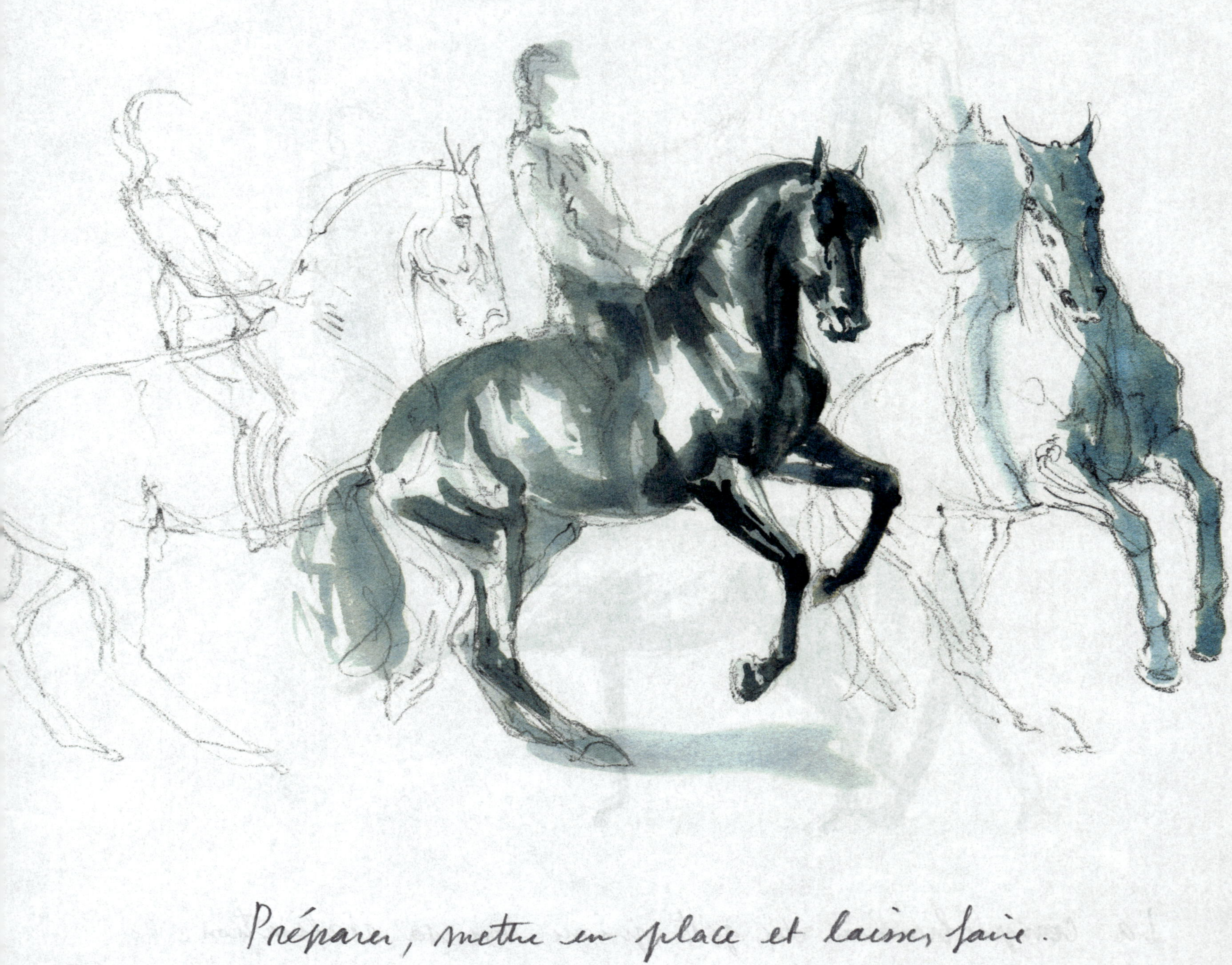

Préparer, mettre en place et laisser faire.

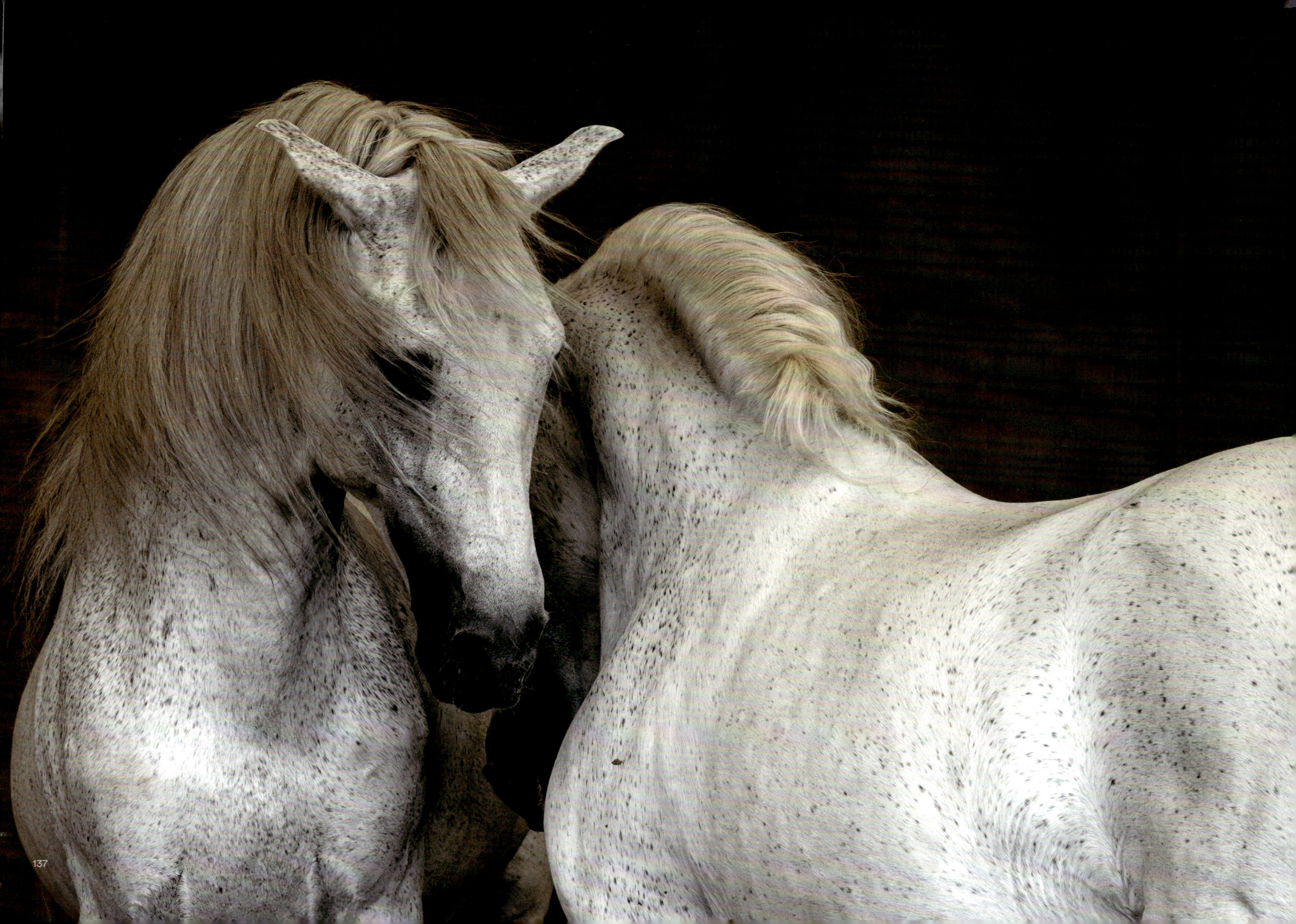

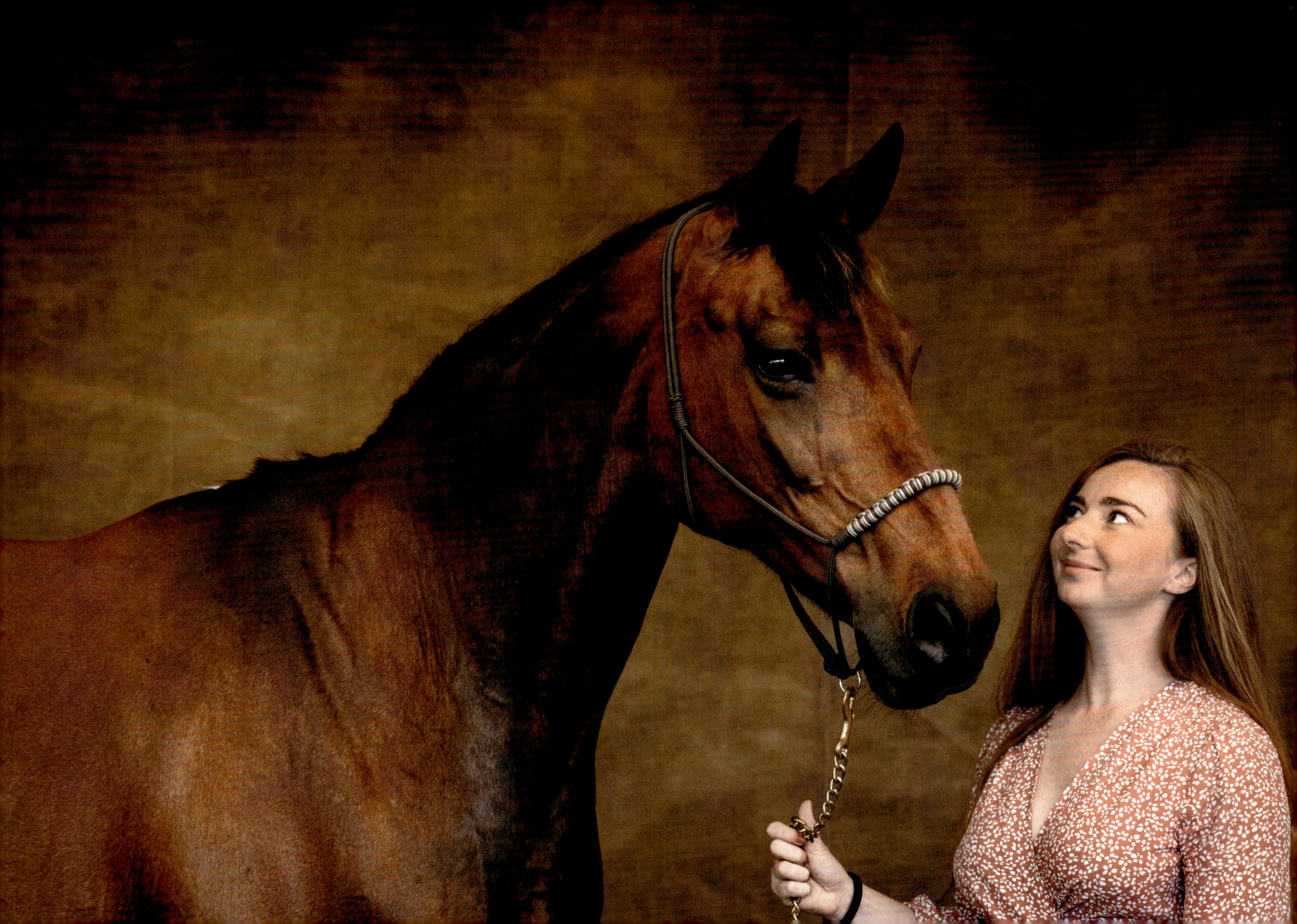

Ce qui me reste de toi,
une fois que tu es parti vers
d'autres prairies, c'est une
odeur, une présence organique,
c'est le soyeux de ta peau,
la sensation de nos corps tantôt
discordants, tantôt harmonieux,
nos heurts et nos élans, ce qui
en l'autre résiste toujours.
Ce qui me reste de toi.
Une odeur chevillée. Un derme.
Un souffle. Un mystère.

Lorsque la marche te semble trop morose ou qu'un autre cheval croise notre route, tu remontes le garrot, incurves l'encolure ; puis, la queue en panache, tu esquisses quelques pas de piaffer que les meilleurs cavaliers mettraient des années de travail à te faire exécuter en selle, et qu'au naturel tu réalises avec une légèreté étourdissante. Et tu danses pour moi, durant quelques secondes, tu danses avant de reprendre l'attitude impassible et le rythme économe du marcheur.

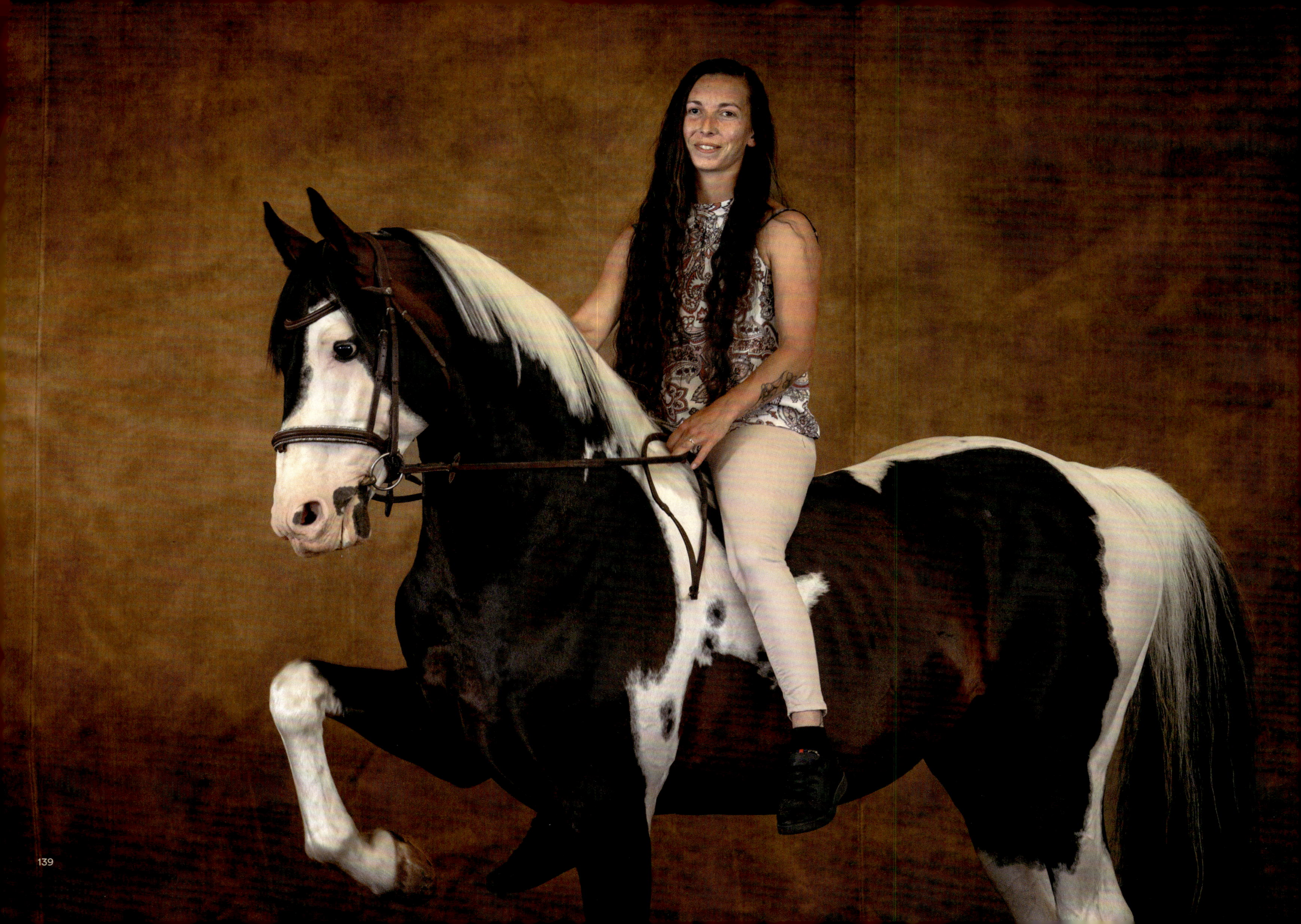

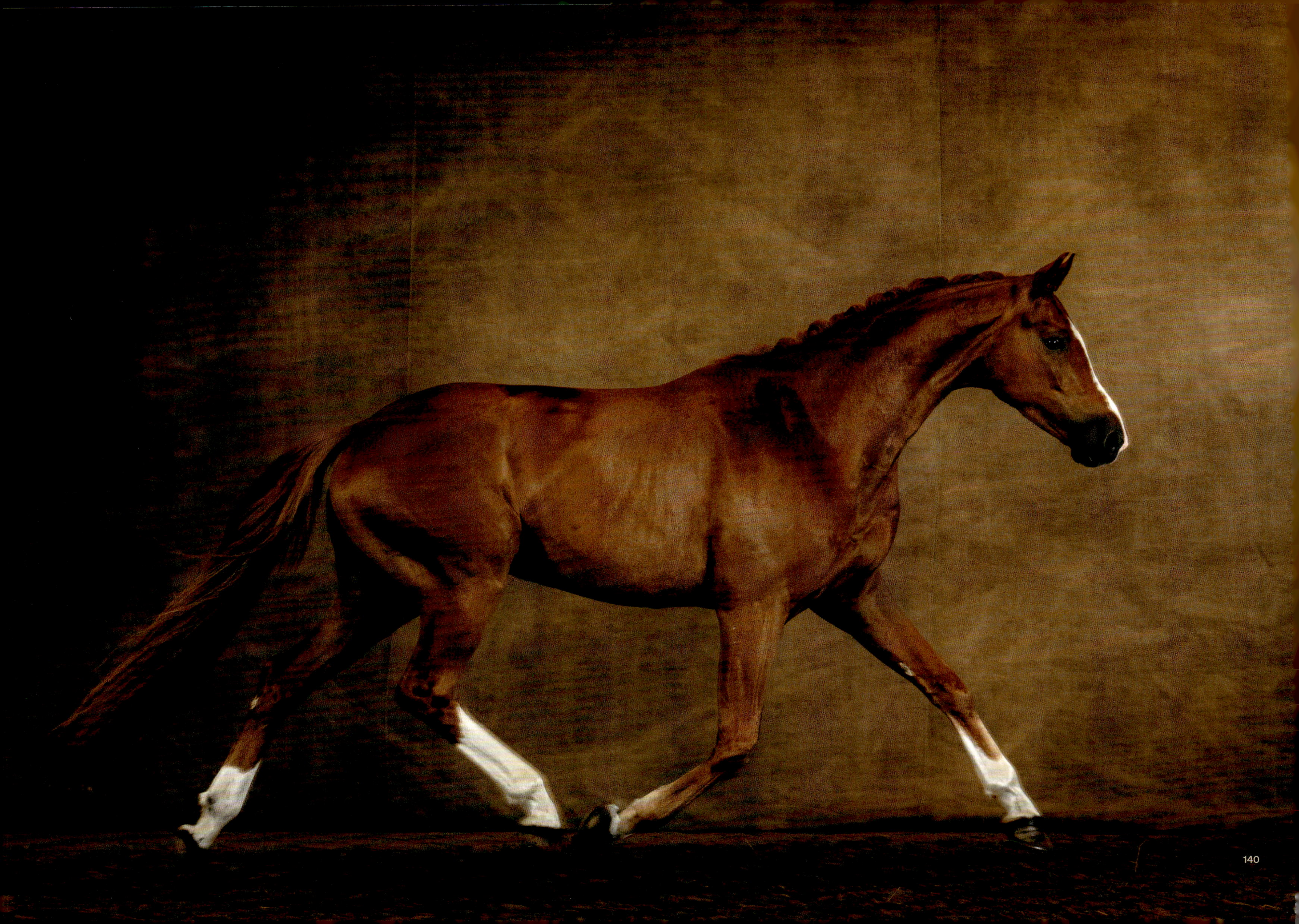

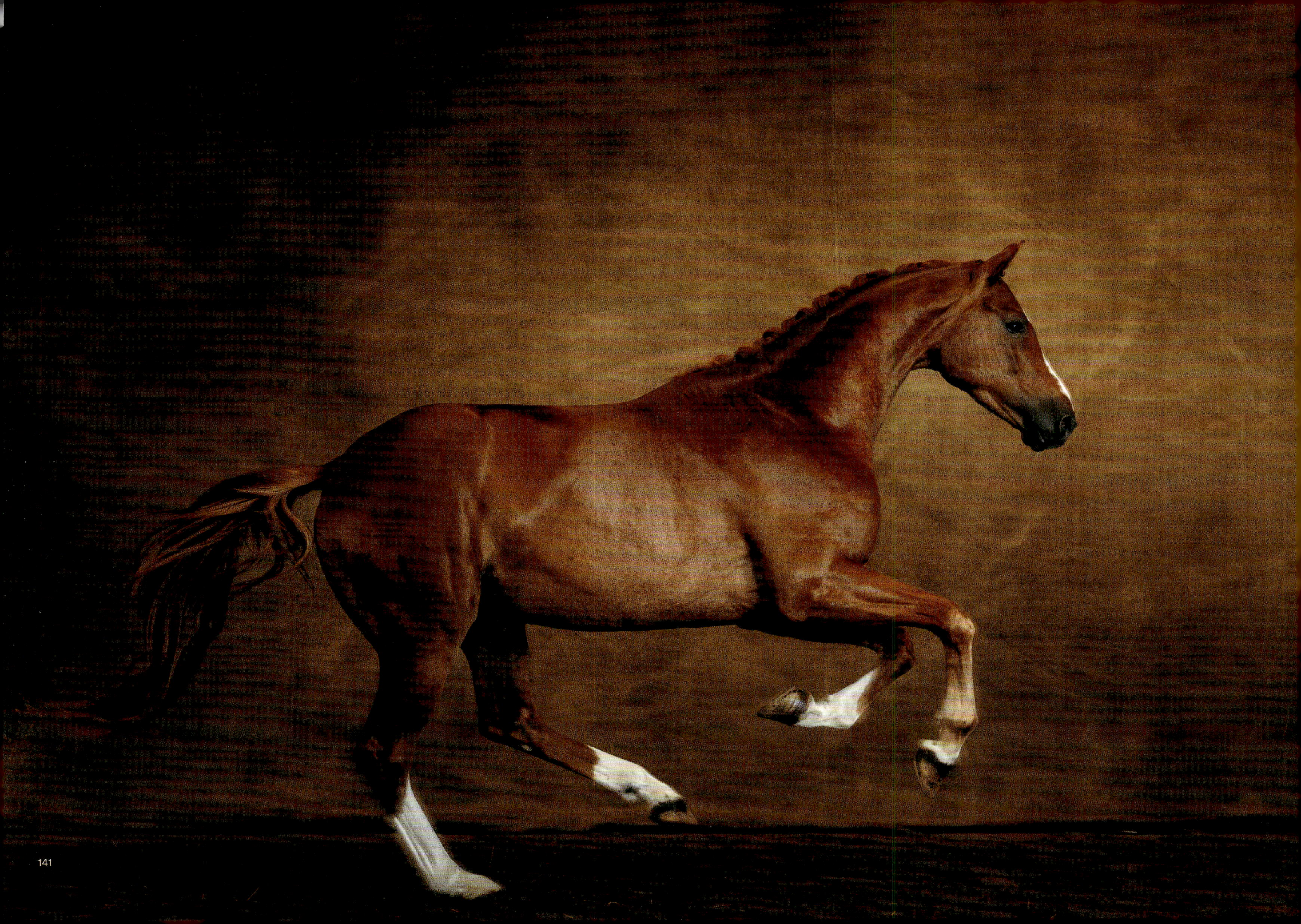

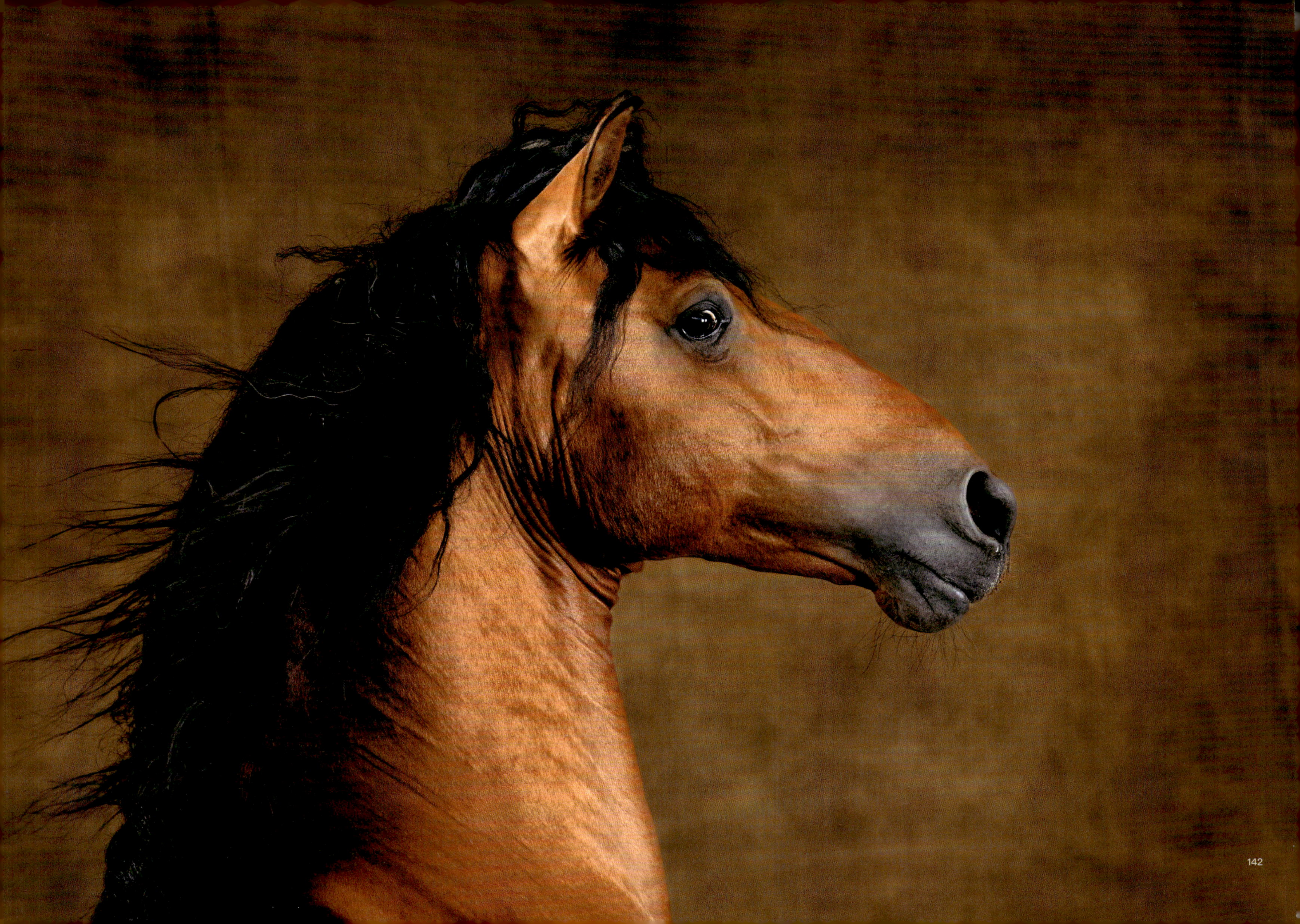

Tout le temps
je te parle,
d’un langage
qui se passe de mots.

Grâce à toi,
j'ai retrouvé
l'instinct,
la part sauvage,
j'ai rouvert
l'horizon.

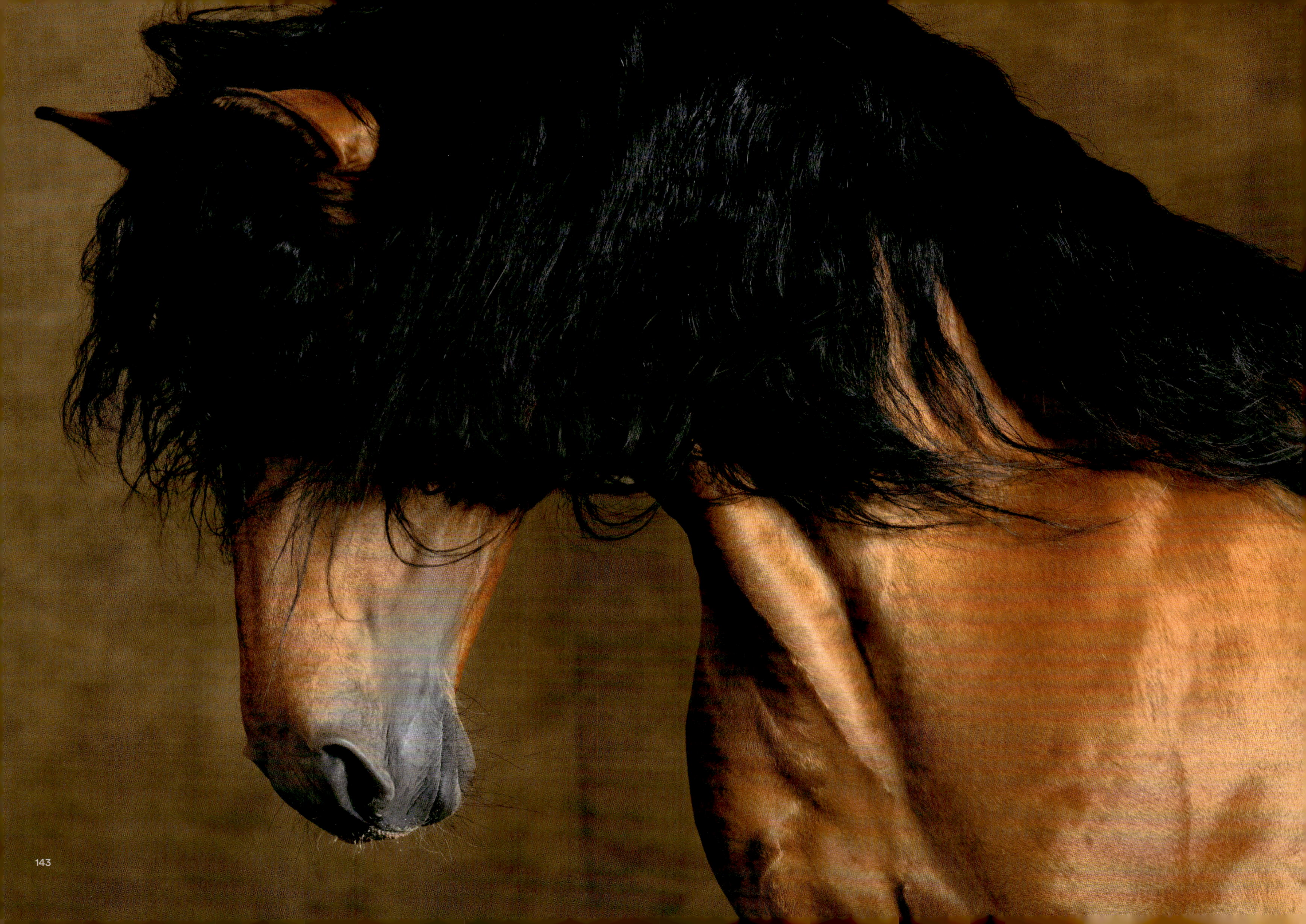

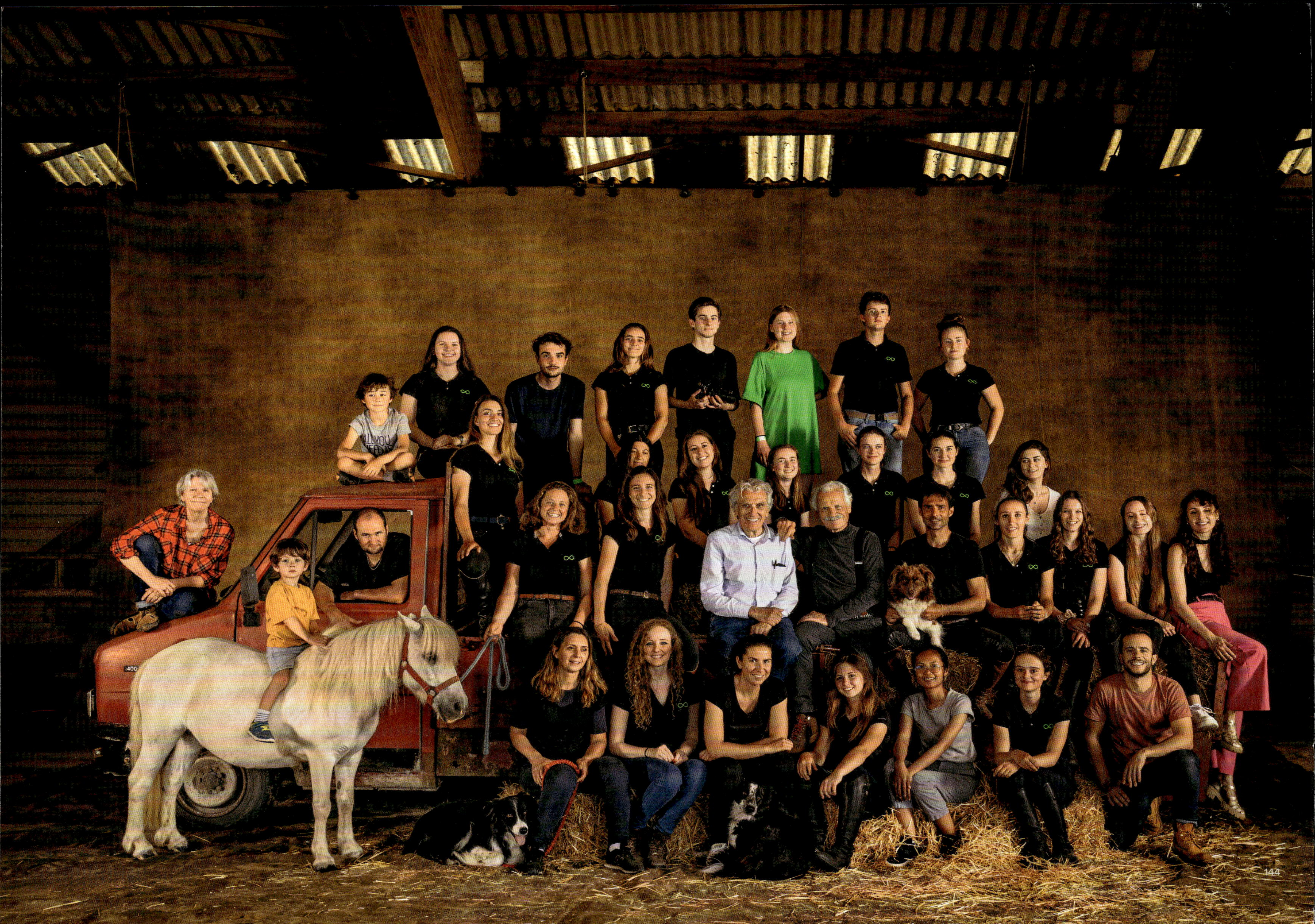

LÉGENDES DES PHOTOGRAPHIES

1. Siglavy Alba 56, étalon Lipizzan (Les Mesnuls, France).

2. Caroline Cheurlin, avec Aldo d'ar Tropig, Selle Français (Haras de la Cense).

3. Laurianne Don, avec Lhom de la Doré, Selle Français (Haras de la Cense).

4. E Love, hongre Selle Français (Haras de la Cense).

5. Vif de B'Neville et Heol Rumel, hongres Selle Français (Haras de la Cense).

6. Claire Borée, avec Graffitti de B'Neville, Selle Français, et Demantioid, KWPN (Haras de la Cense).

7. Victoire Leroyer, avec Helen's Sunflower, poney Connemara (Haras de la Cense).

8. Julie Bily, avec Pharaon, origine inconnue (Haras de la Cense).

9. Cilia Borgers, avec Simarik, Pur-sang Arabe (Haras de la Cense).

10. Nolane Delepouve, avec Melnitz, Pur-sang Irlandais (Haras de la Cense).

11. Mathilde Saharoff, avec Uptone de Kreisker, Selle Français (Haras de la Cense).

12. Déborah Bardou et Guillaume Dupuis, avec Chica, Quarter Horse (Haras de la Cense).

13. Morgane Sadys et Jean-Charles Grimaldi, maréchal-ferrant, avec Lolita Dion, Pur-sang Arabe (Ajaccio, Corse).

14. Golden Star, dit « Bobby », poney Connemara (Horse of the Year Show, Wembley Arena, Londres).

15. Guerrouane ait Azzayani, étalon Barbe (Salon du cheval, Essen, Allemagne).

16. Girafon, Appaloosa Lusitanien, cheval de spectacle de l'Écurie Delgado-Pignon (Haras de la Cense).

17. Cyrano Pondi, étalon Connemara (Haras national du Pin, France).

18. Digger, Mustang (Ranch de la Cense, Montana, États-Unis).

19. Jar, étalon Trait Soviétique (Equiros, parc Sokolniki, Moscou).

20. Laurette des Hates, jument Percheronne (Salon international de l'agriculture, Paris).

21. Templado, étalon Lusitanien (Salon du cheval, Essen, Allemagne).

22. D'Artagnan, cheval Lusitanien, et Gaëto, Pure Race Espagnole (Folies Gruss).

23. Tyrion, cheval Falabella, et Paradis, Cob Normand (Folies Gruss).

24. Murgi, étalon Akhal-Téké (Equiros, parc Sokolniki, Moscou).

25. Stella Zonza, avec ses deux petits ânes Corses, Niolu Di Runcata et Nebbiu Di Runcata (Ajaccio, Corse).

26. Aliah Al Shaqab, Pur-sang Arabe, et sa pouliche (Al Rayyan, Qatar).

27. Adnan Al Shaqab, étalon Arabe (Al Rayyan, Qatar).

28-29. Banadiyka, Pur-sang Anglais (The Gilltown Stud, comté de Kildare, Irlande).

30. Héloise Nouvel, avec Anarco, hongre Selle Français (Haras de la Cense).

31. Morning et High Living, Pur-sang Anglais (Hippodrome du Curragh, comté de Kildare, Irlande).

32. Antarès, Orion, Ulysse et Seurat, Frisons (Folies Gruss).

33. Ole Mortensen, soigneur, avec Ellenai, cheval Kladruber (Manège de la reine du Danemark, Copenhague).

34. Narguiza Kashkoroeva, montée sur Jeerde, cheval Kirghiz, avec à ses côtés son frère Toktobek Orozaliev et son fils Uchgun (région de Jeti-Ögüz, oblast d'Yssyk-köle, Kirghizstan).

35. M. Enkhree et son fils de sept ans, Bat-Erdenne, avec des chevaux Mongols (aïmag de Khenti, Mongolie).

36. Joseph, jockey, avec Rayan, Pur-sang Arabe (Écuries du champ de courses de Beyrouth, Liban).

37. Marcus Jimanga, monté sur Gofna, poney Musey (Gobo, Cameroun).

38. Al Adeed Al Shaqab, étalon Arabe (Al Rayyan, Qatar).

39. Le gaucho José Imael Britez, avec un cheval Criollo (Cabaña La Estrella, province de Corrientes, Argentine).

40. Rouslan Liskanitch, avec Parouss, étalon Karatchaï (environs de Moscou).

41. Robert Black Bull, fondateur de la Blackfeet Buffalo Horse Coalition, avec un Mustang (réserve des Indiens pieds-noirs de Browning, Montana, États-Unis).

42 et 43. Marcello Rivas-Gonzalez, cavalier de rodéo, avec Malulo, Criollo (région de Biobio, Chili).

44-45. Linda Run, montée sur Valur, étalon Islandais (Lyngdalsheidhi, Islande).

46. Alymkul Obolbekov, avec Kara Jorgo, cheval Kirghiz (région de Jeti-Ögüz, oblast d'Yssyk-köle, Kirghizstan).

47. Slava Kiceliov, avec Galateya, jument Vladimir (Equiros, parc Sokolniki, Moscou).

48. Rodrigo Brito de Moura Coutinho Torres, monté sur Pintor, cheval Lusitanien (Salon du cheval, Essen, Allemagne).

49. Tota (*alias* Thorunn Thora Rinsdòttir) et son fils, montés sur Gylling, jument Islandaise (Islande).

50. Fritz Deutschenbaut, avec Korneli et Douwe, juments Frisonnes (Salon du cheval, Essen, Allemagne).

51. Arsène Aubry, avec deux juments Selle Français et leurs poulains (foire de Lessay, France).

52. Le cow-boy Bud Griffith, avec des chevaux Quarter Horse (Ranch de la Cense, Montana, États-Unis).

53. Les cow-boys Bud Griffith, Bob Russel, Dan Hill, Dick Chaffin et Bob Griffith, avec des chevaux Quarter Horse (Ranch de la Cense, Montana, États-Unis).

54. Ferdinand Schultz, monté sur Martin Fierro Mancha, poney Petiso Argentino (Buenos Aires, Argentine).

55. Gulnar Gainodinova et Grigori Arkadiev, éleveurs à Olkhovoye, avec Annessa, jument Bachkir, et son poulain (Equiros, parc Sokolniki, Moscou).

56. Bent Branderup, avec Hugin, cheval Knabstrupper (Copenhague, Danemark).

57. Ramon Mendez, avec Chake Coronilla 1280, jument Criollo (Cabaña La Estrella, province de Corrientes, Argentine).

58 et 59. Martin Hardoy, dresseur, avec Ayacucho Coscorron, cheval Criollo (La Rural, Buenos Aires, Argentine).

60. Ibrahim, un notable du lamidat de Mindif, avec Ndjirou Balewou, cheval de fantasia de type Barbe Dongola (Cameroun).

61. Un notable du lamidat de Mindif, avec un cheval de fantasia de type Barbe Dongola (Cameroun).

62. Angel Coronel, avec Cuyano Huinca Carinosa, cheval Criollo (Cabaña Los Gatos, Buenos Aires, Argentine).

63. Rodrigo Pessoa, monté sur Ianitza des Brumes, jument Selle Français (Haras de Ligny, Belgique).

64. Caroline Godin, montée sur Quérida de Hus, Hanovrien (Haras de la Cense).

65. Manuel Godin, avec Beluga de Hus, Selle Français (Haras de la Cense).

66 et 67. Bambou, Pur-sang Arabe, cheval de spectacle de l'Écurie Delgado-Pignon (Haras de la Cense).

68 et 69. Divino de Courenne, Pure Race Espagnole (Haras de la Cense).

70. Pauline Basquin, écuyer au Cadre noir de Saumur, avec Dakota, de race Oldenburger (Cadre noir de Saumur).

71. Devalero, Hanovrien regardant sa cavalière Laurence Sautet, écuyer au Cadre noir de Saumur (Cadre noir de Saumur).

72. Pauline Basquin, écuyer au Cadre noir de Saumur, avec Sertorius, Studbook Zangersheide Z (Cadre noir de Saumur).

73. Jean-Paul Largy, écuyer, maître de manège au Cadre noir de Saumur, avec Sorano, Selle Français, et Guillaume Canuel, aspirant écuyer au Cadre noir de Saumur, avec Diaman d'Alems, Selle Français (Cadre noir de Saumur).

74. Guillaume Canuel, aspirant écuyer au Cadre noir de Saumur, avec Diaman d'Alems, Selle Français, et Jean-Paul Largy, écuyer, maître de manège au Cadre noir de Saumur, avec Sorano, Selle Français (Cadre noir de Saumur).

75. Vincent Pottier, écuyer au Cadre noir de Saumur, avec Rafaune de Fa, Selle Français, et l'adjudant-chef Nicolas Maynard, écuyer au Cadre noir de Saumur, avec Day Of Riverland, Selle Français (Cadre noir de Saumur).

76. Nicolas Touzaint, cavalier de concours complet, avec Absolut Gold HDC, hongre Selle Français (Cadre noir de Saumur).

77. Céline Gerny, cavalière de haut niveau en préparation des Jeux Paralympiques de Paris 2024, avec Korsgaards Toledo, Danish Warmblood (Cadre noir de Saumur).

78. Nicolas Astier, cavalier de concours complet, avec Babylon de Gamma, Selle Français (Cadre noir de Saumur).

79. Stéphane Landois, cavalier de concours complet, avec Chaman Dumontceau, Selle Français (Cadre Noir de Saumur, France).

80. William Delangue-Chevalier, Raphaël Malet, Chloé Simons, Vincent Boubet et l'entraîneur Alan Le Gall, représentants du groupe France de tir à l'arc à cheval, avec leurs chevaux, U B Ar c'Hoat, cheval de Selle, Fox Trot, American Paint, et Tigrel, Demi-sang Arabe (Haras de la Cense).

81. Chloé Simons, sacrée championne du monde le 11 septembre 2023 à Ulaanbaatar en Mongolie, avec Eden de Carbotin, poney Français de Selle (Cadre noir de Saumur).

82 et 83. Dylan et Chica, Quarter Horse (Haras de la Cense).

84. Océane Chiaroni, avec Crack, Pure Race Espanole (Haras de la Cense).

85. Édouard Daehn, avec Crack, Pure Race Espanole (Haras de la Cense).

86. Famille Benillouche, avec E Love, Selle Français (Haras de la Cense).

87. Samantha Rospars, avec Flashback Soupirs, Selle Français (Haras de la Cense).

88. Famille Henri, avec Cantuccini, Holsteiner, et un Poney Shetland Galoway (Haras de la Cense).

89. Eugénie Lecuyer, avec Gemini d'Ysieux Z, Studbook Zangersheide Z (Haras de la Cense).

90. Flavie Gaudin, avec Diane Jarrouie, poney Français de Selle (Haras de la Cense).

91. Juliette Estier, avec Farwest de Crosey, origines constatées (Haras de la Cense).

92. Clémence Chatillon, avec Agate des Bayes, jument Franches-Montagnes (Haras de la Cense).

93. Émilie Defranoux, avec Divino de Courenne, Pure Race Espagnole (Haras de la Cense).

94. Frédéric Pignon, avec Lancelot et Makao, Lusitaniens, chevaux de spectacle de l'Écurie Delgado-Pignon (Haras de la Cense).

95. Machaquito, Pure Race Espagnole, cheval de spectacle de l'Écurie Delgado-Pignon (Haras de la Cense).

96. Stephan Gruss et El Derim et El Nur, Pur-sang Arabes (Folies Gruss).

97. Armas, Pure Race Espagnole, Bakero et Ulysse, Frisons (Folies Gruss).

98. Maud Florees, avec Gaëto, Pure Race Espagnole (Folies Gruss).

99. Kaylie Griffiths et Charles Gruss, monté sur Eros, Trait Russe (Folies Gruss).

100. Caliente et Soares, Lusitaniens (Folies Gruss).

101. Firmin et Svetlana Gruss, avec Armas, Pure Race Espagnole (Folies Gruss).

102. Alexandre Gruss, avec Sirius, Frison (Folies Gruss).

103. Charles Gruss avec Zafra, Pure Race Espagnole (Folies Gruss).

104. Gipsy Gruss et Cachemire, Lusitanien (Folies Gruss).

105. D'Artagnan, Lusitanien (Folies Gruss).

106. Charles Gruss, avec Paradis, Cob Normand (Folies Gruss).

107. Charles Gruss, avec El Derim, Pur-sang Arabe (Folies Gruss).

108. Felous, cheval de spectacle de style Comtois (Salon du cheval, Essen, Allemagne).

109 et 110. Magni vom Kronshof et Ofeïgür vom Kronshof, chevaux Islandais (Salon du cheval, Essen, Allemagne).

111. Océan, Voltige, Aher, les Irish Cob de Garance Lutiau (Haras de la Cense).

112. Goumai, étalon Barbe-Arabe (Salon du cheval, Essen, Allemagne).

113. Viva Osiris, jument Haflinger (Salon international de l'agriculture, Paris).

114. Hurrican, étalon Rheinisch-Deutsches Kaltblut (Salon du cheval, Essen, Allemagne).

115. Éric, étalon Fjord Norvégien (Salon international de l'agriculture, Paris).

116. Guerrouane ait Azzayani, étalon Barbe (Salon du cheval, Essen, Allemagne).

117. Amandine Renaud, avec Houblon, étalon Comtois (Salon international de l'agriculture, Paris).

118. René Hebert et Annick Hermier, avec Kissmy, jument Percheronne (Salon international de l'agriculture, Paris).

119. Miriano Manciati d'Albinia, avec Zorro II, cheval Maremmano (Salon du cheval, Essen, Allemagne).

120. Lola Lembrez, avec Hirondelle, jument Boulonnaise (Salon international de l'agriculture, Paris).

121. Pascal Vallée, avec Lola du Cangin, jument Percheronne (Salon international de l'agriculture, Paris).

122. Romaric, petit-fils de Roger Dubois, avec Pimprenelle, jument Auxoise (Salon international de l'agriculture, Paris).

123. Louis Deltour, avec Eva de Germignies, jument Trait du Nord (Salon international de l'agriculture, Paris).

124. Pierre Hameury, avec Vivaldy, étalon Postier Breton (Salon international de l'agriculture, Paris).

125. Jean-Michel Potin, avec Loustique, cheval Trait Breton (Salon international de l'agriculture, Paris).

126. Mme N. P. Adams, avec Mare-Rose, jument Suffolk Punch, et son poulain, Worcester (Royal Show, Royaume-Uni).

127. Davide Spiniella, avec Arco, cheval Agricola Italiana da Tiro Pesante Rapido (foire agricole de Vérone, Italie).

128. Mme Anne Hull, avec Stanley House Duchess, jument Shire Mare, et son poulain, Stanley House John Bull (Royal Show, Royaume-Uni).

129 (a). Turquoise, jument Boulonnaise (Salon international de l'agriculture, Paris).

129 (b). Île de Ré, jument Trait Breton (Salon international de l'agriculture, Paris).

130. Léonie Mourcou, avec Solis, Sorraia (Académie équestre de Versailles).

131. Dounia Kazzoul, avec Riposte, Lusitanien (Académie équestre de Versailles).

132. Salomé Belbacha Lardy, avec Farinelli, Lusitanien cremello (Académie équestre de Versailles).

133. Salomé Belbacha Lardy, Fanny Lorré et Dounia Kazzoul, avec Farinelli, Picabia et Gauguin, Lusitaniens (Académie équestre de Versailles).

134. Laure Guillaume, avec Puccini, Lusitanien (Académie équestre de Versailles).

135. Laure Guillaume, avec Babilée, Lusitanien (Académie équestre de Versailles).

136 et 137. Lancelot et Makao, Lusitaniens, chevaux de spectacle de l'Écurie Delgado-Pignon (Haras de la Cense).

138. Emily Abib, avec Utah, Selle Français (Haras de la Cense).

139. Izia Le Goff, avec Ha L'amour Du Cense D'heure, BWP (Haras de la Cense).

140 et 141. Legacy HC, Westphalien (Haras de la Cense).

142 et 143. Guido, Pure Race Espagnole, cheval de spectacle de l'Écurie Delgado-Pignon (Haras de la Cense).

144. L'équipe du haras de la Cense, autour de William Kriegel, et celle de Yann Arthus-Bertrand, avec Vanille, ponette Shetland (Haras de la Cense).

Yann Arthus-Bertrand

Photographe, réalisateur et président de la fondation GoodPlanet, Yann Arthus-Bertrand œuvre pour une écologie humaniste à travers sa passion pour le monde animal et les espaces naturels. Il est l'auteur du best-seller *La Terre vue du ciel* et réalise de nombreux documentaires destinés à sensibiliser sur l'environnement tels que *Home*, *Human*, *Woman*, *Legacy, notre héritage*, *Vivant* et *Renouer avec le vivant*. En 2021, Yann Arthus-Bertrand fait l'acquisition de la Vallée de la Millière, un terrain de trente hectares de prairies destiné à un projet de réensauvagement. En 2023, il enrichit un travail photographique sur la France et les Français, entamé dans les années 1990, en y intégrant une dimension démographique et pédagogique. Jusqu'à la fin de l'année 2024, plus de trente studios photo sont déployés sur le territoire. Son dernier film, *France, une histoire d'amour*, sortira à l'automne 2024.

Clara Arnaud

Écrivaine-voyageuse, Clara Arnaud est l'autrice de cinq ouvrages, romans et récits de voyage, dont son dernier roman, *Et vous passerez comme des vents fous* (Actes Sud, 2023), a remporté le prix du roman d'écologie 2024 et rencontré un grand succès public. En marge de son activité d'écriture, Clara Arnaud a également travaillé douze ans dans le domaine de la coopération technique (éducation et jeunesse) et culturelle, en Afrique subsaharienne et en Amérique centrale. Son travail d'écriture se nourrit de la rencontre et de l'immersion dans des mondes divers, de l'itinérance et de sa relation aux autres vivants, en particulier les chevaux. Dès son enfance, elle s'intéresse à l'approche dite « éthologique » de l'équitation et du travail du cheval, notamment à la Cense, puis au cours de deux longs voyages à pied avec des chevaux de bât, relatés dans ses récits, dont *Au détour du Caucase, conversation avec un cheval* (Actes Sud, 2017).

Émilie Haillot

Passionnée depuis l'enfance par les chevaux et le dessin, Émilie Haillot jongle entre la pratique équestre et les arts graphiques, développant une approche artistique centrée sur le croquis de chevaux, qui sera également le sujet de sa thèse. À partir de 2017, elle poursuit sa passion pour le mouvement du cheval et la biomécanique appliquée au dressage du cheval en construisant sa propre écurie à Guenrouët, en Loire-Atlantique. Alors installée comme cavalière professionnelle, éleveuse et coach de dressage (DEJEPS), elle n'en délaisse pas pour autant les projets artistiques et continue de chercher par le dessin l'expression du geste du cheval, honorant plusieurs commandes, dont les *Œuvres complètes de François Baucher* (Belin, 2018) représentent l'un des travaux les plus importants de sa carrière de dessinatrice.

William Kriegel FONDATEUR DE LA CENSE

Entrepreneur franco-américain, William Kriegel a développé aux États-Unis des projets industriels dans le secteur de la production d'électricité. En 1995, il crée le haras de la Cense, lieu dédié à la nature et au respect de l'animal, qui deviendra leader de l'équitation éthologique, grâce à une approche pédagogique innovante : *La Méthode la Cense*, destinée à partager une nouvelle approche du cheval auprès des professionnels de l'équitation et des passionnés. En 2000, il est à l'initiative du premier Bachelor of Science avec l'université d'État de Dillon (Montana) et crée le Montana Center for Horsemanship, fondation dédiée à la transmission du savoir-faire en matière d'éducation de cheval. En 2018, William Kriegel raconte dans son autobiographie *À mon allure* (Actes Sud) ce que le cheval lui a apporté quand, enfant, il luttait contre la maladie. Il crée la même année le fonds de dotation la Cense, marquant tout à la fois son engagement en faveur de l'équitation éthologique et du bien-être du cheval et sa volonté de transmettre pour sensibiliser les nouvelles générations.

Manuel Godin DIRECTEUR TECHNIQUE DE LA CENSE

Le succès de la Cense tient à ses équipes et au travail de son directeur, Manuel Godin. Professionnel de l'équitation depuis 2002 et toujours curieux d'approfondir sa connaissance des chevaux, celui-ci intègre la formation internationale à la Cense en 2006 et se forme aux techniques du *horsemanship* en France et au Montana. Après un instructorat à Saumur en 2012, il revient au haras de la Cense en 2014 pour en prendre la direction technique. Expert dans l'éducation du cheval et cavalier d'obstacles, il met tout son savoir-faire au service des chevaux pour leur permettre d'évoluer dans les meilleures conditions. Après dix années à la direction de la Cense, Manuel Godin a toujours à cœur de transmettre au plus grand nombre les techniques équestres et les connaissances en éthologie, pour permettre à chacun d'enrichir sa relation au cheval.

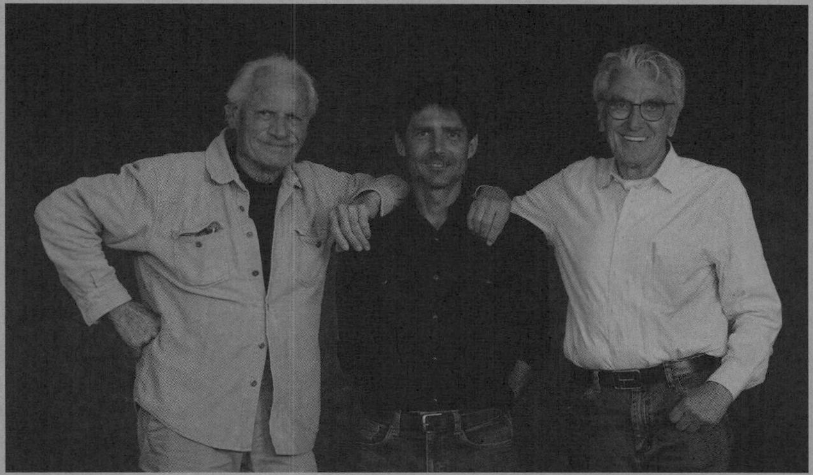

Yann Arthus-Bertrand, Manuel Godin et William Kriegel

REMERCIEMENTS

Nous remercions tous les élèves et anciens élèves de l'École la Cense, ainsi que les professionnels qui font progresser nos valeurs et tous les amateurs qui portent nos messages.

Nous remercions notamment les équipes de la Cense : Nathalie Accurso, Melinda Cadau, Julien Caron, Caroline Cheurlin, Arnaud Ettori, Caroline Godin, Manuel Godin, Charlène Marcq, Aimie Meron, Maria Ribeiro et Isabelle Vescovi.

Que soient également remerciés ici tous les membres de l'équipe de Yann Arthus-Bertrand : Fabien et Sasha Brizard, Justine Brunet, Robin Denis, Léa Desbordes, Emmanuelle Dorbon, Frédéric Dussoulier, Saïd Friouchen, Françoise Jacquot, Sabrina Jebari, Éric Lafitte, Alicia Lagarde, Louise Leport, Eliot Lomet, Raphaël Melmoux, Marion Orain, Mathilde Panthou-Brochard, Florent Prevelle, Alice Selvi, Marco Strulu, Clément Tiers, Yves Wasse et Elio Xouillot.

Nous remercions chaleureusement Anne-Sylvie Bameule pour sa confiance et son engagement.

Nous adressons notre gratitude aux auteurs de ce livre, Clara Arnaud, Yann Arthus-Bertrand et Émilie Haillot, pour leur implication tout au long de cette aventure éditoriale.

Merci à tous les amateurs et professionnels venus poser avec leurs chevaux pour ce livre. En particulier, pour leur soutien et leur participation active à la réalisation de cet ouvrage, nous adressons toute notre reconnaissance à Magali Delgado et Frédéric Pignon, à la compagnie Alexis Gruss, à l'École nationale d'équitation, au Cadre noir de Saumur, aux équipes de France de concours complet et de tir à l'arc à cheval, à Bartabas et l'Académie équestre de Versailles. En souvenir d'Alexis Gruss (1944-2024).

Éditeurs : Anne-Sylvie Bameule et David Lestringant
Conception graphique : Marion Laurens – Artworklove Studio
Correction : Claire Petit et Nord Compo
Fabrication : Linda Ouiddir – Artworklove Studio
Photogravure : Quadrilaser
Typographies : Noe Text – Shick Toikka et Circular – Lineto

Photo de couverture : Magni vom Kronshof et Ofeïgür vom Kronshof, chevaux Islandais (Salon du cheval, Essen, Allemagne).

Texte en quatrième de couverture : Clara Arnaud

Dessin en quatrième de couverture :

ISBN978-2-330-19675-2
www.actes-sud.fr

Ouvrage reproduit et achevé d'imprimer en septembre 2024
pour le compte des éditions Actes Sud, Le Méjan, place Nina-Berberova, 13200 Arles

Dépôt légal 1re édition : novembre 2024
Imprimé en Belgique

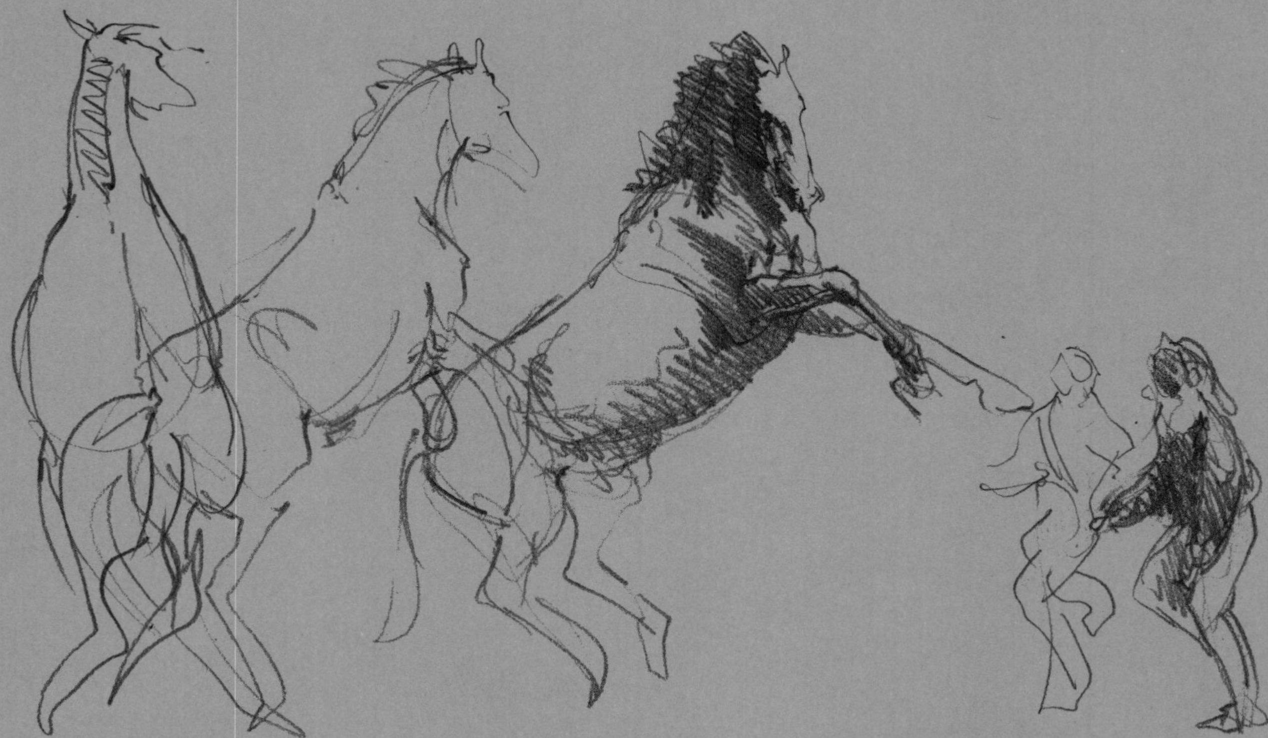

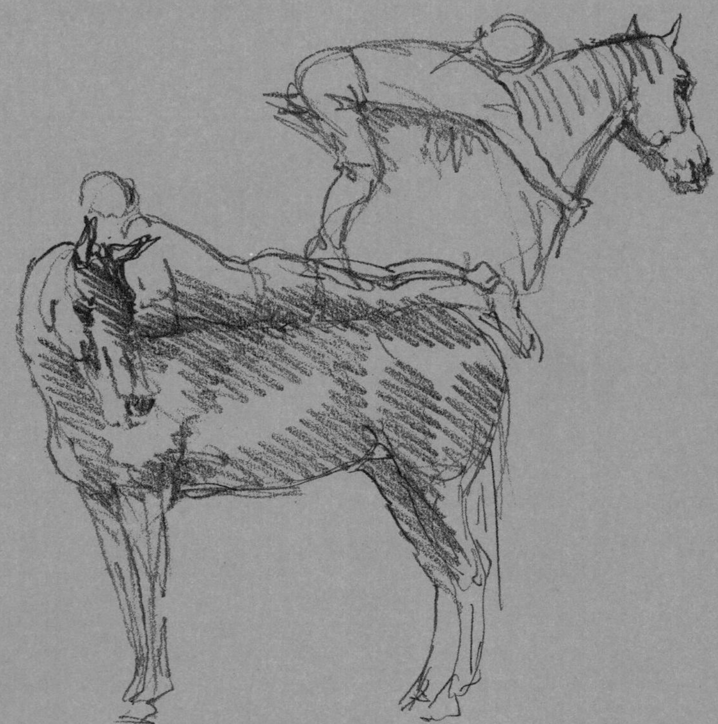